珍藏本
纪念版

汉译世界学术名著丛书

货币、就业和通货膨胀

〔美〕罗伯特·巴罗
赫歇尔·格罗斯曼 著

张辑 译

2017年·北京

Robert J. Barro and Herschel I. Grossman
MONEY, EMPLOYMENT AND INFLATION

根据剑桥大学出版社 1976 年版译出

汉译世界学术名著丛书
（120 年纪念版·珍藏本）
出 版 说 明

2017 年 2 月 11 日，商务印书馆迎来 120 岁的生日。120 年前，商务印书馆前贤怀揣文化救国的理想，抱持“昌明教育，开启民智”的使命，立足本土，放眼寰宇，以出版为津梁，沟通中西，为中国、为世界提供最富智慧的思想文化成果。无论世事白云苍狗，潮流左右激荡，甚至战火硝烟弥漫，始终践行学术报国之志，无改初心。

逐译世界各国学术名著，即其一端。早在 20 世纪初年便出版《原富》《天演论》等影响至今的代表性著作，1950 年代后更致力于外国哲学和社会科学经典的译介，及至 1980 年代，辑为“汉译世界学术名著丛书”，汇涓为流，蔚为大观。丛书自 1981 年开始出版，历时三十余年，迄今已推出七百种，是我国现代出版史上规模最大、最为重要的学术翻译工程。

丛书所选之书，立场观点不囿于一派，学科领域不限于一门，皆为文明开启以来，各时代、各国家、各民族的思想与文化精粹，代表着人类已经到达过的精神境界。丛书系统译介世界学术经典，引领时代思想，为本土原创学术的发展提供丰富的文化滋养，为推动中国现代学术和现代化进程做出了突出的贡献。

为纪念商务印书馆成立120周年，我们整体推出“汉译世界学术名著丛书”120年纪念版的珍藏本，寄望既利于文化积累，又便于研读查考，同时向长期支持丛书出版的译者、编者和读者致以敬意。

两甲子后的今天，商务印书馆又站在了一个新的历史时间节点上。我们不仅要铭记先辈的身影和足迹，更须让我们的步伐充满新的时代精神。这是商务人代代相传的事业，更是与国家和民族的命运始终紧密相连的事业。我们责无旁贷，必须做好我们这代人的传承与创造，让我们的努力和成果不仅凝聚成民族文化的记忆，还能成为后来人可以接续的事业。唯此，才能不负前贤，无愧来者。

商务印书馆编辑部

2017年10月

献给朱蒂和贝特西

前　言

从 1968 年到 1971 年，我们俩人是在布朗大学工作的同事，这本专著就是那个时期思想成长的一个自然结果。其间，我们意识到俩人对传统宏观经济分析的薄弱基础持有同样的保留意见，都感觉有必要对这些基础进行大刀阔斧地重建，尤其有必要对非市场出清条件下的交换问题给予充分的研究。不幸的是，其他作者——尤其是帕廷金（1956 年第十三章）和克洛尔（1965 年）——在一系列问题上的早期努力似乎充满了希望，但对同行几乎没有产生什么明显的影响。不过，1968 年莱琼赫夫沃德争论性著述的出版，却的确成功地激发了人们对这些问题的兴趣。

我们合作的第一篇研究重新表述宏观经济分析的论文，是以帕廷金和克洛尔提出的基本原理为基础的。这篇文章 1971 年刊载于《美国经济评论》，其中的思想为这本专著的分析要点奠定了基础。之后我们独著或合作论文提出的各种观点，亦为本专著所采用，书末的参考文献列入了这些文章的题名。

虽然这本专著的主要动机是从非市场出清条件下的交换理论视角再次系统地进行宏观经济分析，但我们也试图吸纳近来一些有关重新表述宏观经济理论的重要思想。本书深入细致地探讨了通货膨胀预期的影响，特别是其和利息率与失业率的关系。这一分析导源于蒙代尔(1965)、菲尔普斯(1967)、弗里德曼(1968)的研究。同时,归功于塔克尔(1966)、莱德勒(1968)的思想观点,本书在此基础上也详尽地分析了总需求变化的动态机制。此外,由于有关工资与物价空间分布信息是不完全的,本书仔细考察了另一种重新表述宏观经济理论的方式。这一分析大部分源自莫腾森(1970,1974)的研究。

衷心感谢布朗大学和芝加哥大学几位首届研究生多年来的帮助,他们参与了本书材料的搜集整理工作,并对许多不同的研究方法提出了宝贵的反馈意见。本书赖以付梓的绝大部分研究工作,是在国家科学基金会所拨经费的支助下完成的,在此感谢美国国家科学基金会经济学项目部主任詹姆斯·布兰克曼的鼓励。布朗大学的马里恩·安东尼打字技巧娴熟,态度和蔼,录入了各章几经校对的草稿。

罗伯特·J. 巴罗

赫歇尔·I. 格罗斯曼

1975.7

目　　录

导　　论 1

本专著对就业水平和通货膨胀率的决定进行了广泛的选择理论分析。这一分析有两个主要而又紧密联系的目标：首先，弄清楚单个经济单位的行为和现实宏观经济现象之间的相互关系；其次，从有关单个经济主体的动机及其面临的约束的视角，解释单个经济主体行为的主要特征。简言之，通过重新考察宏观经济学的微观经济基础，这本专著试图对关于宏观经济各种关系的理论重新进行了系统的表述。

第一章是本书研究的出发点，内容是一个处在跨期背景中的瓦尔拉斯一般均衡的基本模型。模型包括三种形式的经济决策单位：厂商、居民户与政府；四种经济物品：劳务、可消费的商品、公共设施和不兑现的纸币。在这一分析框架里，本章分析了厂商利润最大化行为，居民户生命周期效用最大化行为，以及模型所隐含的厂商、居民户和政府行为的一致性在决定工资、价格、就业与产出上的各种结果。这种理想化的表述对理解放松各种重要的抽象条件可能导致的结果提供了有用的基础。不过，瓦尔拉斯模型没有为建立就业与通货膨胀理论提供一个适当的基础。

传统后凯恩斯主义宏观经济学演进中的一个不幸方面是，它一直患有一种痼疾，企图要从一般市场出清的分析框架中杜撰出一套关于就业与通货膨胀的理论。① 这些努力的结果是给传统的宏观经济学留下了令人尴尬的、脆弱的选择理论基础，并把宏观经济学和那些与人们观察到的经济现象难以协调的重要结论联系
2 起来。

这种困境的一个典型例子涉及就业水平和实际工资率之间的关系。按照传统宏观经济学的分析，劳动的需求是和实际工资水平成反比关系的，而且也只是与实际工资相关的。这一假设和凯恩斯是一致的。在这方面，凯恩斯坚持了已为人们认同的前凯恩斯主义学说。② 给定这一假设，劳动需求量和就业量的周期性变动必然意味着实际工资率的反周期变动。然而，众所周知，迄今为止人们尚未观察到这样一种工资变动模式。③

第二章从瓦尔拉斯的分析框架出发，考察了非市场出清条件下的产出和就业。本章提出了这本专著的分析要点。关键的假设

① 在1968年出版的《论凯恩斯主义经济学和凯恩斯经济学》一书中，莱琼赫夫沃德(Leijonhuvud)详尽广泛地阐述了这一主题。有关莱琼赫夫沃德注释的重要评价，参见格罗斯曼1972年3月刊载于《经济文献杂志》的“凯恩斯是‘是一个凯恩斯主义者吗’?”和耶戈尔(Yeager)1973年6月刊载于《西方经济杂志》的“凯恩斯主义的流变”。

② 凯恩斯(Keynes)写道：在既定的组织、设备与技术条件下，实际工资只与产量(因此与就业量)是相关的。也就是说，一般而言，就业增加的发生仅仅伴随的是实际工资的下降。因此，古典经济学家已经(正确地)断言了这一重要的事实，我不想对此有任何争议……单位劳动挣得的实际工资和就业量有唯一的反向关系。(1936，第17页)

③ 最近，库赫(Kuh)和鲍德金(Bodkin)分别在1966年6月刊载于《政治经济学杂志》的“失业、生产函数与实际需求”和1969年8月刊载于《加拿大经济学杂志》的“实际工资与就业的周期性变动”两文中，重新检查了相关的证据。凯恩斯本人认识到了这种不一致，在1939年3月刊载于《经济学杂志》的“实际工资和产出的相对变动”一文中，从垄断与需求弹性变动助长经济周期的角度，对之提出了一个相当牵强附会的解释。

是工资与价格对需求变动的反应是迟缓的。因此，交换可能发生于工资与价格不符合整个市场出清要求的水平。在本章，我们首先推广了利润最大化行为和生命周期效用最大化行为的分析，以便容纳对市场未出清施加的各种约束的考察。然后用推广的结果在既定的工资与价格水平上构建出决定产出与就业的一般模型。

这一分析使我们能够推导出一些熟悉的结论：诸如不足的商品需求会通过乘数效应抑制就业的看法。较之传统分析可能臻至的程度，这些结论带有更多的普遍性和严谨性。不仅如此，对非市场出清条件下交换明晰的模型化说明也得出了一些不为人们熟悉的结论。这样的一个例子是，商品的超额供给对实际劳动需求的影响，否决了实际工资和就业之间必然成反向变动的古典关系。另外一个重要的例子是，对生命周期预算约束的相对重要性的分析，和在总量超额供给背景下测定需求乘数大小时对流动性补偿费的分析。第三个例子是，推导在总量超额需求背景下决定收入与就业的和更传统的需求乘数相类似的供给乘数。

第三章将资本、金融资产与收益率引入分析框架。在本章，我们首先扩展对企业行为的分析，以便探讨投资和产权股票问题；其次，我们修正对居民户生命周期计划和资产选择的分析，以便考察正收益率的有效性。我们还引入了政府借贷的可能性，以便对货币政策和财政政策作出明确区分。然后，我们研究了在总量市场出清背景下和总量超额供给背景下，这种广义的厂商、居民户与政府行为的和谐一致可能导致的结果。本章对总量超额供给的分析与传统的 IS-LM 分析相类似。

第四章集中讨论通货膨胀问题，考察了通货膨胀和收益率之间的关系。在本章，我们首先扩展对居民户行为的分析，将通货膨胀预期纳入考虑。然后我们分析修正后的居民户行为如何和厂商、政府的行为相互作用，决定了实际的与名义的收益率。本章最后一部分对通货膨胀、预期通货膨胀和收益率之间的相互作用展开动态分析。

第五章叙述了一个关于通货膨胀与失业之间关系的模型。模型是从第二章的分析框架推导出来的，但关注的焦点是深入细致地讨论劳动市场。本章的新颖点是引入了异质劳动的概念。对劳动市场的分析得出了所谓的菲利普斯曲线，但同时也揭示了总需求、失业、通货膨胀预期和实际工资膨胀之间的相互作用。

第四章与第五章对通货膨胀和通货膨胀预期之间相互作用的分析，涉及两个非常重要的范畴。第一个是人们熟悉的实际通货膨胀产生通货膨胀预期的适应性预期机制；第二个重要范畴是人们不太熟悉的观点，认为工资与物价的调整是两种影响力合力作用的结果：第一种力量试图矫正实际工资与物价和市场出清的工资与物价之间任何现存的偏差，这种偏差本身可能是由通货膨胀
4 预期决定的；第二种力量则试图预期并阻止实际工资与物价和市场出清的工资与物价之间未来可能发生的任何偏差。第二种力量导致了通货膨胀预期对实际通货膨胀直接的一一对应的影响。

第六章分析了总需求的动态变化机制。在此，我们运用第三章的分析框架，在总量超额供给背景下考察产出、就业和收益率的时间路径，发掘其各种不同的结构性滞后可能导致的结果。我们特别集中地研究了实际需求对其直接决定因素的各种反应、有关未来收入水平和收益率预期的调整以及收益率对金融资产供求失衡的反应。

最后，第七章复归于第一章的基本模型，考察从瓦尔拉斯分析框架出发的另一种逻辑起点，亦即关于工资与价格的空间分布各个经济单位拥有的信息是不完全的。在这种条件下，居民户的投机行为会导致总需求和就业之间有正向的因果关系。不过，这一模型还有一些推论很难和经验协调一致——具体来说，关于辞职、实际工资和消费的周期性行为的各种预测，以及不能解释临时解雇的局限。由于这些原因，我们被引导至这样的结论：在决定产出与就业的实际周期循环模式中，根源于不完全信息的投机行为发挥的作用是比较小的。

在我们拓展基本模型前，对一些有趣的、可能重要的考虑在此给予解释将是有益的，这些考虑是我们的分析所忽略的。具体到我们的分析框架，一个明显的抽象是我们忽略了对风险与不确定性的考虑。尽管预期在分析中发挥着重要作用，但通常我们会考虑到预期有可能不会变成现实，而对厂商与居民户行为的分析却似乎一直把预期当作确定的事情。具体来说，居民户追求的是预期消费与闲暇的效用最大化，而不是消费与闲暇的预期效用最大化。抽象掉风险与不确定性，确实能让很多重要的内容得到更清晰的阐述，但也意味着我们只是在趋近一个更扩展的分析的结果。

由于我们忽略了对不确定性的详尽处理，我们生成各种预期的机制就只是一种简单适应性的，例如对工资与价格变化的预期。特别的，这些预期不是从具有明确信息结构的模型中推导出来的最优预测。因此，在完全涵盖市场参与者可获得信息的意义上，我 5
们假设的预期生成过程也许是不“合理的”。我们可以对分析进行

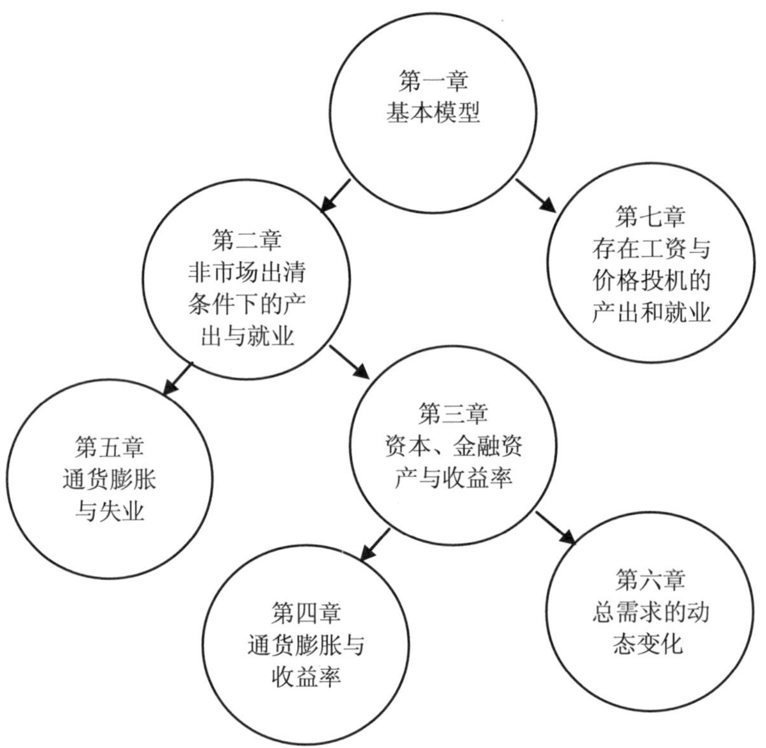

本书各章分析的演进逻辑图

有效的扩展，以涵盖形成各种预期的理性的基础——理性的也就是最优的。然而，这种扩展要求详尽地考察不确定性，并条分缕析
6 地处理和另一种预期机制有关的各种信息成本。

另外一个值得注意的抽象是，我们的模型没有考虑金融中介机构。这种简化直接来自我们对风险与不确定性的忽略。也就是说，要有效地分析金融中介的作用，就要对风险与不确定性的可能结果作出明确的分析。

还应该注意到，除了一些例外，分析在很大程度上忽略了分配方面的考虑。这种抽象能让很多要点得到更清晰的阐述，却使得结论具有一定程度的近似性。

对时间和篇幅的考虑也限制了我们的研究范围。这样一个限制是，我们分析研究的是一个完全封闭的经济。为了考察开放经济，扩展的分析似乎直截了当而富有价值。同样，我们没有研究长期的人口或技术增长的可能结果，尽管分析框架很容易涵盖这些现象。

我们删略的另一个讨论尤其令人尴尬，应该得到明确的解释。虽然本书研讨强调的是，交换发生在工资与价格不符合一般市场出清水平的各种情况，我们对市场出清过程本身却没有提供一个选择理论的分析。换句话说，工资与价格的调整作为厂商与居民户最大化行为的一部分，我们并未给予分析。因此，我们解释的实际上不是各种市场出清的失灵，我们对工资与价格动态变化机制的分析是以特定的调整方程式为基础的。

不幸的是，有关市场出清过程令人信服的理论发展依然是一个未解之谜。现有的文献资料为令人满意的方法提供的线索凤毛麟角。[1] 发展出这样一种理论，它是高踞在我们现在与未来研究议事日程的课题。

---

① 对市场出清摩擦确实提出过解释的模型例子，包括巴罗在1972年1月刊载于《经济研究评论》的“垄断价格调整理论”一文中，强调的是改变价格的巨大成本和需求的随机性质；斯威齐(Sweezy)在1939年8月刊载于《政治经济学杂志》的“寡头条件下的需求”一文中，强调的是竞争型战略。更近的理论贡献则强调风险规避和隐含契约，包括埃热瑞阿迪斯(Azariadis)1974年6月未出版的手稿《隐含合同和就业不足》和贝利(Baily)1974年1月刊载于《经济研究评论》的“不确定需求下的工资与就业”一文。

7

第一章　基本模型

本章提出一个简单的模型作为我们基本的分析框架。第一节概括地介绍了这一模型的基本要素；第二节在基本模型内分析了单个经济单位的行为；第三节展开比较静态分析；第四节分析工资与价格的动态变化机制。

第一节　基本模型的构成要素

8

基本模型包括四种经济物品：劳动、消费品、公共服务和不兑现的纸币；三种形式的经济决策单位：固定数量的厂商、固定数量的居民户和政府。劳动和公共服务是生产过程仅有的可变投入；其他投入的数量是固定的，没有替代用途，使用者的成本为零。现有的产出是由可消费的商品和公共服务构成。全部现有的产出是用同样的技术生产的，并唯一假设其特定的产品属性符合购买者的身份。具体来说，居民户购买的是消费品，政府购买的是公共服务。不兑现的纸币是唯一的价值储藏，它也用作交换媒介和计价单位。各种涉及货币的交易是无成本的，货币的收与支是完全同步的。

厂商需求的是劳动，供给的是可消费的商品和公共服务，他们企图使利润最大化。这些利润代表了不变投入的报酬。每个厂商占有的不变投入是预先确定的，数量固定。利润本质上是不变投入获得的经济租金。

居民户要么是在工作的，要么是已退休的。在工作的居民户供给的是劳动，需求的是消费品和货币余额；已退休的居民户需求消费品和货币余额。所有的居民户也会获得厂商的利润，并按预先确定的方式纳税。居民户企图使效用最大化。政府征税，需要 8
公共服务并分配公共服务，且供给货币余额。

货币用作交易媒介意味着交换发生在两个市场：用劳动交换货币的劳动市场和用消费品与公共服务交换货币的商品市场。一般来说，每一种非货币的商品都有自己的市场，在此以自身交换货币。相比之下，货币没有自己的市场，而是在各个其他商品的市场发生交换。

在最一般的意义上，本书分析研究的是经济物品数量及其交换率的决定。就数量来说，我们将在不同的时间研究两类有区别的数量。首先，数量可以是存量变量，也可以是流量变量；其次，我们要在实际持有的或交换的数量中，区分供给量和需求量。为了强调这些区别，我们通篇遵循三个符号标记法惯例。首先，小写字母为流量变量的符号；大写字母为存量变量的符号。因此，在基本模型中，我们有：

l：劳动流量，以每年的工时数计量，

c：消费品流量，以每年的实物单位数计量，

g：公共服务流量，以每年的消费品单位数计量，

y：当期产出流量，以每年的消费品单位数计量，$y=c+g$，

π：利润流量，以每年的消费品单位数计量，

τ：税收流量（扣除转移支付），以每年的消费品单位数计量，

M：名义货币余额存量，以美元数计量，以及

m：名义货币余额流量，以每年的美元数计量，$m = dM/dt$。

其次，上标 s 和 d 分别表示标识变量的供给量和需求量。没有上标的书面变量表示交换的实际流量或持有的实际存量。

一般地，独立交换比率的数量是一个比经济物品数量小的数。由于消费品和公共服务都是由同样的技术生产的，它们在供给一方是完全可以替代的。这种替代性实际上决定了消费品和公共服务之间的交换比率。因此，基本模型包括两个独立的交换比率。由于劳动和商品实际上都是用来交换货币的，我们将主要研究货币与劳动之间、货币与商品之间的交换比率。具体来说，我们有：

P：商品价格，包括消费品和公共服务，是每一单位商品的美元数量，

9 W：名义工资率，是每一单位劳动工时的美元数量。

实际工资率，是每一单位劳动工时的单位商品数量，由计算 W/P 比率得出。

在分析厂商、在工作居民户和已退休居民户的行为时，我们考察的是“代表性的”单位。也就是说，除了它原子式的规模外，这样一个单位的行为等同于所有这类单位的总体行为。代表性单位实质上是一个普通单位。因此，我们能够自由地在个量与总量之间替换，而同一个符号也同时表示个量与总量。不过，要注意的是，在使用代表性单位这一概念时，我们抽象掉了各种分配效应。因此，分析的有效性或者有赖于分配的变动极小，或者确实发生的分

配变动对主要变量的影响是可以忽略的。

同时,我们假定厂商和居民户是原子式的单位,也就是说,每个单位对每种商品的总供给量或总需求量的影响是微不足道的。从而,具体到 P 和 W 时,每一个单位只是价格的接受者,就是说,每一个单位都忽略自己的供给或需求对市场价格或工资的冲击。基本模型还假定,每一个单位的行为似乎是,它能够在现行的市场价格或工资水平上买卖它需求或供给的任何数量的某一种商品。具体地说,厂商相信能够买到它们需要的劳动量,卖掉它们供给的商品量;居民户相信能够卖掉他们供给的劳动量,买到他们需要的消费商品量。依据过去的经济发展情形分析,只有当总供给与总需求在每一个市场均衡时,用符号表示就是,只有当 $l^d=l^s=l$ 且 $c^d+g^d=y^s=y$ 时,这一假设才是合理的。因此,在基本模型中,假设各种交换只发生在这些市场出清条件下。(本章第四节讨论了这一假设合于经济原则的可能性)。在这些背景下,每一个原子式单位都有能力以现行的 P 和 W 买卖需要的任何数量,各种市场的实际交易始终证明了这一假设。

对一些经济单位来说,非市场出清条件下发生交换的可能性,使得实际交易量和供给量或需求量可能是不相等的。在这种情况下,个体单位在明确表述供给和需求时,会考虑对购买或销售的各种可能的约束。我们为基本模型推导的需求函数和供给函数形式,关键性的决定因素是不存在这样的可能性。在假定有能力以现行的 P 和 W 实现一切需要的交易的意义上,我们可以将这些函数界定为“理论的”。考虑到非市场出清条件下交换可能性的、更一般的需求函数与供给函数,被称为“实际的”函数。第二章我们 10

开始考察实际函数。在第一章，我们将注意力集中在理论函数。

基本模型的目的是为分析总变量之间的关系提供一个选择理论基础。由于个体单位的基本行为已经明确，放宽各种不同抽象条件的结论也就显而易见了。沿着这一思路，在接下来的各章中，我们会给这一基本模型引入许多错综复杂的现实情况，诸如：(1)非市场出清条件下交换给个体行为所施加的各种约束；(2)各种投资品和金融资产；(3)各种预期；以及(4)各种交易成本。

第二节　基本模型中厂商、居民户和政府的行为

一、厂商

厂商的目标是利润最大化，可以认为这一目标是居民户施加给厂商的。在居民户分得企业利润的意义上，厂商是居民户自己的。给定了这种强制性的目标，我们将厂商视为独立于居民户的决策单位。

利润是源自销售的收益和对各种生产投入支付之间的差额。基本模型假定劳动是唯一的投入，必须购买；政府提供公共服务，不向厂商收费[①]。因此，利润由下式给出：

$$\pi \equiv y - \frac{W}{P}l$$

---

① 虽然厂商把货币用作交易媒介，但它们的活动并不包括持有货币余额。这一现象反映了这样的假设：各种交易是没有成本的，货币的收与支是完全同步的。

因为我们假定厂商能够售卖它们供给的产出量，并能购买它们需求的劳动量，代表性企业眼里的利润也可以表达成：

$$\pi \equiv y^s - \frac{W}{P} l^d \tag{1.1}$$

式中 y^s 是厂商的商品供给量，l^d 是其对劳动的需求量，W/P 11
对企业是外生变量，即独立于企业对 y^s 和 l^d 的选择。

厂商选择 y^s 和 l^d 以使利润 π 最大化。生产函数将劳动与公共服务投入的数量和产出的数量联系起来，限制了企业对 y^s 和 l^d 的选择。对代表性厂商，我们假设生产函数是：

$$y = \Phi(l, g) \tag{1.2}$$

式中 Φ 显示不仅规模报酬是递减的，而且每一单位投入的边际产量也是正的递减的。为简单起见，我们还要假定，劳动的边际产量独立于 g 的水平。[①] 由于假定商品是不能贮存的，厂商没有存货。进一步而言，由于产量调整的成本为零，任何时候厂商决定的产出量都等于销售量。因此，可以交替地认为 y 代表一年的商品产出量或销售量。利润最大化要求劳动的边际产量等于实际工资——亦即选择：

$$l^d = l^d\left(\frac{W}{P}\right) \text{ 和}^{②} \tag{1.3}$$

$$y^s = \Phi\left[l^d\left(\frac{W}{P}\right), g\right] \equiv y^s\left(\underset{(-)}{\frac{W}{P}}, \underset{(+)}{g}\right) \ ^{③} \tag{1.4}$$

---

① Φ 的偏导数符号是 $[\Phi_l, \Phi_g] > 0$，$[\Phi_{ll}, \Phi_{gg}] < 0$，以及 $\Phi_{lg} = 0$。

② 因为我们假定 $\Phi_{lg} = 0$，所以 l^d 是独立于 g 的。

③ 不论导数是偏导数还是全导数，函数自变量下面圆括号内的正负号表示因变量对该自变量导数的正负。

得 $\frac{\delta\Phi}{\delta l}=\frac{W}{P}$

利润最大化会受到假设的生产函数的限制，这意味着理论的劳动需求与理想的商品供给都和实际工资成反比关系。商品供给也正向地取决于公共服务的水平。

二、居民户

居民户的目标是效用最大化。我们假定效用正向地取决于消费水平，反向地取决于就业时间的长短。注意，这里的消费 c 指的
12 是在市场上用货币购买的消费品；就业指的是在市场上为获得货币工资的就业。按定义，所有未用于市场上就业的时间都用在了闲暇上。我们的分析对闲暇时间里各种可能的活动不作区分，比如休息、家庭生产。

有了价值贮藏手段，效用最大化的追求就成了跨期选择问题。由于货币在基本模型中是唯一的价值贮藏，居民户通过日常对货币余额的适当管理，就可以对一生消费与就业模式有多种多样的选择。为了阐明这一选择问题，我们首先界定一个瞬时效用函数。

$$u(t)=u[c(t),l(t)] \tag{1.5}$$

函数显现出消费有正的递减的边际效用，就业有正的递增的边际负效用。[①]

然后我们假定居民户试图最大化生命计划周期的总效用，

① u 的偏导数符号是 $u_c>0$，$u_l<0$，$u_{cc}<0$，$u_{ll}<0$，$u_{cl}>0$ 或 $u_{cl}<0$。这种效用函数抽象掉了政府活动对效用水平或私人消费和就业边际效用的任何影响。参见贝莱（Bailey，M. J.）1971 年出版的《国民收入与价格水平》第 2 版第九章。

亦即：

$$U=\int_0^N u(t)\mathrm{d}t \text{ [1]} \tag{1.6}$$

式中 N 表示居民户生命计划周期的年数。生命计划周期是由工作年数 N' 和退休年数 $N-N'$ 构成的。我们假定 N' 和 N 为外生决定的参数。对现在已退休的居民户来说 $N'=0$。

由于我们假定居民户能够售出他们供给的劳动量，买进他们需求的商品量。c 和 l 的实际数量就等于理论消费品需求 c^d 和理论劳动供给 l^s 。目前，居民户选择的 $c^d(0)$ 和 $l^s(0)$ 和总效用 U 的最大化是一致的。这种选择计算也必然包含 c^d 和 l^s 的正个计划时间路径。

持有货币余额提供了将 c^d 和 l^s 的时间路径联系起来的媒介。假定 P 是常数，居民户持有的可支配收入由工资收入加上利润收入再减去纳税额构成。回顾前文，我们假定所有的居民户都分得厂商的利润，并按事先规定的方式纳税。[2] 储蓄是实际货币持有量的变动率，是实际可支配收入扣除消费的余额。因此，对在工作居民户来说：

$$\frac{1}{P}\left(\frac{dM}{dt}\right)\equiv\frac{m^d}{P}\equiv\frac{W}{P}l^s+\pi-\tau-c^d \tag{1.7}$$

一旦决定了消费与就业，居民户同时也就决定了其实际货币

---

① 也可以将总效用函数的表达式进行推广，以包含瞬时效用流量 $u(t)$ 的折现因子。而且，也可以将不同时点效用流量之间的跨期依赖引入效用函数。这些复杂的情况不会影响已有的供给与需求函数的一般形式，在此不予详述。

② 在引入股票市场的情况下，第三章对利润分配的这种假设做了修改。至于缴税的假设，则很容易修改成让居民户的收入或财富来决定纳税额。

余额的变动率。这三个决定中只有两个是独立的。方程式(1.7)也适用于已退休的居民户,但 l^s 固定为零。如果 P 始终是常数,则可以计算出居民户在任何时间点上计划的实际资产持有量 $M(t)/P$,方法是给初始的实际资产持有量 $M(0)/P$ 加上 m^d/P 从 0 时到 t 时的积分。

由于超过生命计划周期的消费不产生效用,居民户的最优跨期计划必然要在 N 年的时候耗尽持有的资产。① 对居民户来说,我们已经假定变量 W、P、π 与 τ 是外生的,亦即不是由居民户自己的行为决定的。我们还假定,居民户在制定其消费与就业计划时,一直将这些变量视为常数。因此,居民户消费与闲暇的计划时间模式将满足:

$$\frac{M(N)}{P}=\frac{M(0)}{P}+N(\pi-\tau)+\frac{W}{P}\int_0^{N'} l^s(t)\,\mathrm{d}t-\int_0^N c^d(t)\,\mathrm{d}t=0 \tag{1.8}$$

这一条件说的是:居民户在生命计划周期结束前的总消费,必然等于退休前挣得的实际工资总额,加上生命计划周期结束前获得的总利润减掉期间的总纳税额,再加上其现在持有的实际货币余额。如果没有就业,后两项就规定了居民户一生消费的边界,它
14 们表示对居民户消费行为的基本约束。我们称这种约束为非工资财富,以 Ω 表示其值,从而有:

$$\Omega\equiv\frac{M(0)}{P}+N(\pi-\tau)\text{ 。}$$

① 我们排除了出现负遗产的可能性。

同样，方程式(1.8)也适用于已退休居民户，但工资收入固定为零。

消费与就业的最优时间模式取决于方程式(1.5)给出的瞬时效用函数的具体形式、方程式(1.6)给出的终生效用的可加性、工作与生命计划周期的年数 N' 与 N；工作期间闲暇与消费的相对价格，亦即实际工资率 W/P 和 Ω。特别的，给定方程式(1.5)与(1.6)和 N' 与 N 的值，对在工作的居民户来说，受方程式(1.8)资产耗尽条件约束的 U 的最大化要求 l^s 和 c^d 有下述时间模式①：l^s 的水平从现在的 0 时一直到退休时的 N' 年是常量。c^d 的水平从现在的 0 时一直到退休时的 N' 年是常量，从退休时的 N' 年一直到生命计划周期结束时的 N 年也是常量，但在这两个阶段 c^d 通常处在不同的水平。不过，如果消费与就业对效用的影响是独立的，则退休前后的消费水平应该是相同的，也就是说，c^d 从 0 时到 N 时将是不变的。在这种情况下，方程式(1.8)的资产耗尽条件简化为：

$$\Omega + N' \frac{W}{P} l^s - N c^d = 0$$

具体说，最大化运算意味着当前的 c^d 和 l^s 水平是由下述函数形式决定的：

$$c^d(\underset{(+)}{\Omega}, \underset{(+)}{W/P}) \tag{1.9}$$

$$l^s = l^s(\underset{(-)}{\Omega}, \underset{(+)}{W/P}) \tag{1.10}$$

① U 的最大化也服从不等式 $[c^d(t), l^s(t), M(t)] \geq 0$ 的约束。除 $M(N) = 0$ 外，我们假设这些约束是不起作用的，因此，我们只研究 c^d 和 l^s 受(1.8)方程式约束的内部解。

本部分末的数学注释详细介绍了这些函数的推导。不过，我们能够容易直观地解释它们的形式。

$M(0)/P$ ，π 和 τ 的变化涉及纯粹的财富效应；它们只有通过
15 影响 Ω 而影响 c^d 和 l^s 。具体说，$M(0)/P$ 和 π 的增加，以及 τ 的减少都会增加 Ω ，而由于消费和闲暇都被视为正常商品，Ω 的这种增加就会提高 c^d 并降低 l^s 。

由于涉及收入效应与替代效应，W/P 变化的影响要复杂得多。一方面，W/P 的增加会增加和任一就业量联系的实际收入，并导致 c^d 的增加和 l^s 的减少（闲暇的增加）；另一方面，W/P 的增加提高了工作年份闲暇相对于消费的成本，导致 c^d 和 l^s 都会增加。因此，W/P 增加对 c^d 的总效应是正的，但对 l^s 的净效应涉及收入效应与替代效应的比较，一般说来是不明确的。我们假设在相关范围内替代效应超过收入效应，这样总的来说，W/P 的增加提高了 l^s 。

如果储蓄的定义和方程式(1.7)所界定的一样，则 c^d 和 l^s 的最优时间模式必然包含 m^d/P 的最优时间模式。具体来说，从 0 时到 N' 时，m^d/P 是不变的，并在不同的水平上从 N' 时到 N 时也是不变的。在工作年份，m^d/P 是正是负取决于 Ω 和 W/P 的值。典型地，我们料想 Ω 足够小而 W/P 足够大，为退休期间消费未雨绸缪的动机会诱导代表性的在工作居民户从事正的储蓄。

将方程式(1.9)与(1.10)中的 c^d 和 l^s 的最优值代入到方程式(1.7)，得到在工作居民户现期对货币余额的理论实际流量需求表达式如下：

$$\frac{m^d}{P}=\frac{m^d}{P}(\underset{(-)}{\Omega},\underset{(+)}{W/P},\underset{(+)}{\pi-\tau}) \tag{1.11}$$

Ω 的增加会提高当前的 c^d 并降低当前的 l^s，因此，在给定 W/P 和 $\pi-\tau$ 情况下，会增加当前的 m^d/P。W/P 的增加会提高退休期间计划的 c^d，因此，在给定 Ω 和 $\pi-\tau$ 情况下，必然也会增加工作年份的 m^d/P。最后，c^d 和 $(W/P)l^s$ 是由 Ω 和 W/P 决定的，在 Ω 和 W/P 给定的条件下，$\pi-\tau$ 的增加能提高当前的可支配收入并增加当前的 m^d/P。

已退休居民户和在工作居民户不同，原因是对已退休的居民户来说，l^s 为零，不存在消费和闲暇之间替代的可能性。实际工资率对已退休居民户的最优行为没有影响。不过，对已退休居民户来说，Ω 与 $\pi-\tau$ 对 c^d 与 m^d/P 的影响方向和对在工作居民户的影响一样。因此，总量的理论需求函数和供给函数，因为合并了在工 16
作居民户和已退休居民户，有着和方程式(1.9—1.11)同样的形式，其中的 Ω 和 $\pi-\tau$ 被解释为总量。[①] 总量 Ω 有着与个量 Ω 相同的定义，但 $M(0)/P$，π 和 τ 表示的是总量，N 表示所有居民户到生命计划周期结束时的平均年数。

① 这种公式化的表述抽象掉了在工作居民户之间、已退休居民户之间以及这两个集团之间财富分配的各种效应。事实上，这种效应可能非常重要。比如，可以预见，在工作的居民户和已退休居民户对非工资财富的变动有着不同的反应。具体来说，在其他情况不变的条件下，已退休居民户拥有的既定总量 Ω 的份额增加，将会产生下述效应：在工作居民户会减少他们理论的消费需求，提高他们理论的劳动供给与储蓄。但已退休居民户则会增加他们理论的消费需求，减少他们的储蓄，而且由于他们有更短的生命计划周期，其消费与储蓄的变化一般超过在工作居民户。因此，整个社会净的 c^d 和 l^s 一般会增加，m^d/P 趋于下降。

数学注释

$c^d(t)$ 和 $l^s(t)$ 最优值的内解满足下述条件：

$$\frac{\delta u}{\delta c^d(t)}=\lambda \qquad \text{对 } 0\leq t\leq N \text{ 成立，}$$

$$\frac{\delta u}{\delta l^s(t)}=-\lambda\cdot\frac{W}{P} \qquad \text{对 } 0\leq t\leq N' \text{ 成立，以及}$$

$$l^s(t)=0 \qquad \text{对 } N'\leq t\leq N \text{ 成立}$$

为满足方程式(1.8)的资产耗尽条件，上式的 λ 是一个确定的常数。这些条件意味着：

$$c^d(t)=c^d(0) \qquad \text{对 } 0\leq t\leq N' \text{ 成立，}$$

$$c^d(t)=c^d(N) \qquad \text{对 } N'\leq t\leq N \text{ 成立，}$$

$$l^s(t)=l^s(0) \qquad \text{对 } 0\leq t\leq N' \text{ 成立，以及}$$

$$l^s(t)=0 \qquad \text{对 } N'\leq t\leq N \text{ 成立。}$$

进一步说，如果消费和就业对效用的影响是独立的，亦即 $\delta^2 u/\delta c(t)\delta l(t)=0$，那么就有，$c^d(0)=c^d(N)$ 。要对这一跨期最大化问题的性质和形式作进一步的讨论，例如参见茵特里盖托(Intriligator，M. D.)1971 出版的《数学优化和经济理论》第十四章。

三、政府

17 基本模型将政府行为视为外生变量，未试图将其三种活动 g^d ，m^s/P 和 τ 解释成对工资与价格变化等因素的反应。但是，政府活动是受预算约束限制的：

$$g^d \equiv \tau + \frac{m^s}{P} \tag{1.12}$$

这一约束说明,政府对商品的需求、也就是政府提供的公共服务,必然是由(扣除转移支付的)税收和流量货币供给的某种组合提供资金的。在基本模型中,货币是政府债务的唯一形式。如果将 P 视为常数,则全部未清偿的政府债务实际存量是 M/P ,是过去创造的新货币余额 m/P 的积分。在基本模型中,政府债务存量和私人财富存量是一致的。最后,我们假定政府决定提供的公共服务数量使得公共服务的边际生产力小于一。换言之,我们假定 $\Phi_g(g^d) < 1$。从资源配置的观点看,这一假设意味着至少在一般市场出清条件下公共部门是太大了。①

① 关于公共设施边际生产力的这一假设指的是公共实施总量的变化对总产出的影响。选择 g 的最优总量水平要求政府最大化 $u[c^*(g), l^*(g)]$,式中的 $c^*(g)$ 和 $l^*(g)$ 表示市场出清系统的解,在下一节详细说明。这种最大化的一阶条件是 $u_c c_g^* + u_l l_g^* = 0$。生产函数 $c + g = \Phi(l, g)$ 意味着 $c_g^* - \Phi_l l_g^* + 1 - \Phi_g = 0$,利润最大化意味着 $\Phi_l = W/P$ 。因此,一阶条件可以表示为 $\left(\frac{W}{P} + \frac{u_l}{u_c}\right) l_g^* = 1 - \Phi_g$ 。更进一步说,对在工作居民户来说,效用最大化意味着 $\frac{W}{P} + \frac{u_l}{u_c} = 0$;对已退休居民户来说,$l^* = 0$,故 $l_g^* = 0$。因此,一阶条件可以归纳为 $\Phi_g[l_g^*(g), g] = 1$。正如我们假设的那样,如果 $\Phi_{lg} = 0$,则计算最优的 g^d 就可以简化成满足 $\Phi_g(g) = 1$ 的条件。对 g 的水平偏离最优水平可能的结果,更充分的讨论参见格罗斯曼与卢卡斯(R. F. Lucas)的《生产性公共支出的宏观经济影响》一文。该文 1974 年 6 月刊载于《曼彻斯特学派》第 42 卷。而从政治经济学观点论述公共部门过度扩张合理性的主张,参阅布坎南(Buchanan,J. M.)与塔洛克(G. Tullock)1962 年出版的《赞同的计算》一书第十、十一章,尼斯卡恩(Niskanen, W. A.)1971 年出版的《官僚主义和代表性政府》一书,和巴罗 1973 年刊载于《公共选择》的“政治家的控制:一个经济学模型”一文。

18

第三节　基本模型的比较静态分析

一、市场出清条件

基本模型假定交换仅仅发生在市场出清的条件下，这些条件要求厂商、居民户和政府的行为是协调一致的，前文对此已做了分析。在基本模型中，交换发生在两种市场：劳动市场和商品市场。在劳动市场，市场出清要求厂商需求的劳动量和居民户供给的劳动量都应该等于实际就业水平。因此，劳动市场出清条件是：

$$l^d\left(\underset{(-)}{\frac{W}{P}}\right)=l^s\left(\underset{(-)}{\Omega},\underset{(+)}{\frac{W}{P}}\right)=l \tag{1.13}$$

在商品市场，市场出清要求厂商供给的商品量和居民户与政府需求的商品量都应该等于实际产量。因此，商品市场出清条件是：

$$y^s\left(\underset{(-)}{\frac{W}{P}},\underset{(+)}{g^d}\right)=c^d\left(\underset{(+)}{\Omega},\underset{(+)}{\frac{W}{P}}\right)+g^d=y \tag{1.14}$$

通过图示法，我们能够很容易地分析这些市场出清条件的含义。图 1.1 表示的是劳动市场。纵轴表示实际工资率，横轴表示劳动量。理论劳动需求只和 W/P 有关系，表示成一条向右下方倾斜的曲线；理论劳动供给是由非工资财富 Ω 和 W/P 决定的，表示成一组向右上方倾斜的曲线。图 1.1 清晰地绘出了三条这样的 l^s 曲线，对应 Ω 的三个值，其中，$\Omega_2>\Omega^*>\Omega_1$。

注意观察劳动市场的出清和 Ω 与 W/P 的不同组合对应。

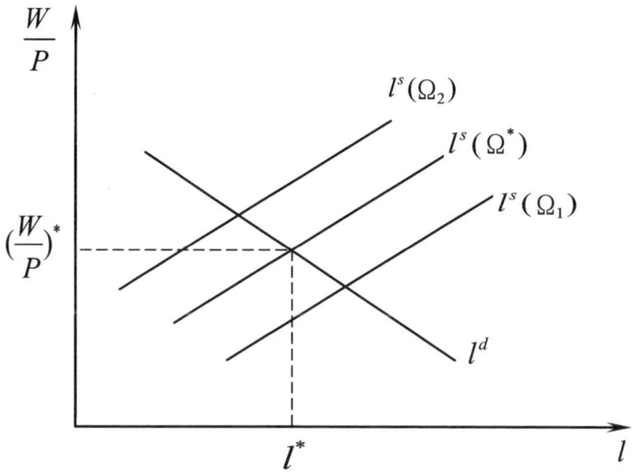

图 1.1　基本模型中的劳动市场

$[\Omega^*, (W/P)^*]$ 组合是其中的一个。假设 Ω 等于 Ω^*，在这种情形下，当实际工资率高于 $(W/P)^*$ 时，就会产生劳动的超额供给，亦即 l^d 将小于 l^s；当实际工资率低于 $(W/P)^*$ 时，就会产生对劳动的超额需求，l^d 将大于 l^s。同理，在 W/P 等于 $(W/P)^*$ 情况下，Ω 大于 Ω^* 会使得 l^d 大于 l^s，而 Ω 小于 Ω^* 会使得 l^d 小于 l^s。

图 1.2 表示的是商品市场。同样，纵轴计量实际工资率，横轴
现在计量的是商品量。理论商品供给不仅取决于 W/P，也取决 19
于 g^d，我们暂时假定它是不变的。商品供给表示为一条向右下方
倾斜的曲线。除了 g^d 外，理论商品需求取决于 Ω 与 W/P。因此，
理论商品需求表示成一族向右上方倾斜的曲线。图 1.2 清晰地描 20
述了其中的三条曲线对应非工资财富的三个值 Ω_2，Ω^* 和 Ω_1。

注意观察商品市场的出清也和 Ω 与 W/P 的不同组合是对应的。同样，组合 $[\Omega^*, (W/P)^*]$ 是其中的一个。在 Ω 等于 Ω^* 的

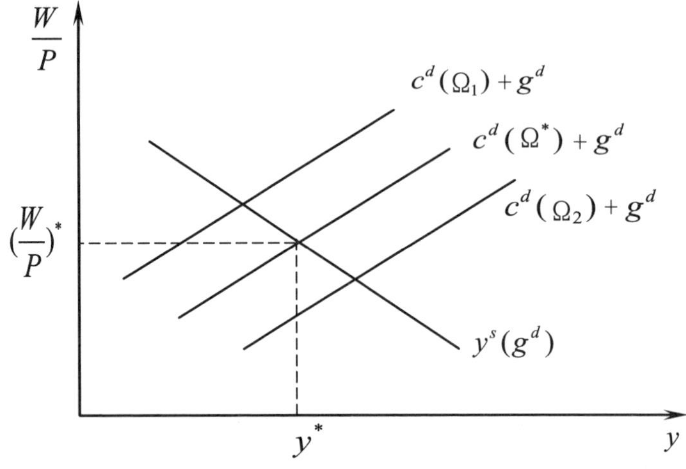

图 1.2　基本模型中的商品市场

情形下，W/P 大于 $(W/P)^*$ 会使得 c^d+g^d 大于 y^s，而 W/P 小于 $(W/P)^*$ 会使得 c^d+g^d 小于 y^s。同理，当 W/P 等于 $(W/P)^*$ 时，Ω 大于 Ω^* 会使得 c^d+g^d 大于 y^s，而 Ω 小于 Ω^* 会使得 c^d+g^d 小于 y^s。

$[\Omega^*,(W/P)^*]$ 组合在两种市场都符合市场出清要求。一个小小的实验能显示这一组合也是符合一般市场出清要求的唯一组合。为了证明这一组合特有的性质，方便的做法是将图 1.1 与1.2

21 描述的分析合并到一个图形，用图 1.3 表示。在图中，标有 $l^d=l^s$ 的轨迹描述了符合劳动市场出清条件的 Ω 与 W/P 值的不同组合。上面关于 Ω 与 W/P 对超额劳动供给或者超额劳动需求状况影响的讨论，意味着这一轨迹是向右上方倾斜的。为了证明这个结果，考虑下面的实验：假设劳动市场出清条件初始时是满足的，但然后 Ω 却增加了，结果是降低了 l^s，导致劳动市场出现超额需求。恢复劳动市场出清的条件需要 W/P 有什么样的变动呢？显然，W/P 必须上升，引起 l^s 的增加和 l^d 的减少。$l^d=l^s$ 轨迹旁侧的符号(<，>)表明，位于曲线下方向右的 Ω 与 W/P 组合意味对劳动的超额需求，而曲线上方向左的组合意味劳动的超额供给。

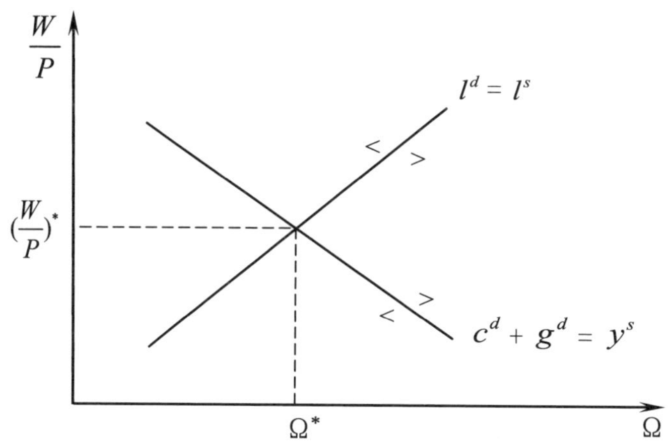

图 1.3　劳动市场和商品市场的市场出清轨迹

同样，标有 $c^d+g^d=y^s$ 的轨迹描述了符合商品市场出清条件的 Ω 与 W/P 值的不同组合。为判断这一轨迹的斜率，考虑下面的实验：假设商品市场出清条件初始时是满足的，但然后 Ω 却增加了，结果是 c^d 增加，引起商品市场出现超额需求。要恢复商品市场出清的条件，W/P 需要有什么样的变动呢？显然，W/P 必须下降，造成 c^d 的减少和 y^s 的增加。因此商品市场出清的轨迹是向右下方倾斜的。(<，>)符号在这里表示，这条轨迹将曲线下方向左的超额供给区域和曲线上方向右的超额需求区域分隔开来。

两种市场出清的轨迹在点 $[\Omega^*,(W/P)^*]$ 处相交。正如我们上面讨论的，交点表明这是唯一的符合两种市场出清条件的非工资财富和实际工资率的组合。我们以 Ω^* 表示一般市场出清的非工资财富水平，以 $(W/P)^*$ 表示一般市场出清的实际工资率。$[\Omega^*,(W/P)^*]$ 组合也必然包含符合一般市场出清条件的 l 、y 、c 、P 、W 和 π 的值，分别以 l^* 、y^* 、c^* 、P^* 、W^* 和 π^* 表示。
22 将 Ω^* 与 $(W/P)^*$ 代入到条件方程式(1.13)和(1.14)，就能确定 l^* 与 y^* 的值，然后从 $\pi^* = y^* - (W/P)^* l^*$ 就能求出 π^* 。由于 $\Omega^* = (M/P^*) + N(\pi^* - \tau)$ ，式中的 M ，N 与 τ 都被定义为外生变量，所以一旦知道了 Ω^* 和 π^* ，立刻就能计算出 P^* ，而 W^* 的值只是 P^* 和 $(W/P)^*$ 的乘积。最后，c^* 等于 y^* 减 g^d 。

二、货币余额的供给与需求

正如我们上面在方程式(1.7)所说明的，基本模型中居民户的行为要受货币预算约束的限制：

$$c^d + \frac{m^d}{P} + \tau \equiv \frac{W}{P} l^s + \pi$$

这种约束意味着，尽管居民户从事的活动明显是三种——需求消费品、货币余额和供给劳动——但它实际上只有两个自由度。它的消费品需求值和货币余额值加上它支付给政府税款值的总价值，必然等于它供给的劳动价值加上它来自厂商的利润收入值。此外，从政府预算约束方程式(1.12)看，居民户的纳税额必然等于政府的商品需求值减去货币的供给值：

$$\tau \equiv g^d - \frac{m^s}{P}$$

从方程式(1.1)对利润的定义看，居民户利润收入必然等于厂

商供给的商品值减去厂商对劳动的需求值。$\pi \equiv y^s - \frac{W}{P}l^d$

应该注意的是，对方程式(1.1)、(1.2)与(1.3)的上述说明都包含这样的假设：厂商、居民户与政府实际能够交易它们供给的与需求的数量。只有一般市场出清的条件得到满足，这一假设才是成立的。

通过合并这三个条件，我们得到整个经济体的预算约束。在一般市场出清条件下这种预算约束是适用的：

$$(c^d + g^d - y^s) + \frac{W}{P}(l^d - l^s) + \frac{1}{P}(m^d - m^s) \equiv 0 \qquad (1.15)$$

方程式(1.15)意味着，如果商品与劳动市场的出清条件都得到了满足，则对货币的理论供求流量也必然是相等的。因此，即使基本模型包含三种经济物品，供求相等的条件也意味着两个独立的交换比率只有两个独立的约束。这一性质有时被称为瓦尔拉斯的市场法则。

三、外生干扰的影响 23

基本模型的比较静态分析研究的是，模型的外生变量和满足市场出清条件的内生变量值之间的关系。设想发生了某种外生干扰。通常可能发生的外生干扰包括生产技术的变化，影响 N' 和 N 平均值的居民户偏好或者年龄结构的变化，和政府行为的变化。为了满足市场出清条件，如果有变化，Ω^* 与 $(W/P)^*$ 以及由此引发的 l^* 、y^* 、P^* 和 W^* 都需要哪些变化呢？我们将这个问题归类为比较静态分析问题，因为它不研究这些内生变量实际发生变化的各种过程。对这些过程的研究被称为动态分析，下一章在基本模型框架内展开动态分析。

为了阐明基本模型中外生干扰影响的性质，我们考虑三个有实际利益例子，并用比较静态分析法对之一一作出解释。本部分末尾的数学注释描述了这种分析的一般形式。

第一个例子考虑的是政府行为的变化，形式是增加 m^s/P ，用于为减少 τ 提供资金。减税显然可以看成政府对居民户转移支付的增加或者居民纳税额的削减。这种外生干扰大致的影响是增加了 Ω 。作为非工资财富增加的结果，是引起 c^d 的增加和 l^s 的减少。[①] 不过，这种干扰不会改变 c^d 和 l^s 对 Ω 和 W/P 的函数依赖性质，也不会影响 y^s 与 l^d 和 W/P 之间的关系。因此，图 1.3 的市场出清轨迹不会发生移动，Ω 和 W/P 的初始值依旧符合一般市场出清条件。要恢复一般市场出清，Ω 必须恢复它的初始值而 W/P
24 保持不变。这种调整可以通过 P 的增加量正好够抵消 τ 的减少量，伴以 W 的等比例增加而实现—更精确地说，P 增加了 NP^2/M 乘以 τ 的减少额那么多。

不过，这种对增加 m^s/P 的直接影响的分析并非事情的结束，我们还必须考虑 m 和 M 之间的关系，亦即 $m \equiv dM/dt$ 。为简单起见，假设 m 初始为零，这样政府的预算最初是平衡的：$g^d = \tau$ 。

① 减少 τ 会增加 Ω 的效应包含这样的假设：代表性的居民户预期 τ 将在现有的水平上不随时间变化。因此，代表性居民户认为 τ 的削减是永久性的，并将 Ω 的变化量计算为 $d\Omega = -Nd\tau$ 。换而言之，如果代表性居民户认为 τ 的减少是暂时的，仅仅是一个当前的偏差，则 τ 的减少本身就不会影响 Ω 。根据方程式(1.11)，货币的流量需求将吸纳 τ 的全部削减额，由此抵平了增加的 m^s/P 而 Ω 或 W/P 不会发生任何变化。在此情况下，当前的外生干扰只有通过它长时间对 M 的影响而影响市场出清条件，下一段讨论这一点。

这样，m^s/P 的增加将意味着 m 变成正数，且 M 不断增加。根据市场出清条件和瓦尔拉斯法则，m^s/P 等于 m^d/P 与 m/P 。M 的不断增加趋向不断地增加 Ω ，导致 c^d 的进一步增加和 l^s 的进一步减少。正如我们已经论述的，外生干扰对 Ω 的唯一影响是导致 P 和 W 发生变化，变化抵消了这种干扰并保持 W/P 不变。在这种情况下，P 与 W 必须和 M 一样，随着时间的推移同比例增加，这也将保持 M/P 始终不变。

最后，假设经过一段有限的时间间隔后，m^s/P 减少至零，τ 增加恢复至初始值。初始干扰的返回意味着为保持 Ω^* 和 $(W/P)^*$ 的值不变，P 与 W 会减少。不过，由于 M 积累的增加量，P 与 W 不会恢复至初始值。P^* 与 W^* 超过其初始值的净增加量和 M 超过其初始值的增加量是等比例的，由此可恢复 M/P 的初始值，并保持 Ω 和 W/P 的初始值不变。图 1.4 描述了本例中 m/P 、M 和 P^* 的时间路径。

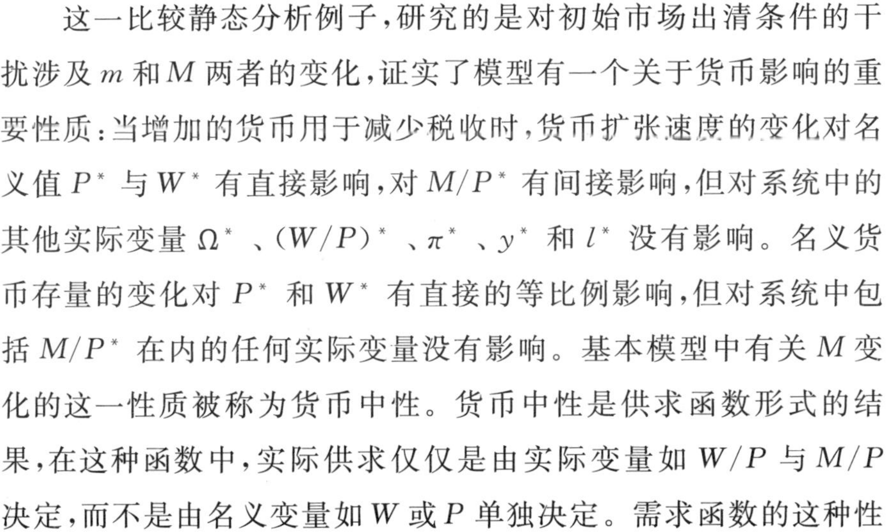

这一比较静态分析例子，研究的是对初始市场出清条件的干扰涉及 m 和 M 两者的变化，证实了模型有一个关于货币影响的重 25
要性质：当增加的货币用于减少税收时，货币扩张速度的变化对名义值 P^* 与 W^* 有直接影响，对 M/P^* 有间接影响，但对系统中的其他实际变量 Ω^* 、$(W/P)^*$ 、π^* 、y^* 和 l^* 没有影响。名义货币存量的变化对 P^* 和 W^* 有直接的等比例影响，但对系统中包括 M/P^* 在内的任何实际变量没有影响。基本模型中有关 M 变化的这一性质被称为货币中性。货币中性是供求函数形式的结果，在这种函数中，实际供求仅仅是由实际变量如 W/P 与 M/P 决定，而不是由名义变量如 W 或 P 单独决定。需求函数的这种性

质被称为货币幻觉缺失，起源于居民户效用最大化的基本原理，即认为效用只决定于实际的消费量与就业量，而不是名义值。政府对商品需求的调整在实际中也必然要求中性。

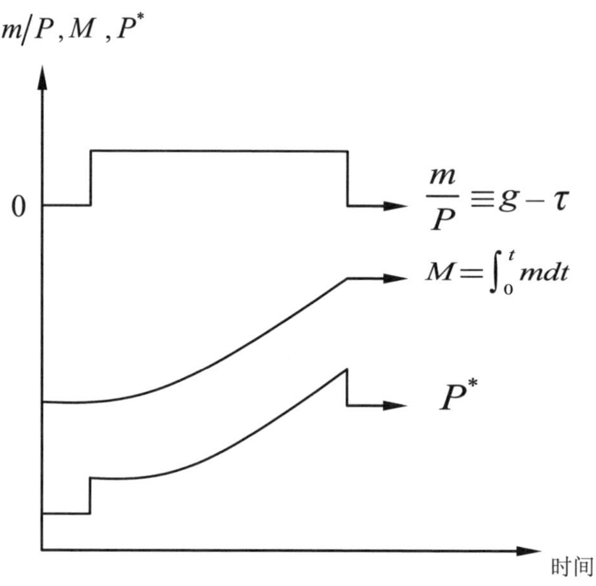

图 1.4　$m/P, M$, 和 P^* 的时间路径

在上述例子中，我们考虑了 m^s/P 增加的情况，这种增加对 Ω^* 、$(W/P)^*$ 、π^* 、y^* 和 l^* 没有影响。不过，这种 m^s/P 的增加仅仅是被用来减少 τ 的。换句话说，如果 m^s/P 增加的任一部分被用来为增加 g^d 提供资金，则其影响将是截然不同的。具体说，Ω^* 、$(W/P)^*$ 、π^* 、y^* 和 l^* 都会发生变化。

作为比较静态分析的第二个例子，让我们假定 τ 保持不变，增加的 m^s/P 全部被用于增加政府的商品需求。这种干扰对居民户行为没有直接影响。但是，它会使 y^s 曲线和每一条 c^d+g^d 曲线向

右移动，可以用图 1.5 说明这一点。 26

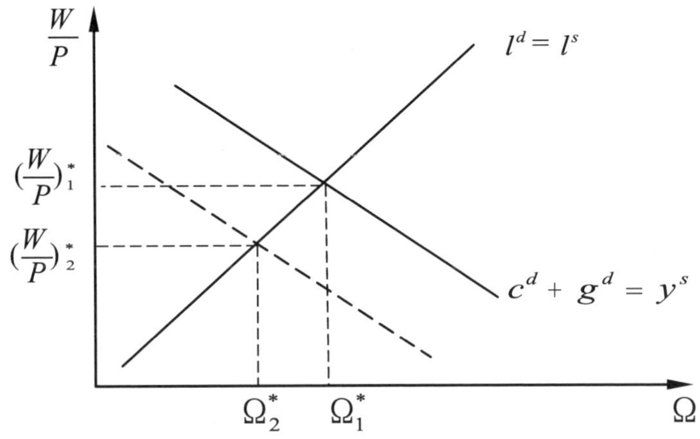

图 1.5 政府支出增加的效应

在 Ω 与 W/P 的任何组合点，商品的供给和政府与居民户对商品的需求都会增加。不过，我们已假定公共服务的供给水平是足够高的，以致 g^d 的边际产量小于一。因此，$c^d + g^d$ 曲线向右移动的幅度大于 y^s 曲线的右移幅度，最初满足市场出清条件的 Ω 与 W/P 值的组合，现在意味着对商品的超额需求。

要恢复两个市场上的理论需求和理论供给之间的相等，Ω 与 W/P 必须有怎么样的变化呢？图 1.5 再现了图 1.3 的市场出清轨迹，并说明 $c^d + g^d = y^s$ 轨迹向左移动这种干扰的影响。虚线表示新的轨迹，市场出清轨迹的新交点是［Ω_2^*，$(W/P)_2^*$］，其中 Ω_2^* 小于 Ω_1^*，且 $(W/P)_2^*$ 小于 $(W/P)_1^*$。

Ω 的减少降低了 c^d，而 W/P 的减少会进一步降低 c^d，并刺激 y^s 增加。$c^d + g^d$ 和 y^s 以这种方式恢复相等状态。保持 l^d 和 l^s

27 之间相等的必要性决定了 Ω 与 W/P 减少的相对程度。Ω 的减少会刺激 l^s 增加，而 W/P 的减少则产生一个抑制 l^s 增加和刺激 l^d 增加的正好冲抵的组合。

Ω 和 W/P 的减少对 P 、W 、y 、c 与 l 意味着什么呢？我们已假定 τ 是不变的。而且，W/P 的减少意味着 π 的增加。因此，Ω 的减少要求 P 的上升。Ω 的减少对 W 的影响是不明确的，取决于 P 与 Ω 之间的数量关系和 Ω 与 W/P 减少的相对程度。g^d 增加意味着 y^s 的增加，W/P 减少意味着 y^s 的进一步增加和 l^d 的增加。在市场出清条件得到满足的情况下，这些变化意味着 y 和 l 增加了。但是，由于 Ω 与 W/P 的减少会抑制 c^d 和 c ，其导致的 y 增加小于 g^d 的增加。由于我们假设公共服务的供给量最初太大，在 c 减少和 l 增加的意义上，进一步增加 g^d 会使得居民户的境况变得更糟。[①]

再次地，这些影响不是事情的结束。正如前述例子一样，m^s/P 增加也会导致 M 的持续增加，而这要求 P 与 W 以同样的等比例增加。

当然，政府行为不是唯一可能的干扰根源。作为最后一个比较静态分析的例子，我们考察技术革新。技术革新可增加任何既定数量劳动生产的产量。一种直观的可能性是生产函数有如下形式：

$$\Phi(l,g)=\alpha\phi(l,g)$$

① 如果公共服务不是为厂商提供了生产性投入，而是为居民户提供了效用的直接来源，并以少于一对一基础的边际量替代私人消费，则会得出相同的结论。比较贝莱(Bailey，M. J.)1971 年出版的《国民收入与价格水平》第 2 版第九章。

式中技术进步由参数 α 的增加表示。随着 α 的增加，$\Phi(l,g)$ 和 $\delta\Phi/\delta l$ 对所有 l 和 g^d 的值都会变大。这种干扰的影响是使得图 1.1 和 1.2 描述的 l^d 与 y^s 函数向右移动。在任一实际工资率水平上，厂商都需要雇佣更多的劳动，出售更多的产量。作为这些移动的结果，最初满足市场出清条件的 Ω 和 W/P 的值不再如此了。这些初始值现在意味劳动的超额需求和商品的超额供给。

同样，我们可能会问，要恢复市场出清条件，Ω 与 W/P 该有什么样的变化呢？图 1.6 再现了图 1.3 的市场出清轨迹，并描绘了这种干扰的影响。这种干扰使得 $l^d=l^s$ 轨迹向左上方移动， 28
$c^d+g^d=y^s$ 轨迹向右上方移动，虚线表示新的轨迹。

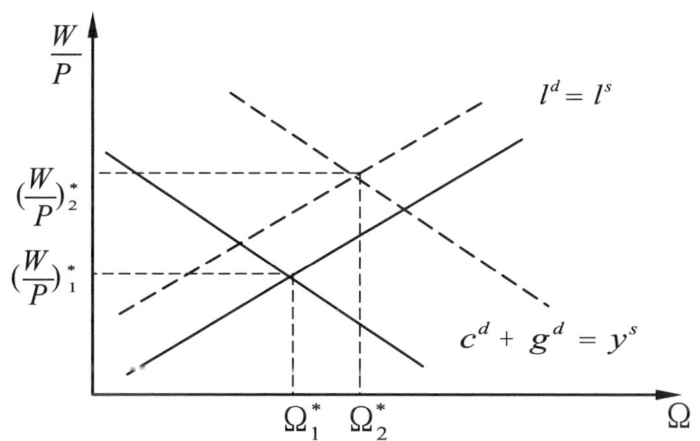

图 1.6　技术进步的影响

如图 1.6 所示，这种干扰的一个结果是提高了 $(W/P)^*$。实际工资率的提高很容易理解，因为更高的 W/P 值趋向减少劳动的超额需求和商品的超额供给。此外，图 1.6 也描述了 Ω^* 增加的情况。为理解其影响，设想 Ω 保持不变，同时 W/P 的上升足以出清劳动市场。W/P 的上升意味着 c^d 、l^s 与 $(W/P)l^s$ 增加。一方面，如果 c^d 的时间路径直至生命计划周期结束是不变的，c^d 的增加量就等于 (N'/N) 乘以 $(W/P)l^s$ ，其结果小于 $(W/P)l^s$ 的增加量。另一方面，在劳动市场出清情况下，l^d 等于 l^s ，l^d 和 α 一起增加意味着 y^s 的增加。而且 y^s 的增加量一定大于 $(W/P)l^d$ 的增加
29 量，因为劳动的平均产量超过劳动的边际产量。因此，在 Ω 不变的情况下，c^d 增加的程度小于 y^s ，商品市场没有出清。为了出清商品市场，同时保持劳动市场的出清状态，Ω 必须增加，W/P 必须进一步增加。

α 的增加也会引起 y^* 的增加，这一结论的证据是，在市场出清条件下，y 等于 c^d+g^d ，Ω^* 和 $(W/P)^*$ 的增加意味着 c^d 的增加。不过，α 增加对 l 的影响通常是不明确的。虽然我们假定 $(W/P)^*$ 的增加趋向提高 l^s ，但足够大的 Ω^* 增加能超额抵消这种影响。最后，Ω^* 的增加意味着或者 $(W/P)^*$ 或者 π^* 必须增加。最可能的结果是 $(W/P)^*$ 和 π^* 都将增加，这一条件我们邀请读者给予解答。

数学注释

在本模型中，任何一种小程度的外生干扰都可以表示成 l^s 、l^d 、y^s 和 c^d+g^d 函数小幅度的外生移动。比如，在文章涉及技术革新的最后一个例子中，就有 $\delta l^d>0$，$\delta y^s>0$。这就是说，对任何 W/P 与 Ω 的值，l^d 与 y^s 都是增加的。

用这个方法描述外生干扰，小程度干扰对 $(W/P)^*$ 与 Ω^* 的影响可从下式求得：

$$\begin{bmatrix} \underset{(-)}{a_{11}} & \underset{(+)}{a_{12}} \\ \underset{(+)}{a_{21}} & \underset{(+)}{a_{22}} \end{bmatrix} \begin{bmatrix} d\left(\dfrac{W}{P}\right)^{*} \\ d\Omega^{*} \end{bmatrix} = \begin{bmatrix} \delta l^{s} - \delta l^{d} \\ \delta y^{s} - \delta c^{d} - \delta g^{d} \end{bmatrix}$$

式中：

$$a_{11} = \frac{\delta l^{d}}{\delta\left(\dfrac{W}{P}\right)} - \frac{\delta l^{s}}{\delta\left(\dfrac{W}{P}\right)},$$

$$a_{12} = -\frac{\delta l^{s}}{\delta \Omega},$$

$$a_{21} = \frac{\delta c^{d}}{\delta\left(\dfrac{W}{P}\right)} - \frac{\delta y^{s}}{\delta\left(\dfrac{W}{P}\right)},\text{以及}$$

$$a_{22} = \frac{\delta c^{d}}{\delta \Omega}$$

通过对矩阵：

$$\begin{pmatrix} a_{11} & a_{12} \\ a_{21} & a_{22} \end{pmatrix}$$

求逆，就可以计算出任一小程度外生干扰所引起的 $(W/P)^{*}$ 与 Ω^{*} 的变化。逆阵正负号分布如下：

$$\begin{pmatrix} - & + \\ + & + \end{pmatrix}$$

第四节　基本模型的动态分析

一、基本模型中的市场进程

正如我们前文强调的，交换只发生在市场出清条件下的假设，对用公式明确表述基本模型的理论供给函数与理论需求函数是必要的。这一部分讨论如何使这一假设合理化。我们将会看到，从经验的观点来说，我们能够提供的合理化论证至少可以说是勉强的。因此，我们必然得出这样的结论，基本模型虽然是一个有用的起点，但作为分析框架可能有严重的缺陷。

交换只发生在市场出清条件下这一假设合理化的通常论证是，存在一个重新签约的机制，它是瓦尔拉斯摸索过程一部分（参见 Walras，L. 1874 年出版的《纯粹经济学要义》）。正如上文解释的，基本模型中交换发生在两种市场：把劳动换成货币的劳动市场和把商品换成货币的商品市场。假设每一种市场有一个价格制定机构——它可能是一个人，也可能是一台装有相应程序的计算机——它的工作就是寻找该市场所交换商品之间符合市场出清条件的交换率。和一般市场出清对应的交换率在劳动市场是 W^*，在商品市场是 P^*。价格制定机构通过瓦尔拉斯摸索过程的尝试法搜寻 W^* 与 P^*。它们公布 W 与 P 的试验值，观察供给量与需求量，如果供求数量不相等，再试验 W 与 P 的其他值。

31 当然，使得 l^d 等于 l^s 的 W 值取决于 P 的值，而使得 c^d+g^d 等于 y^s 的 P 值又取决于 W 的值。因此，如果其中一个价格制定机构偶然发现了它所在市场供求数量之间是相等的，而另外一个价格制定机构还在调整它的价格，试图找到它所在市场供求数量之间的这种相等，那么，第一家价格制定机构将会发现，它所在市场的供求相等只是暂时的，它将不得不重新调整价格。显然，只有当它们都不期而遇地找到了符合两种市场出清条件的 W^* 与 P^* 的组合时，两家价格制定机构才会停止调整 W 与 P 的值。我们也可

以称 W^* 与 P^* 为理想均衡值，因为一旦 W 与 P 取得了这样的值，在缺少外生干扰的情况下，两个变量没有进一步变化的趋势。[①]

为了确保在两家价格制定机构偶然发现 W^* 与 P^* 组合前不发生任何交换，我们还必须假设，任何一个经济单位都可以撤销其在 W 与 P 试验值上的主动报价买卖，如果接下来公布的 W 与 P 的值更有利。例如，在先前公布的工资低于当前公布的工资时，不能认为居民户能够坚持按先前的工资提供劳动，这种解决办法称为重新签约权利，来自埃奇沃斯(参见 Edgeworth, F. Y. 1881 年出版的《数学物理学》)。重新签约权利确保了只要 W 与 P 在调整，买方或卖方都会对先前的交易报价违约。只有当均衡值 W^* 与 P^* 确定后，才能消除重新签约的动机，发生实际交换。如果我们按字面意思理解重新签约权利，似乎重新签约仅仅适用于对市场出清价格的第一次发现，也是唯一的一次发现。也就是说，重新签约只适用于静态世界的创造行为。

当然，事实上典型的市场不是以价格制定机构或者重新签约权利为特征的。在典型的市场上，价格实际上是由其中一个参与该市场交易的经济单位公布的。而且，在典型的市场上，买卖报价都是有约束力的，大量的交易可能是以非市场出清价格完成的。我们将在第二章研究这种复杂性，我们会看到，重新签约的假设也

① 在下文的第四章与第五章，当我们明晰详细地考察这种预期时，我们将采用一个更为一般的均衡概念。在一般的均衡概念情形中，相关变量以人们预期的速度发生变化。基本模型假设人们预期 W 与 P 都不变化，给定了这一点，W^* 与 P^* 是这种一般意义上的均衡值。

许会严重地混淆视听，使人们对工资、价格、就业与产出实际变化的理解模糊不清。

32 ## 二、工资调整和价格调整的关系

尽管有上述保留态度，基本模型为接下来的分析提供了必不可少的参照系。因此，让我们在基本模型的背景里完成对工资与价格决定的研究。

我们可以假定，价格制定机构知道需求函数与供给函数偏导数的正负。也就是说，它们知道给定了 P，W 的增加会降低 l^d 提高 l^s；给定了 W，P 的增加会减少 c^d 提高 y^s。因此，我们可以设想价格制定机构不会随便报出 W 与 P 的值，而是在搜寻 W^* 与 P^* 的焦灼中，会根据观察到的劳动超额需求或超额供给提高或降低 W，根据观察到的商品超额需求或超额供给提高或降低 P。这种行为可以表示成工资调整关系式：

$$\frac{1}{W}\frac{dW}{dt}=\lambda_w(l^d-l^s) \tag{1.16}$$

和价格调整关系式：

$$\frac{1}{P}\frac{dP}{dt}=\lambda_p(c^d+g^d-y^s) \tag{1.17}$$

式中 λ_w 和 λ_p 是正的，为简单起见可以视为常数。

借助图 1.3 的市场出清轨迹，可以弄清楚这些工资与价格调整关系式的可能结果。图 1.7 再现了这些轨迹。为了概括这些可能的结论，我们定义向量：

$$\left[\frac{1}{P}\frac{dP}{dt},\frac{1}{W}\frac{dW}{dt},\frac{1}{W/P}\frac{d(W/P)}{dt}\right]$$

并在图 1.7 中的各个区间标示了向量的正负号构成。

价格调整关系式意味着，只要 W/P 与 Ω 的报价组合出现在
$c^d+g^d=y^s$ 轨迹的右边，亦即 I 和 II 区域，P 就会上升；只要 W/P 33
与 Ω 的报价组合出现在 $c^d+g^d=y^s$ 轨迹的左边，亦即 III 和 IV 区域，P 就会下降。工资调整关系式意味着，只要 W/P 与 Ω 的报价组合出现在 $l^d=l^s$ 轨迹的右边，亦即 II 和 III 区域，W 就会上升；只要 W/P 与 Ω 的报价组合出现在 $l^d=l^s$ 轨迹的左边，亦即 I 和 IV 区域，W 就会下降。

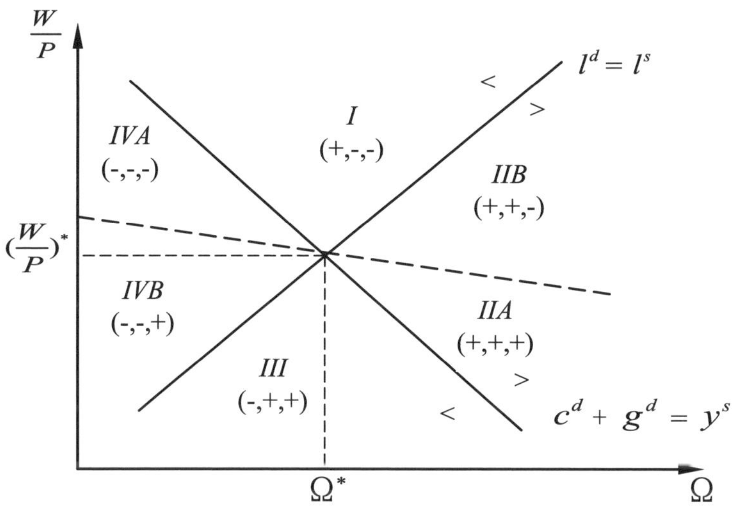

图 1.7　基本模型中工资与物价的动态变化

正负号构成表示 $\left[\frac{1}{P}\frac{dP}{dt},\frac{1}{W}\frac{dW}{dt},\frac{1}{W/P}\frac{d(W/P)}{dt}\right]$

由于工资与价格调整关系式将 W 与 P 的变化单独和这些轨迹联系起来，而 W/P 的变化取决于 W 与 P 的相对变化，所以不能把 W/P 的变化直接和市场出清的轨迹联系起来。在图 1.7 中有标

记的不同区域，考虑工资与价格调整关系式对 W/P 变化的结论。

在Ⅰ区域，P 上升时 W 将下降，因此 W/P 肯定下降；在 III 区域，P 下降时 W 将上升，因此 W/P 肯定上升。但是，在Ⅱ、Ⅳ区域，W 与 P 向同样的方向变化，因此，W/P 变化的方向取决于 W 与 P 变化的相对程度。在Ⅳ区域，W 与 P 都在下降，我们用虚线将这一区间分为标有ⅣA 与ⅣB 符号的两个子区域。在ⅣA 子区域的各点，距离 $l^d=l^s$ 轨迹比较远而距离 $c^d+g^d=y^s$ 轨迹比较近。
34 因此，在ⅣA 子区域，劳动的超额供给比较大，W 的下降比较快；而商品的超额供给比较小，P 的下降比较慢。子区域ⅣB 的变化情况正好与此相反。因此，有可能通过适当的虚线划分，识别出ⅣA子区域的 W/P 在下降和ⅣB 子区域的 W/P 在上升。这条虚线的适当位置取决于理想供给函数、理想需求函数的数量性质和方程式(1.16)与(1.17)中 λ_w 与 λ_p 的相对值。给定供给函数与需求函数，λ_w 相对于 λ_p 越大，虚线越接近 $l^d=l^s$ 轨迹。将同样的分析用于Ⅱ区域，也有一条虚线将该区域分为ⅡA 与ⅡB 两个子区域。在图 1.7 中，这些虚线都是向右下方倾斜的，但事实上它们也可以是向右上方倾斜的①，理论只告诉我们这些虚线穿过Ⅱ区域

---

① 虚线的方程式是：

$$\frac{1}{(W/P)}\frac{d(W/P)}{dt}=\lambda_w(l^d-l^s)-\lambda_p(c^d+g^d-y^s)=0。$$

因此，虚线的斜率是：

$$\frac{-\left(\lambda_p\frac{\delta c^d}{\delta\Omega}+\lambda_w\frac{\delta l^s}{\delta\Omega}\right)}{\lambda_p\left(\frac{\delta c^d}{\delta(W/P)}-\frac{\delta y^s}{\delta(W/P)}\right)+\lambda_w\left(\frac{\delta l^s}{\delta(W/P)}-\frac{\delta l^d}{\delta(W/P)}\right)}$$

。该表达式的分母是正的，斜率的方向取决于分子的正负。

与Ⅳ区域。

三、外生干扰的动态机制

上文第三节第三部分，我们对主要市场出清的情形用比较静态分析方法分析了几个外生干扰的例子。在每个例子中，我们看到干扰的初始影响使得一个市场或同时两个市场的 W 与 P 的多数组合不符合理论需求和理论供给之间的相等，这种结果上的不一致性或者是因为干扰改变了 Ω 而市场出清组合 Ω^* 与 $(W/P)^*$ 没有变化，或者是因为干扰改变了 Ω^* 或 $(W/P)^*$ 而 Ω 与 W/P 没有变化。比较静态分析揭示了模型中的各种内生变量如果有变化，需要哪些变化才能恢复 Ω 与 Ω^* 之间和 W/P 与 $(W/P)^*$ 之间的相等。本部分分析了随着这些相等状态的恢复，这些内生变量在基本模型中走过的时间路径。 35

为了集中分析这一问题，考虑一个改变 Ω 但不改变 Ω^* 与 $(W/P)^*$ 组合的外生干扰。本部分结尾的数学注释给出了这种分析的一般形式。作为这样一种干扰的例子，上面第三节第三部分讨论了政府行为的变化，形式是增加 m^s/P 用于为政府减税提供资金。图 1.8 用说明了这种干扰。图 1.8 区域是复制图 1.7 的。位于 IIB 区域的 0 点指示最初由干扰导致的 Ω 与 W/P 组合。在这一点，Ω 大于 Ω^*，而 W/P 等于 $(W/P)^*$。实线箭头描绘了 Ω 与 W/P 实际值可能的时间路径。

从 0 点开始，因为 l^d 大于 l^s，c^d+g^d 大于 y^s，所以 P 与 W 都在增加。此外，正如我们已经假设的那样，虚线是向右下方倾斜

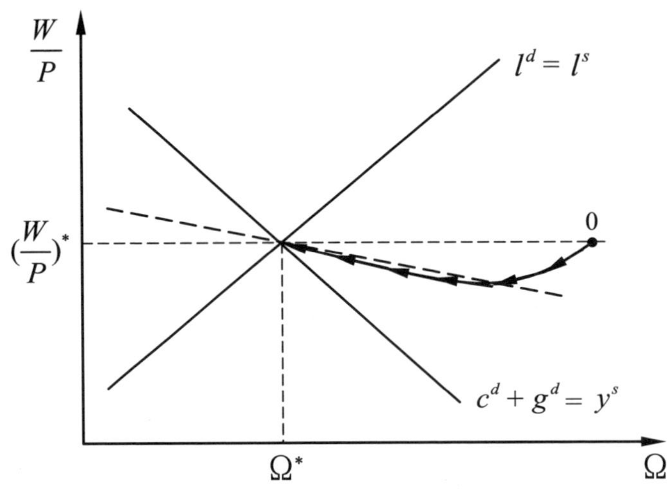

图 1.8　向市场出清条件的收敛

的，P 最初上升的比例快于 W，所以 W/P 是下降的。P 的增加减
36 少了货币存量的实际值，从而减少了 Ω。[①] Ω 的减少会刺激 l^s 并抑制 c^d，从而趋向减少两种市场的超额需求，使 P 与 W 的增长速度放慢。W/P 的降低减少 c^d 与 l^s，刺激 y^s 和 l^d，因此也趋向减少商品市场的超额需求并使 P 的增长速度放慢，但它趋向增加对劳动的超额需求，提高 W 的增长速度。因此，W/P 的初始下降速度趋向缓和，最终穿过虚线后，W 增长得比 P 快，W/P 开始上升，其路径渐行渐近地移动至 Ω 与 W/P 再次等于 Ω^* 与 $(W/P)^*$ 的交点，结果是完成了 P 与 W 的等比例上升。需要注意的是，如果我们假设虚线是向上倾斜的，则 W 最初上升的比例快于 P，所以

① 这一论断的假设是认为利润始终等于 π^*。基本问题是由于分析假设实际交易仅仅发生在一般市场出清条件下，非市场出清条件下的利润水平一直未得到界定。

W/P 最初是上升的，然后回落至 $(W/P)^*$ 。[①]

正如第三节第三部分的解释，在本例中，只要 m^s 是正的，Ω 将会持续趋向增加。在此情况下，W 与 P 的报价值将会不断逼近移动的目标，但实际永远不能抵达 Ω^* 与 $(W/P)^*$ 。在基本模型中，我们必须抽象掉这种可能性，否则，由于重新签约的权利，交换可能永远不会发生。这个问题例证了基本模型的缺陷。在后续各章，我们会发现只要允许以非市场出清的价格发生交易，或者将有关 W^* 与 P^* 的预期引入到工资与价格调整关系式，就不会出现这样的问题。

数学注释

下列方程式描述了动态体系：

$$\frac{d(W/P)}{dt}=\frac{W}{P}[\lambda_W(l^d-l^s)-\lambda_P(c^d+g^d-y^s)]=G_1\left(\frac{W}{P},P\right)$$

和 $\dfrac{dP}{dt}=P\lambda_P(c^d+g^d-y^s)=G_2\left(\dfrac{W}{P},P\right)$

G_1 与 G_2 关于 W/P 与 P 的偏导数按一般市场出清近似值估 37
计，式中 $l^d\approx l^s$ ，$c^d+g^d\approx y^s$ ，以及 $\pi=\pi^*$ 。

$$G_{11}=\frac{\delta G_1}{\delta(W/P)}=\frac{W}{P}\left\{\lambda_W\left[\frac{\delta l^d}{\delta(W/P)}-\frac{\delta l^s}{\delta(W/P)}\right]\right.$$
$$\left.+\lambda_P\left[\frac{\delta y^s}{\delta(W/P)}-\frac{\delta c^d}{\delta(W/P)}\right]\right\}$$

① 在虚线是向右下方倾斜的情况下，Ω 与 W/P 从 0 点到 $[\Omega^*,(W/P)^*]$ 的路径会限制在 IIA 和 IIB 区域。但是，如果虚线是向右上方倾斜的，从 0 点到 $[\Omega^*,(W/P)^*]$ 的路径会沿着衰减的螺旋形线路穿过 $[\Omega,(W/P)]$ 平面空间的所有四个区域。

$$G_{12}=\frac{\delta G_1}{\delta P}=\frac{W}{P}\frac{M}{P^2}\left(\lambda_P\frac{\delta c^d}{\delta\Omega}+\lambda_W\frac{\delta l^s}{\delta\Omega}\right),$$

$$G_{21}=\frac{\delta G_2}{\delta(W/P)}=P\lambda_P\left[\frac{\delta c^d}{\delta(W/P)}-\frac{\delta y^s}{\delta(W/P)}\right],\text{和}$$

$$G_{22}=\frac{\delta G_2}{\delta P}=-P\frac{M}{P^2}\lambda_P\frac{\delta c^d}{\delta\Omega}$$

考虑这些偏导数的雅可比矩阵

$$\begin{pmatrix}G_{11} & G_{12}\\ G_{21} & G_{22}\end{pmatrix}$$

矩阵的行列式是正的，矩阵的迹是负的。这些条件对基本模型的局部动态稳定性既是必要的也是充分的。换言之，如果 W/P 与 P 最初是接近均衡的，它们将始终向均衡收敛。有关这些稳定性质的进一步讨论，参见萨缪尔森 1947 年出版的《经济分析的基础》。

第二章　非市场出清条件下的产出与就业 38

本章提出了一个简单的理论框架，以分析交换发生在非市场出清条件下时的产出和就业水平。第一节概括地介绍了这一框架的基本要素；第二节考察了总量超额供给情况；第三节考察总量超额需求的情况；第四节考察的总量问题，是和任一给定水平的工资与价格对应的产出与就业水平的决定；第五节考察在非市场出清条件下发生交换时，工资、价格、产出和就业调整的动态机制。

第一节　非市场出清条件下的交换

在第一章，我们在两种不同的背景里分析了经济物品的数量及其交换率的决定。首先，我们对模型外生变量之间的关系、满足市场出清条件的内生变量的值进行比较静态分析；其次，我们对内生变量随时间变化以满足市场出清条件进行动态分析。这一分析是建立在重新签约假设基础上的。在分析中，名义工资率和商品价格逐渐调整，对劳动市场和商品市场的理论超额供给和超额需求做出反应。与此同时，由于重新签约权利，实际交易处于悬而未决状态，直至工资率与价格水平符合两个市场供求数量的相等为止。

从经验的观点看，第一章分析的主要缺憾是未能在和一般市场出清无关的情形中考察数量的决定，尤其是产出量和就业量的决定。重新签约并不构成实际市场的特征。实际上，买卖报价通常是有约束力的，绝大部分实际交易发生在非市场出清价格水平。至少，我们必须认真考虑这样的可能性，重新签约范式并不只是一个方便的分析手段，它很可能严重地混淆视听，使得对市场过程各种基本特征的理解模糊不清。

39 历史上和瓦尔拉斯（1874 年《纯粹经济学要义》）与埃奇沃斯（1881 年《数学物理学》）有联系的拍卖商重新签约模型，对忽略非市场出清条件下的数量决定不是唯一可接受的合理化证明。不同的是，马歇尔（1890 年第 8 版《经济学原理》）认为所有的价格调整都几乎是对当前供求数量差额的瞬时反应。如果所有的价格以这样的方式发生实际变动，对非市场出清条件下交易的明确详尽分析几乎得不到经验上有用的信息。总的说来，交易实际数量的变化方式让人感觉似乎有一个重新签约机制。但是，跟瓦尔拉斯范式一样，马歇尔范式不能解释萧条时期的自愿性失业或者受抑制通货膨胀的短缺特征这类现象。这两种现象似乎都反映了非市场出清价格的持续性，其明显的经验重要性表明，和马歇尔观点截然相反，我们必须把向市场出清价格的调整过程视为一种需要大量时间的过程。我们不仅必须在原意上舍弃重新签约，而且还必须将它当作“似乎”的方法舍弃。

本章的分析从舍弃重新签约展开，集中研究非市场出清条件下产出和就业的决定。但是，总量理论问题涉及个体行为的性质

和总量未出清市场系统市场之间的关系。[①]

将非市场出清条件下的交换纳入考虑，对产出和就业的决定有两个基本的含义：首先，这些数量不能凭引用市场出清条件来简单地决定，不存在实际交易量和供求数量之间的自动相等。要解释非市场出清条件下的数量决定，我们必须考虑实际交易过程的功能和个体经济单位的各种意图，在这方面自愿交换的原则似乎是关键的。自愿交换和自由市场制度是同义词，自愿交换意味着不能强迫交易者购买比他需求多的数量，或者出售比他供给多的数量。因此，自愿交换意思是，任何商品的实际总交易量将等于供 40
给量和需求量中那个较小的数量。[②] 具体来说，当出现劳动的超额供给时，厂商能买到它们需求的劳动量，但居民户不能售完它们供给的劳动量。同样的，出现商品的超额供给时，厂商不能售完它们供给的数量，但居民户能买到它们需求的数量，而对超额需求来说，情况正好相反。

考虑到非市场出清条件下交换的第二个基本含义是，每个经济单位通常不会这样行动，似乎它能在现有的工资一价格向量上

---

① 巴罗与格罗斯曼 1971 年 3 月刊载于《美国经济评论》的“收入和就业的一般失衡模型”一文，包含对这一分析的初步公式化说明，分析舍弃了居民户效用最大化必需的跨期性质问题。莱琼赫夫沃德 1968 年出版的《论凯恩斯主义经济学和凯恩斯经济学》一书断论，对未能出清市场之间关系的集中研究，是凯恩斯 1936 年出版的《就业、利息和货币通论》分析的一个基本突出的特征，格罗斯曼在 1972 年 3 月刊载于《经济文献杂志》的“凯恩斯是‘一个凯恩斯主义者吗’?”一文中，对此提出了一个对比性的解释。

② 更严格地说，如果用 x^d 与 x^s 表示 x 商品的需求与供给，自愿交换意味着 $x \leq \min[x^d, x^s]$。x 等于需求与供给中较小的一个需要增加一个条件，即交换持续到所有对双方有利的交换都已发生——亦即 $x \geq \min[x^d, x^s]$。自愿交换和穷尽所有互利交换的结合保证了 $x = \min[x^d, x^s]$。

买入或卖出它需求或供给的任何数量。至少从一些单位来说，任何现有的供求之间失衡背离了这一假定。市场失灵意味着，交易的实际数量或者偏离供给量或者偏离需求量。从单个经济主体的立场看，这些偏离表现为各种约束条件，在形成其他市场行为时要给予考虑。正如我们刚才阐明的那样，自愿交换决定了超额供给或超额需求必然包含的各种约束方式。在后文的章节我们将看到，第一章基本模型推导的理论需求函数与供给函数，总的来说没有描述厂商与居民户行为。一个市场上存在超额供给或超额需求意味着实际供给或实际需求背离另一个市场的理论供给或理论需求。

本章的主要目的是理解实际供给与需求的决定，分析其对非市场出清条件下产出与就业决定的各种含义。讨论集中在总量超额供给与总量超额需求情况，亦即两种市场上的超额供给或超额需求。无论是从经验的观点看，还是从它们直接产生的原因乃是不适当的货币与财政政策的结果看，这些情况似乎都是高度相关的。

41 为了方便分析，基本方法是将价格水平和实际工资率向量看作是给定的，然后计算出在该向量发生的交换必然包含的产出与就业水平。这种程式代表了一种极端情况，因其简便被选用。可以将它与另一种（马歇尔的）极端情况作比较。在马歇尔极端情况下，价格可以迅速调整，只有一般市场出清的数量得到实际交换。本章最后一节讨论允许交换发生于市场出清价格时对工资和价格动态变化的含义。

第二节　总量超额供给情况

本节分析当 W 与 P 的值使得劳动与商品市场都存在超额供给时，产出与就业的决定。在这种情况下，自愿交换原则意味着就业与产出都是由需求决定的。[①]起初，我们会受到诱引，断言 $l=l^d<l^s$，$y=c^d+g^d<y^s$。不过，以这种方式决定的数量彼此之间是不一致的。具体说，如果厂商实际生产的产量少于 y^s，它们对劳动的需求就不能由理论函数 l^d 得出；而如果居民户的劳动销售量实际低于 l^s，它们对商品的需求就不能由理论函数 c^d 得出。基本的问题是理论需求函数未考虑这样的事实：一种市场未能出清产生的约束将影响其他市场的行为。本章的形式分析就是要寻找解决这一问题的方法并分析含义。

一、商品超额供给下的厂商行为[②]

在第一章基本模型，代表性的厂商追求 $\pi=y^s-\frac{W}{P}l^d$ 的最大化，只服从给定的工资一价格向量和生产函数 $y^s=\Phi(l^d,g)$ 约束的限制。这一最大化必然包含着由方程式(1.3—1.4)给出的理论

① 回忆前文，因为假设商品是不能储存的，厂商没有存货，它们总是调整产量，使其等于销售量。

② 沿这些方向所展开的早期分析，参见帕廷金(Patinkin, D.)1956 年出版的《货币、利息与价格》第 2 版第十三章，高戈稊与温斯藤(Gogerty, D. C. 和 G. C. Winston)，1964 年 4 月刊载于《经济研究评论》的“帕廷金、完全竞争和失业的失衡”一文，以及巴罗与格罗斯曼 1971 年 3 月刊载于《美国经济评论》的“收入和就业的一般失衡模型”一文。

42 需求函数 l^d 和供给函数 y^s 。支撑这一最大化问题公式化表述的基础是这样的假设，代表性厂商能够在现行的工资－价格向量上售完它供给的全部产量，买到它需求的全部劳动。不过，当且仅当代表性厂商既不面临商品市场的超额供给，也不面临劳动市场的超额需求时，这一假设才是适用的。在当前的分析背景中，这一假设是不适用的。具体说，商品市场的超额供给意味着代表性厂商不能售完其理论供给量 y^s 。[①]给定商品市场的超额供给，自愿交换意味着实际销售量 y 将等于需求量，因此小于 y^s 。

如果 $y < y^s$ ，代表性厂商除了是工资与价格的接受者外，[②]就销售量来说，还是数量的接受者。在基本模型里，销售水平是一个选择变量，截然不同都是，代表性厂商现在将数量 y 视为对自己销售额的需求决定性约束。[③]给定这一约束，利润最大化意味着厂商应该正好生产 y 这么多的数量。生产的数量低于 y 不是最优的，因为在所有低于 y^s 的产量水平上，劳动的边际产量超过实际工资率。但是，生产的数量多于 y 也不是最优的，因为只有 y 那么多的数量能卖出去。此外，利润最大化意味着应该以尽可能少的劳动量生产 y 数量的产量，我们称这一最少劳动量是对劳动的实际需求，表示成 $l^{d'}$ 。形式上，代表性厂商的问题是在 $\Phi(l^{d'}, g) = y$ 的

① 自愿交换意味着厂商不受劳动市场超额供给的影响。

② 我们继续关注代表性厂商，我们不分析可能的配额供应过程，它能够决定总销售额在单个厂商之间的分配。进一步说，我们不考察厂商任何改变自己销售分配额的行动。同样，在下面的第二节第二条，我们不考察就业在单个居民户之间的分配。不同配给供应过程的可能结果是目前分析的一个有趣扩展。

③ 就基本模型的价格和工资来说，y 实际值的决定涉及厂商和居民户行为在市场上的相互作用，本章第一节第三条（下文）分析这种相互作用。但是，就基本模型的价格和工资而言，原子式的厂商忽略自己对市场过程的作用。

约束下，选择 $l^{d'}$ 以最大化 $\pi = y - (W/P)l^{d'}$ 的值。对 $y < y^s[(W/P), g]$ 而言，答案是选择：

$$l^{d'} = l^{d'}(\underset{(+)}{y}, \underset{(-)}{g}) \tag{2.1}$$

从而 $\Phi[l^{d'}(y,g),g] = y$。$l^{d'}$ 函数的偏导数是 $\delta l^{d'}/\delta y =$ 43
$1/(\delta\Phi/\delta l)$ 和 $\delta l^{d'}/\delta g = -(\delta\Phi/\delta g)/(\delta\Phi/\delta l)$。$y < y^s$ 的约束意味着 $l^{d'} < l^d$，随着 y 趋近于 y^s，$l^{d'}$ 趋近于 l^d。

在基本模型推导的方程式(1.3)中，理论劳动需求是实际工资率的函数，但不是产出的函数。产出是在方程式外被最大化了的独立选择变量。相反，在方程式(2.1)中，实际劳动需求是产出的函数。在此，商品需求水平将等于销售量的产出作为一种约束施加给劳动的实际需求。方程式(2.1)的基本结论是，即使实际工资率是不变的，对劳动的实际需求也能发生变化。y 约束水平的变化会影响实际劳动需求，而和 W/P 的变化无关。事实上，只要 $y < y^s$，实际劳动需求只对 y 或 g 的变化，而非 W/P 的变化有直接反应。①

解释方程式(2.1)的一种途径是，对销售的需求强制性约束会使代表性厂商在劳动的边际产量超过实际工资率区间经营。②如

① 在多种投入情况下，实际劳动需求不仅取决于 y，也取决于相对工资率。在将产出从 y^s 降到 y 的过程中，厂商必须在各种替代的投入组合进行选择。也就是说，它必须选择给定等产量线上的最优点。形式上，多种投入问题可用公式表述如下：求 $\pi = y - \frac{W_1}{P}l_1^{d'} - \frac{W_2}{P}l_2^{d'}$ 的最大值，该式受生产函数 $y = \Phi(l_1^{d'}, l_2^{d'}, g)$ 的约束，生产函数具有通常的凸性特征。其解须选择 $l_1^{d'} = l_1^{d'}(\underset{(-)}{W_1/W_2}, \underset{(+)}{y}, \underset{(-)}{g})$ 和 $l_2^{d'} = l_2^{d'}(\underset{(+)}{W_1/W_2}, \underset{(+)}{y}, \underset{(-)}{g})$，这样在产出为 y 时，$\frac{\delta\Phi}{\delta l_1^{d'}} / \frac{\delta\Phi}{\delta l_2^{d'}} = W_1/W_2$。

② 如果是自愿交换，厂商永远不会在实际工资超过边际产量的区间经营。这一区间要求 $y > y^s(W/P)$。

果放宽对销售的这种约束，代表性厂商的反应是，在现有的工资一价格向量上提高产出与就业。如果可能，这一过程会持续至边际产量下降到等于实际工资率的程度，也就是说，持续到代表性厂商按照产出的理论供给函数和劳动的理论需求函数经营为止。

44 图 2.1 描述了前面对代表性厂商实际劳动需求的分析。l^d 曲线是从图 1.1 复制过来的。$l^{d'}$ 曲线描述了方程式(2.1)给出的对劳动的实际需求。对于给定的 y 值，当 W/P 的值使得 y 不是一个经营性约束，亦即当 $y \geq y^s$ 时，$l^{d'}$ 和 l^d 重合；或者当 W/P 的值使得 y 是一个实际约束，亦即当 $y < y^s$ 时，$l^{d'}$ 和实际工资率无关且偏离 l^d 。在图中，实际工资率 $(W/P)_C$ 的值使得 $y=y^s[(W/P)_C, g]$ 。因此，在所有低于 $(W/P)_C$ 的实际工资率，$l^{d'}$ 曲线是一条有别于 l^d 曲线的垂线。

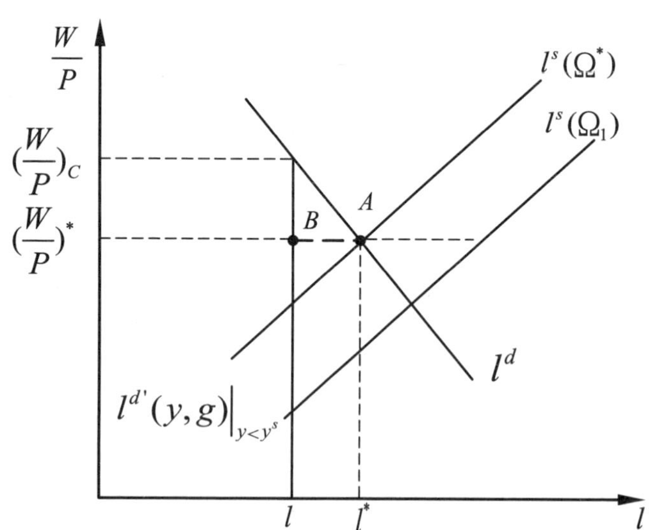

图 2.1 存在商品超额供给的劳动市场

图 2.1 中的两条 l^s 曲线也是从图 1.1 复制过来的。因为等于 $M/P^* + N(\pi^* - \tau)$ 的 Ω^* 是非工资财富的一般市场出清值，$l^s(\Omega^*)$ 曲线和 l^d 曲线在 A 点相交，此处实际工资率是 $(W/P)^*$，就业量是 l^*。$l^s(\Omega_1)$ 曲线对应一个较小值的非工资财富，也就是说，$\Omega_1 < \Omega^*$ 是价格水平高于 P^* 的结果。在实际工资率 $(W/P)^*$ 上，和 Ω_1 对应的理论劳动供给超过劳动的理论需求。

二、劳动超额供给下的居民户行为 45

在第一章基本模型，代表性的在工作居民户追求：

$$U = \int_0^N u[c^d(t), l^s(t)]\mathrm{d}t$$

的最大化，其约束变量只有给定的常数值 W、P、π 与 τ，和年限 N 与 N'，以及最初持有的实际资产 $M(0)/P$。该式最大化必然包含由方程式(1.9—1.11)给出的理论供给与需求函数 l^s、c^d 和 m^d/P。这些函数满足方程式(1.8)的资产耗尽条件和方程式(1.7)给出的储蓄计划。

这种最大化问题的公式化表述有一个基础性的假设，代表性的在工作居民户能够售完它供给的所有劳动，买进他需求的所有商品。但是，当且仅当代表性的居民户既不面临劳动市场的超额供给，也不面临商品市场的超额需求时，这一假设才是适用的。在当前的分析背景，这一假设是不适用的。具体说，劳动市场的超额供给意味着，代表性的在工作居民户至少在当前不能售完其理论供给 l^s。[1]在劳动超额供给的情况下，自愿交换意味着实际就业量

---

① 自愿交换意味着居民户不受商品市场超额供给的影响。

l 将等于需求量，低于 l^s 。

除了充当工资与价格的接受者外，给定 $l < l^s$ ，代表性的在工作居民户在就业上还是数量的接受者。在基本模型中，就业水平从而收入水平是选择变量。截然相反的是，代表性的在工作居民户现在将劳动量 l 视为对其就业与收入的需求决定性约束。①给定这一约束，居民户将就业量 l 和全部可支配收入 $(W/P)l+\pi-\tau$ 当作目前可获得的最大值予以接受。效用最大化问题迫使对这种给定的可支配收入在消费与储蓄之间进行最优分割。我们将这种最优的收入安排模式称为实际消费需求和实际增量货币余额需求，用 $c^{d'}$ 与 $m^{d'}/P$ 表示。

由于货币充当了价值贮藏，效用最大化在这种背景下依然是
46 一个跨期选择问题。选择消费与储蓄的时间路径—— $c^{d'}(t)$ 与
$m^{d'}(t)/P$ ，不仅取决于代表性的在工作居民户直接察觉的当前就业约束 l ，也取决于对这种约束未来时间路径的整个预期。

我们试图以一种结合了简单性与概括性的方式处理这些预期。具体地说，我们假定代表性的居民户预期要受当前就业水平 l 的实际约束至 $\hat{N}$ 时（在此 $0<\hat{N}<N'$ ），并预期在剩余的工作年限 $N'-\hat{N}$ 期间不受约束。对所有的 $t\leq\hat{N}$ 给定 $l(t)=l$ ，由于 $l^s(t)$ 在整个期间也是常数，$l<l^s(0)$ 意味着对所有的 $t\leq\hat{N}$ 都有 $l(t)<l^s(t)$ 。像 N' 与 N 一样，我们假定 $\hat{N}$ 是外生决定的。对预期的这样处理虽然简单，但确实展示了预期的两个重要特性：首先，现在

① 就 y 而言，实际 l 值的决定涉及厂商和居民户行为在市场上的相互作用，后文本节第三条分析这一点。但是，像原子式的厂商一样，原子式的居民户也会忽视自己对市场过程的作用。

的差额越大，预期未来就业低于理论劳动供给的差额就越大；其次，给定 $\hat{N} < N'$，代表性的在工作居民户预期这种差额不会无限期持续。居民户预期在将来的某个时间，就业的选择不受约束。①

正如第一章的论述，关于 W、P、π 与 τ 时间路径的预期也关系到居民户计划的公式表述。我们继续假设代表性的居民户将 W、P 与 τ 视为常数，不随时间变化。至于利润，我们假定代表性的居民户预期 π 直到 $\hat{N}$ 时保持当前的水平不变，然后增加到一般市场出清的水平 π^*。换句话说，只要 l 低于 l^s，代表性的居民户就会预期 π 一直低于 π^*。关于利润预期的这种新假设意味着对非工资财富 Ω 说明的修正，这样我们有：

$$\Omega \equiv \frac{W}{P} + \hat{N}\pi + (N - \hat{N})\pi^* - N\tau$$

不过，要注意的是，下面推导出的结论并不要求代表性的居民户能够准确地预测 π^*。唯一重要的考虑是，$\hat{N}$ 时后的预期利润水平和当前利润水平无关，而当前利润水平是和总量超额供给情况联系在一起的。② 47

给定上述假设后，代表性的在工作居民户的形式问题是追求

① 当前的论述还有一个特点，即认为居民户只有经历了当前的就业差额，才能预期未来的就业差额，这也许过度狭隘了。更一般地说，关于未来实际就业机会的预期可能取决于过去就业机会的整个历史。在这些问题上，弗里德曼（Friedman, M.）1957年出版的《消费函数理论》一书提出了即期收入和永久收入之间可能的区别，本书后面第六章探索了这种可能区别的某些结果。

② 如果代表性的居民户将其各种预期限制在和经济系统的有效模型保持一致的范围，他可能预期 $\hat{N}$ 时后 l 与 π 的增加是和 W、P、或 τ 的变化有关的。不过，代表性的居民户将 W、P 与 τ 视为常数的假设提供了一个方便的简化手段；代表性的居民户预期 W/P 与 π 都会精确地保持当前水平至 $\hat{N}$ 时，也是一个方便的简化处理方式。

下式值的最大化：

$$U=\int_0^{\hat{N}}u[c^{d'}(t),l]\mathrm{d}t+\int_{\hat{N}}^{N'}u[c^{d'}(t),l^{s'}(t)]\mathrm{d}t+\int_{N'}^{N}u[c^{d'}(t),0]\mathrm{d}t$$

上式受 W 、P 、π ，τ 与 l 给定值，和年限 $\hat{N}$ 、N 与 N' ，以及最初实际资产持有量 $M(0)/P$ 的约束。在工作居民户的生命周期计划现在包括三个子周期：从 0 时到 $\hat{N}$ 时的初始期，在此期间就业是外生决定的，位于实际约束水平，消费需求和储蓄需求是仅有的选择变量；从 $\hat{N}$ 时到 N' 时的第二期，在此期间消费需求、劳动供给和储蓄需求都是选择变量；从 N' 时到 N 时的退休期，在此期间消费需求和储蓄需求是选择变量，劳动供给固定为零。

三个子周期的储蓄计划的表达式是：

$$\frac{1}{P}\left(\frac{dM}{dt}\right)^{d'}\equiv\frac{m^{d'}}{P}=\begin{cases}\frac{W}{P}l+\pi-\tau-c^{d'} & \text{当 } 0\leq t\leq\widehat{N}\text{ 时}\\ \frac{W}{P}l^{s'}+\pi^{*}-\tau-c^{d'} & \text{当 }\widehat{N}\leq t\leq N'\text{ 时}\\ \pi^{*}-\tau-c^{d'} & \text{当 } N'<t\leq N\text{ 时}\end{cases}\tag{2.2}$$

最优行为再一次使得在 N 时耗尽资产持有量成为必要。因此，选择 $c^{d'}(t)$ 与 $l^{s'}(t)$ 将满足：

$$\frac{M(N)}{P}=\frac{M(0)}{P}+\hat{N}\pi+(N-\hat{N})\pi^{*}-N\tau+\hat{N}\frac{W}{P}l+\frac{W}{P}\int_{\hat{N}}^{N'}l^{s'}(t)\mathrm{d}t-\int_0^{N}c^{d'}(t)\mathrm{d}t=0\tag{2.3}$$

48 正如上面重新说明的，现在对居民户行为的基本外生约束等于，非工资财富加上预期到 $\hat{N}$ 时的工资收入。我们将两者之和称为代表性居民户的资源参数，将其值记为 Ω' ，此处给定 $\hat{N}<N'$ ，

$$\Omega' \equiv \Omega + \hat{N}\frac{W}{P}l \equiv \frac{M(0)}{P} + \hat{N}(\pi + \frac{W}{P}l) + (N - \hat{N})\pi^* - N\tau$$

U 的最大化受资产耗尽条件的约束①，它产生了 $c^{d'}$ 从 0 时到 N 时的时间路径，$l^{s'}$ 从 $\hat{N}$ 时到 N' 时的时间路径。这些时间路径有下述特征：$l^{s'}$ 的时间路径从 $\hat{N}$ 时到 N' 时是固定不变的；$c^{d'}$ 的时间路径从 0 时到 $\hat{N}$ 时、从 $\hat{N}$ 时到 N' 时和从 N' 时到 N 时是固定不变的，但通常是在三个不同的水平上。但是，如果消费和就业对效用的影响是独立的，那么 t 时的实际消费需求和 t 时的就业水平是无关的，$c^{d'}$ 的时间路径从 0 时到 N 时是固定不变的。在这种情况下，方程式(2.3)的资产耗尽条件简化为：

$$\Omega' + (N' - \hat{N})\frac{W}{P}l^{s'} - Nc^{d'} = 0$$

给定了方程式(2.2)的储蓄计划，$c^{d'}$ 与 $l^{s'}$ 的这些时间路径也意味着 $m^{d'}/P$ 从 0 时到 $\hat{N}$ 时、从 $\hat{N}$ 时到 N' 时和从 N' 时到 N 时是常数值。

对于给定的 Ω 和 W/P 值，我们不妨将受方程式(2.3)资产耗尽条件约束的 $c^{d'}$ 、$l^{s'}$ 与 $m^{d'}/P$ 选择的时间路径和基本模型中 c^d 、l^s 与 m^d/P 选择的时间路径作比较。给定这种情况，从 0 时到 $\hat{N}$ 时，l 被限制在小于 l^s 的水平，这一时期代表性的在工作居民户的工资收入低于它在基本模型选择的理论水平。代表性的在工作居民户对减少的工资收入有两个吸收办法：第一个是减少它一生的

① U 的最大化也受$[c^{d'}(t), l^{s'}(t), M(t)] \geq 0$ 不等式的约束。正如第一章那样，现在的讨论假设这些约束是无效的，因此只研究 $c^{d'}$ 与 $l^{s'}$ 的内解。不过，后面本节第四部分具体分析约束条件 $c^{d'}(t) \geq 0$ 和 $M(t) \geq 0$ 所隐含的意义。

总消费;第二个是减少闲暇,增加不受约束工作年份的实际劳动供给。因此,从 0 时到 N 时,$c^{d'}$ 的平均水平小于 c^{d} 的平均水平,而从 $\hat{N}$ 时到 N' 时,$l^{s'}$ 大于 l^{s} 。

如果消费与就业对效用的影响是独立的,或者至少从 0 时到
49 $\hat{N}$ 时强制增加的闲暇对这一期间消费的边际效用没有很大程度的影响,则一生总消费的减少也意味着,$c^{d'}$ 在每一个生命周期计划的子周期是小于 c^{d} 的。但是,在从 0 时到 $\hat{N}$ 时的初始期,即使 $c^{d'}$ 小于 c^{d} ,c^{d} 和 $c^{d'}$ 的差值也小于 $(W/P)l^{s}$ 和 $(W/P)l$ 的差值,原因有二:首先,从 0 时到 $\hat{N}$ 时减少的收入会分摊到 N 年减少的消费上;其次,从 $\hat{N}$ 时到 N' 时 $l^{s'}$ 超过 l^{s} 增加的工资收入部分补偿了前一期减少的工资收入。

实际消费需求和实际劳动供给的这些调整,必然包含 $m^{d'}/P$ 和 m^{d}/P 之间的关系。由于在从 N' 时到 N 时的退休期间 $c^{d'}$ 小于 c^{d} ,在从 0 时到 N' 时的工作期间 $m^{d'}/P$ 的平均水平小于 m^{d}/P 。而且,从 $\hat{N}$ 时到 N' 时,$l^{s'}$ 大于 l^{s} 且 $c^{d'}$ 小于 c^{d} ,因而 $m^{d'}/P$ 大于 m^{d}/P 。因此,从 0 时到 $\hat{N}$ 时,$m^{d'}/P$ 必然小于 m^{d}/P 。

总而言之,就业约束引起在工作居民户当期实际消费需求和当期实际储蓄的减少。具体地说,最大化运算意味着求出下述公式 $c^{d'}$ 和 $m^{d'}/P$ 当期值的内部解:

$$c^{d'} = c^{d'}\Big(\underset{(+)}{\Omega'}, \underset{(+)}{\frac{W}{P}}\Big) \tag{2.4}$$

$$\frac{m^{d'}}{P} = \frac{m^{d'}}{P}\Big(\underset{(-)}{\Omega'}, \underset{(-)}{\frac{W}{P}}, \underset{(+)}{\frac{W}{P}l + \pi - \tau}\Big) \tag{2.5}$$

这部分结尾的数学注释说明了这些方程式的推导过程。

方程式(2.4)与(2.5)的实际需求函数形式和方程式(1.9)与(1.11)的理论需求函数形式类似。在 $c^{d'}$ 与 $m^{d'}/P$ 函数中，Ω' 变化的影响和 Ω 变化在 c^{d} 与 m^{d}/P 函数中的影响类似。但是，理论需求不是就业水平的函数，就业是在方程式外被最大化了的独立选择变量。相形之下，在方程式(2.4)与(2.5)中，商品与储蓄的实际需求通过 Ω' 成为就业水平的函数。这里，就业是劳动的需求水平施加给实际商品需求的一种约束。[①]受约束年份的总劳动收入 50
$\hat{N}(W/P)l$，是作为 Ω' 的一个可加元素进入函数的。

考虑这样一种情况，消费和就业对效用的影响是独立的，因此计划的消费直到生命周期计划结束是固定不变的，如上所述，资产耗尽条件可以写成：

$$\Omega' + (N' - \hat{N})\frac{W}{P}l^{s'} - Nc^{d'} = 0$$

求该条件微分，因为 $\delta l^{s'}/\delta\Omega'$ 是负的，得：

$$\frac{\delta c^{d'}}{\delta\Omega'} = \frac{1}{N}\left[1 + (N' - \hat{N})\frac{W}{P}\frac{\delta l^{s'}}{\delta\Omega'}\right] < \frac{1}{N}$$

换而言之，当前实际消费需求的变化等于 $1/N$ 的 Ω' 变化减去不受约束年份计划工资收入的引致变化。这一结论对下一节分析超额供给条件下 y 和 l 的决定是有用的。

作为 $(W/P)l + \pi - \tau$ 项的一个成分，当前的工资收入也进入了方程式(2.5)的 $m^{d'}/P$ 函数。这一项变化产生的影响和 m^{d}/P

---

① 在这些方向上对实际消费需求函数更早的、有深远影响的解释，参见克洛尔(Clower, R. W.)1965 年辑录于《利息率理论》论文集的“凯恩斯主义的反革命：一种理论评价”一文。而更深入的讨论，参见巴罗和格罗斯曼 1971 年 3 月刊载于《美国经济评论》的“收入与就业的一般失衡模型”一文。

函数中 $\pi-\tau$ 变化的影响类似。此外，给定 Ω' 和 $(W/P)l+\pi-\tau$，W/P 的增加会增加 $l^{s'}$ 和 $(N'-\hat{N})(W/P)l^{s'}$，亦即增加从 $\hat{N}$ 时到 N' 时的工资收入，并且为了花掉这种增加的收入，会增加从 0 时到 N 时的 $c^{d'}$。当前 $c^{d'}$ 的这种增加意味着当前 $m^{d'}/P$ 的减少。

讨论 $\hat{N}$ 的变化对实际需求与供给的影响也是有趣的。$\hat{N}$ 增加的主要影响是会增加代表性在工作居民户受就业水平 l 约束的工作年数，并相应地减少居民户能够获得 $l^{s'}$ 就业量的工作年数。因此，由于 l 小于 $l^{s'}$，$\hat{N}$ 增加会导致居民一生财富资源的减少。[①]所以，居民户会进一步减少其一生的总消费，这种减少很可能使得每个生命子周期有一个更低水平的 $c^{d'}$，因为生命计划周期包含三个子周期。此外，对已减少的不受就业水平 l 约束的工作年数，居民户会提高期间计划的 $l^{s'}$ 水平。当前 $c^{d'}$ 的降低意味着当前 $m^{d'}/P$ 的增加。一般性的结论是，代表性在工作居民户对当前 l 低于 l^{s} 既定差额做出的反应是，$\hat{N}$ 越大，减少实际消费需求就越多，而减少实际储蓄需求就越少。[②]

已退休居民户和在工作居民户不同，原因是对已退休居民户

---

① $\hat{N}$ 增加的另一个影响是增加预期利润等于 π 的年数，并相应减少预期利润等于更高水平利润 π^* 的年数。这种结果会进一步减少代表性居民户一生的财富资源。

② 先前的讨论假设 $\hat{N}$ 小于 N'。相反，如果 $\hat{N}$ 等于或大于 N'，就要改变资产耗尽条件的形式。必须考虑两种情况。首先，如果 $N'\leq\hat{N}<N$，资产耗尽条件变成 $\frac{M(N)}{P}=\frac{M(0)}{P}+N'\frac{W}{P}l+\hat{N}\pi+(N-\hat{N})\pi^*-N\tau-\int_0^N c^{d'}(t)\mathrm{d}t=0$；其次，如果 $\hat{N}\geq N$，资产耗尽条件变成 $\frac{M(N)}{P}=\frac{M(0)}{P}+N'\frac{W}{P}l+N(\pi-\tau)-\int_0^N c^{d'}(t)\mathrm{d}t=0$。注意在这些情况下，对就业的约束通过退休消除了居民户对未来工资收入的任何选择，排除了闲暇和消费之间替代的任何可能性，也消除了 $c^{d'}$ 和 $m^{d'}/P$ 函数中的独立自变量 W/P。在此我们将 $c^{d'}$ 和 $m^{d'}/P$ 函数的推导作为练习留给读者。

来说，l 的当前水平和未来水平都是零，超额劳动供给的存在没有直接影响。正如第一章基本模型所阐述的那样，他们对商品和增量货币余额的需求继续只由 Ω 与 $\pi-\tau$ 决定，因此模型能够再次涵 51
盖他们的行为而无须改变总量关系的形式。在方程式(2.3－2.5)的总量公式表述中，应该将 N 与 $\hat{N}$ 解释为所有居民户的平均计划周期，N' 则解释为在工作居民户的平均工作年数。

图 2.2 描述了对代表性居民户实际商品需求的先前分析。y^s 曲线和两条 c^d+g^d 曲线是从图 1.2 复制过来的。由于 Ω^* 是一般市场出清的非工资财富值，$c^d(\Omega^*)+g^d$ 曲线和 y^s 曲线在 A 点相交，在此点实际工资是 $(W/P)^*$，产量和销售额是 y^*。$c^d(\Omega_1)+g^d$ 曲线对应一个较小的非工资财富值，也就是说 $\Omega_1<\Omega^*$，这是由一个比 P^* 更高的价格水平导致的结果。在实际工资率 $(W/P)^*$

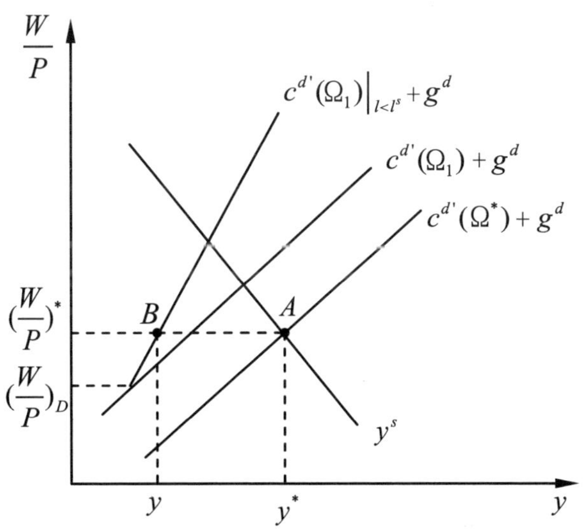

图 2.2　存在超额劳动供给的商品市场

52 上，理论商品供给超过和 Ω_1 对应的理论商品需求。

$c^{d'}(\Omega_1)|_{l<l^s}+g^d$ 曲线描述了对商品、非工资财富 Ω_1 和就业水平 l 的实际需求。对于给定的 l 值，当 l 不是实际约束，亦即当 $l\geq l^s(\Omega_1, W/P)$ 时，$c^{d'}(\Omega_1)|_{l<l^s}+g^d$ 和 $c^d(\Omega_1)+g^d$ 重合。相反，当 W/P 的值使得 l 是一个实际约束，也就是当 $l<l^s(\Omega_1, W/P)$ 时，$c^{d'}+g^d$ 位于 c^d+g^d 的左边。在图中，实际工资 $(W/P)_D$ 的水平正好使得 $l=l^s[\Omega_1,(W/P)_D]$。因此，在所有高于 $(W/P)_D$ 的实际工资率水平，$c^{d'}+g^d$ 曲线和 c^d+g^d 曲线是分开的。$c^{d'}+g^d$ 曲线正斜率是两种影响的结果。首先，给定 Ω_1 与 l，W/P 的上升会增加 $\hat{N}(W/P)l$，由此增加了 Ω'，这会增加 $c^{d'}$；其次，对 Ω' 的给
53 定值，W/P 上升会提高工作不受约束年份期间的计划工资收入 $(N'-\hat{N})(W/P)l^{s'}$，导致 $c^{d'}$ 相应增加。

在图 2.1 与 2.2 中，实际需求曲线与理论供给曲线是并列的。就图 2.1 来说，这种简洁的表述是假设尽管其就业面临需求强制性约束，代表性的在工作居民户依然愿意按照理论供给曲线出售劳动；就图 2.2 而言，这种简洁的表述是假设尽管其产品销售面临需求强制性约束，代表性的厂商依然愿意按照理论供给曲线生产并出售商品。①两图中的 A 点标示一般市场出清的实际工资率、价

---

① 在此种情形下，这种简洁的表述抽象掉了可能导致实际的意愿销售量不同于理论供给量的三种影响。首先，对就业未来约束的预期可能激励居民户在当前寻求更多的工作，以补偿预期的未来收入低于合意水平的差额；其次，如果个体劳动或商品的售卖方认为实际销售量和他们愿意出售的数量是成正比的，他们通报的意愿出售量也许超过其理论供应量；第三，如果表达意愿销售量存在各种费用，代表性的居民户或厂商可能不会自找麻烦，通报预期交易不成功的供应量。一般情况下，最后一种影响会将实际供应量降至理论供给量以下，并抵消前两种影响的结果。格罗斯曼 1974 年 6 月刊载于《美国经济评论》的“市场失衡的数量类型”一文，包括对这些问题更广泛的讨论。

格水平、就业和产出的组合，B 点标示对应实际工资率 $(W/P)^*$ 和非工资财富 Ω_1 的就业水平与产出水平，其中 Ω_1 小于 Ω^* 。下 54
一部分我们详尽分析图中诸如 B 这样的点的特征的决定。

数学注释

$c^{d'}(t)$ 与 $l^{s'}(t)$ 最优值的内解满足条件：

$$\frac{\delta u}{\delta c^{d'}(t)}=\lambda\ \text{，对}\ 0\le t\le N\ \text{适用，和}$$

$$\frac{\delta u}{\delta l^{s'}(t)}=-\lambda\frac{W}{P}\ \text{，对}\ \hat{N}<t\le N'\ \text{适用，}$$

此处 λ 是常数，始终满足方程式(2.3)，这些条件意味着：

$$c^{d'}(t)=\begin{cases}c^{d'}(0) & \text{当}\ 0\le t\le\hat{N}\ \text{时，}\\ c^{d'}(N') & \text{当}\ \hat{N}<t\le N'\ \text{时，}\\ c^{d'}(N) & \text{当}\ N'\le t\le N\ \text{时，}\end{cases}$$

且当 $\hat{N}<t\le N'$ 时，$l^{s'}(t)=l^{s'}(N')$ ，

当前时间段的实际消费需求函数有如下形式：

$$c^{d'}(0)=c^{d'}(\underset{(+)}{\Omega'},\underset{(+)}{W/P},\underset{(?)}{l})$$

如果消费和就业对居民户效用的影响是独立的，亦即如果 $\delta^2u/\delta c(t)\delta l(t)=0$，那么 l 不再是 $c^{d'}(0)$ 函数的独立自变量，就像在方程式(2.4)和当 $0\le t\le N$ 时 $c^{d'}(t)=c^{d'}(0)$ 一样。因此，方程式(2.4)是一个近似表达式，抽象掉了就业水平对消费的边际效用的影响。

三、总量超额供给下产出与就业的决定

图 2.1 与图 2.2 表述的都是局部分析。图 2.1 将劳动的实际

需求解释成商品销售量的函数，后者受既定需求的强制性约束。要完成这一模型，必须对商品的实际需求作出解释。图 2.2 将商品的实际需求解释成劳动销售量的函数，后者受既定需求的强制性约束。要完成这一模型，必须对劳动的实际需求作出解释。因此，这两个局部分析基本上是互为补充的。对给定的工资－价格向量，它们的结合能够对总量超额供给条件下产出和就业的决定提供一幅完整的图画。毋须吃惊的是，这一分析框架的精髓是大家熟知的凯恩斯需求乘数。

当某一特定的市场在发生超额供给时，自愿交换意味着实际交易水平将是由需求决定的。根据前两部分的分析，当商品市场和劳动市场都发生超额供给时，少于理论需求的实际需求也会在其他市场占优势。因此，当两个市场都在经历超额供给时，这些对
55 劳动和商品的实际需求将同时决定就业和产出。方程式(2.1)和(2.4)给出了对劳动和商品的实际需求，所以就业和产出是由下两式决定。

$$l = l^{d'}(y, g) < l^{s}(\Omega, \frac{W}{P}) \tag{2.6}$$

$$y = c^{d'}(\Omega', \frac{W}{P}) + g^{d} < y^{s}(\frac{W}{P}, g) \tag{2.7}$$

假定利润和工资收入分完了全部产出，亦即 $y=\pi+(W/P)l$，则我们可以将资源约束 Ω' 表示成：

$$\Omega' = \frac{M}{P} + \hat{N}y + (N - \hat{N})\pi^{*} - N\tau$$

该式由 y 决定，但并不由 l 或者 π 单独地决定。为了使条件(2.6)与(2.7)有意义，现有的工资－价格向量必然意味着两个市场都存在超额供给。本章第四节第一条将考虑这种工资－价格向

量的一般性说明。

条件(2.6)与(2.7)决定了唯一水平的产出和就业。给定了外生变量 g^d 、M 、τ 、N 、N' 、$\hat{N}$ 、π^* 、P 与 W ,条件(2.7)蕴涵着 y 的当前值。基本关系是 y 的水平决定了 $(W/P)l$ 的值,因而决定了资源参数 Ω' 的值,而资源参数最终决定了 $c^{d'}$ 。根据(2.7)条件式,y 的水平必须使 $c^{d'}$ 的水平是这样决定的,$c^{d'}$ 加上 g^d 恰好等于 y 自身。在 y 这样决定后,给定 $g=g^d$,条件(2.6)将 l 和 y 联系起来。

为了说明 y 和 l 的决定过程。我们不妨过一遍(2.6)与(2.7)条件式必然包含的需求乘数机制。考虑如下的思想实验:假设最初的工资一价格向量等于 (W^*, P^*) ,因此和一般市场出清的是一致的。现在考虑某一外生决定变量的永久性变化使得 W^* 与 P^* 减少了,而实际工资与价格保持不变。这种外生干扰的形式可能就是 τ 的增加或 M 的减少。[①]

这种干扰的最初影响是将商品的理论需求减少至理论供给之 56
下,而劳动的理论供给增加到理论需求以上。因此,这种干扰制造了两个市场的超额供给。直接的结果是,代表性厂商觉察对其销售的需求强制性约束不仅减少它的利润,也会迫使它将劳动的实际需求减少至理论需求以下。同时,代表性居民户觉察对其就业的需求强制性约束迫使它将商品的实际需求减少至理论需求以下。不过,这些影响只是整个过程的开始。由此导致的利润和实

① 正如我们在第一章第三节第三条论述的,在 g^d 不变的条件下,τ 增加或者 M 减少的影响是等比例地减少 W^* 与 P^* ,而 Ω^* 与 $(W/P)^*$ 不变。如果公共设施的边际产量小于1,则 g^d 的减少会增加 Ω^* 与 $(W/P)^*$ 。

际劳动需求的减少意味着居民户资源参数的进一步减少，而这又进一步引起实际商品需求的减少。同时，由此造成的实际商品需求的减少意味销售进一步受到约束，这种约束又进一步减少利润和实际劳动需求。这一过程循环累积至产出和就业的实际水平确定在远低于一般市场出清的水平，而其交点是由居民户当期收入的边际消费倾向和劳动的边际生产率之间的相互作用决定的。

这一累积过程的结果可从条件式(2.7)的分析得出。保持 π^{*} 与 $\hat{N}$ 不变，对条件(2.7)微分，得到政府行为变化和产出水平有下述关系：

$$dy=\frac{1}{1-\hat{N}\dfrac{\delta c^{d'}}{\delta\Omega'}}\left[\mathrm{d}g^{d}-N\frac{\delta c^{d'}}{\delta\Omega'}\mathrm{d}\tau+\frac{\delta c^{d'}}{\delta\Omega'}\mathrm{d}\left(\frac{M}{P}\right)+\frac{\delta c^{d'}}{\delta(W/P)}\mathrm{d}\left(\frac{W}{P}\right)\right]\qquad(2.8)$$

为了完整性和后续的参考，方程式(2.8)也揭示了实际工资率的外生变化对产出的影响。根据方程式(2.8)知，g^{d} 的减少、τ 的增加、M/P 的减少或者 W/P 的减少最终会造成产出的减少，根源于两个因素。首先，这些变化直接导致实际商品需求和产出的降低，反映了 g^{d} 的减少或 $c^{d'}$ 的初始减少，后者是由 M/P 的减少、τ 的增加或 W/P 的减少造成的。方程式(2.8)右边括弧里的各项表示这种影响。其次，产出的这种最初减少意味着更少的就业和
57 更少的利润，这导致实际消费需求和产出的进一步减少，方程式(2.8)右边括弧前的项表示这种影响。$1/(1-\hat{N}\delta c^{d'}/\delta\Omega')$ 项是通常所说的需求乘数。

出现在需求乘数表达式分母中的 $\hat{N}\delta c^{d'}/\delta\Omega'$ 项，表示收入的

边际消费倾向 $\delta c^{d'}/\delta y$ ，亦即：

$$\hat{N}\frac{\partial c^{d'}}{\delta\Omega'}=\frac{\partial\Omega'}{\partial y}\frac{\partial c^{d'}}{\partial\Omega'}=\frac{\partial c^{d'}}{\partial y}$$

乘数是有限的但大于 1 的条件要求 $\delta c^{d'}/\delta y$ 是小于 1 但大于零的。如果 $\delta c^{d'}/\delta\Omega'$ 是正的，$\delta c^{d'}/\delta y$ 也是正的。$\delta c^{d'}/\delta y$ 小于 1 的条件也是容易满足的。对于消费与就业对效用的影响是独立的情况，我们在前部分的分析已看到，$\delta c^{d'}/\delta\Omega'$ 是小于 $1/N$ 的。因此，$\delta c^{d'}/\delta y$ 小于很可能比 1 小得多的 $\hat{N}/N$ ，且需求乘数小于 $N/(N-\hat{N})$ 。需求乘数的大小是随 $\hat{N}$ 的增加而增加的。[①]

迄今为止，有关产出和就业决定的讨论一直未考虑对货币余额的实际流量需求，方程式(2.5)对此有详细的说明。就这一点来说，正如第一章分析的那样，整个经济体的预算约束再次引起我们的兴趣。通过合并当前的居民户预算约束：

$$c^{d'}+\frac{m^{d'}}{P}+\tau=\frac{W}{P}l+\pi\ ,$$

政府的预算约束：

$$\tau=g^{d}-\frac{m^{s}}{P}$$

和利润的表达式： 58

① 如果消费的边际效用是随就业水平的上升而增加的，亦即如果 u_{cl} 是非零的正值，消费乘数也可能会更大一些。只有当 $\hat{N}$ 小于 N' ，本段的公式化表示才是有效的。正如我们在前部分叙述的，如果 $\hat{N}$ 等于或大于 N' ，就要改变资产耗尽条件的形式。给定 $u_{cl}=0$，对于 $\hat{N}=N$ 的极端情况，消费乘数由下式给出，

$$\frac{N}{N-N'}\cdot\frac{1}{1-\delta\pi/\delta y}=\frac{N}{N-N'}\cdot\frac{\delta\Phi/\delta l}{W/P}$$

此式的值仍然是有限的，我们将结果的证明作为练习留给读者。

$$\pi = y - \frac{W}{P} l^{d'} ,$$

我们得到整个经济体的预算约束：

$$(c^{d'} + g^{d} - y) + \frac{W}{P}(l^{d'} - l) + \frac{1}{P}(m^{d'} - m^{s}) = 0 \qquad (2.9)$$

方程式(2.9)意味着满足(2.6)与(2.7)条件式的 y 和 l 组合也满足：

$$\frac{m^{d'}}{P}(\Omega', \frac{W}{P}, \frac{W}{P} l + \pi - \tau) = \frac{m^{s}}{P} \qquad (2.10)$$

换句话说，在总量超额供给的条件下，使得产出与就业等于对商品与劳务的实际需求，也会使得货币余额的流量供给等于货币余额的实际需求。这一特征类似于我们在第一章阐述的、在一般市场出清条件下适用的瓦尔拉斯的市场法则。

正如我们在本章用公式表述的分析，向产出水平 y 和就业水平 l 的收敛是瞬时的。为了得到这样的结果，我们假设实际上厂商会立刻觉察对销售的需求决定性约束水平是满足(2.7)条件式的 y 值。同时，居民户会立刻觉察对就业和利润水平的需求决定性约束水平是满足(2.6)与(2.7)条件式的 l 和 π 的值。

这种简洁的表述涉及两种基础性的动态假设。首先，它假设每个经济单位在两个市场上发生的实际交易和每个经济单位在两个市场上的实际需求是同时决定的。但实际情况是，居民户只有在厂商表达了其需求后才能获得有关劳动市场的实际交易信息，而厂商也只有在居民户表达了其需求后才能获得有关商品市场的实际交易信息。此外，只有在 y 与 l 确定后，才能确定居民户的利润收入。根据(2.6)与(2.7)条件式，决定产出与就业的现行实际需求实践中只能从递归的相互作用浮现，这种递归的相互作用沿循的一般路线是上述文字描述的乘数过程。

第二个假设是，代表性居民户会即刻将当前收入水平当做对 59
$\hat{N}$ 时前收入水平的最佳估计。但在现实中，各种调整费用和非静态预期都会影响需求和供给的形成，因此会改变需求乘数的大小与时机。下文第六章比较详尽地考察这些影响。

图 2.3 简洁地说明了当两个市场都存在超额供给时产出与就业水平的决定。该图描绘的是假设现有的实际工资率等于 $(W/P)^*$，现有的工资水平 W_1 和价格水平 P_1 等比例地高于 W^* 和 P^*。如上所述，这种情形要么是在 g^d 不变情况下 τ 增加结果，要么是 M 减少造成的。我们致力于论述这种情形，是因为它相对简单，并因为它阐明了有关实际工资率和就业之间关系的重要一课。

在图 2.3 中，标有 $y^s[(W/P)^*, g]$ 符号的轨迹等同于一般市 60
场出清的产出水平 y^* 和现期商品的理论供给。标有 $l^s[\Omega^*, (W/P)^*]$ 符号的轨迹则等同于一般市场出清的就业水平 l^*。和图 2.1 与图 2.2 的 A 点对应，两条轨迹相交于 A 点。标有 $l^s[\Omega(P_1), (W/P)^*]$ 符号的轨迹等同于现期劳动的理论供给。

但是，在目前的情形中，实际需求轨迹决定了 y 与 l 的现行水平低于这些供给量。标有 $l^{d'}(y,g)$ 符号的轨迹描述了满足(2.6)条件式的 l 与 y 的各种组合。这一轨迹在 A 点结束，其斜率等于劳动的边际产量 $\delta\Phi/\delta l$。给定 $y=\Phi(l,g)$，两条标有 $c^{d'}[\Omega', (W/P)^*]+g^d$ 符号的轨迹描述了满足(2.7)条件式的 l 与 y 的各种组合。一条轨迹对应 W^* 和 P^*，也在 A 点结束，另外一条轨迹对应大于 W^* 与 P^* 的 W_1 与 P_1。这些轨迹的斜率等于

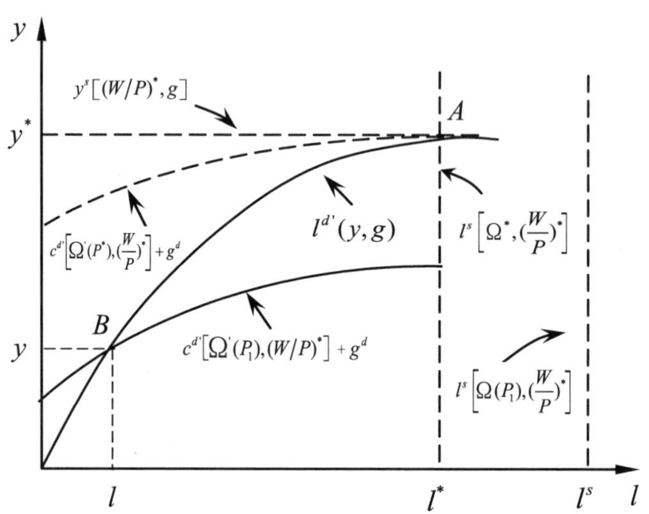

图 2.3 两个市场存在超额供给的产出和就业

$(\delta c^{d'}/\delta y)(\delta\Phi/\delta l)$，因此，如果 $\delta c^{d'}/\delta y$ 小于 1，这些轨迹要比 $l^{d'}(y,g)$ 轨迹更平坦。对应 P_1 的轨迹 $c^{d'}+g^d$ 和轨迹 $l^{d'}(y,g)$ 相交于 B 点，表示对应工资一价格向量 (W_1,P_1) 的产出与就业水平。B 点和图 2.1 与 2.2 中的 B 点对应。

从 B 点移动到 A 点必然要求要么是价格水平从 P_1 下降至 P^*，同时名义工资率同比例下降；要么是 τ 或 M 恢复至初始水平，使 (W_1,P_1) 和一般市场出清的工资一价格向量相称。因为在 B 点，实际工资率与一般市场出清是一致的，不需要 W/P 的任何变动。在图 2.3 中，价格水平和工资水平从 P_1 与 W_1 等比例下降至 P^* 与 W^* 意味着，$c^{d'}+g^d$ 轨迹向上移动至 $c^{d'}[\Omega'(P^*),(W/P)^*]+g^d$，后者和 $l^{d'}(y,g)$ 轨迹在 A 点相交。在图形上，需求乘数是由 y^* 与 y 之间的缺口比两条 $c^{d'}+g^d$ 轨迹之间的垂直距离给出。

图 2.2 与 2.3 都描述了 y^* 与 y 之间的缺口，它表示在给定的 61
工资一价格向量 (W_1, P_1) 条件下，产出低于和一般市场出清对应的充分就业水平的差额。这一差额也测度了商品市场现存的超额供给量，因此，可以称之为非意愿生产不足。产出的短缺量反映了两部分构成。首先，在价格水平高于 P^*，利润水平低于 π^* 情况下，商品的理论需求是低于 y^* 的；其次，由于就业约束，商品的实际需求低于理论需求。

图 2.1 与 2.3 描述的 l^* 与 l 之缺口，都表示在给定的工资一价格向量 (W_1, P_1) 条件下，就业水平低于充分就业水平的差额。这一缺口也可以称为就业不足量。图 2.1 与 2.3 都有描述的 l^s 和 l 之间的差额，测量的是劳动市场现有的超额供给量。由于非工资财富的当前水平低于 Ω^*，当前的 l^s 超过了 l^*，这一测度夸大了就业不足量。

然而，更重要的一点是，符合一般市场出清的实际工资率在此和正的就业不足量以及劳动市场上正的超额供给量联系在一起。因此，我们看到在实际工资率不“太高”的情况下，也可能发生就业不足。在本例中，就业水平低于 l^* 仅仅是因为价格水平和名义工资率都“太高”，亦即因为 P_1 与 W_1 等比例地高于 P^* 与 W^*。工资一价格向量 (W_1, P_1) 意味商品需求不足，这会导致产出的降低，并由此减少了劳动的实际需求和就业。因此，实际工资率 $(W/P)^*$ 的存在不足以保证充分就业水平 l^*，尽管事实是劳动的理论需求仅仅取决于实际工资率。在商品市场存在超额供给的情况下，劳动的理论需求表并不是厂商实际提供的就业职位。

给定工资一价格向量 (W_1, P_1)，恢复充分就业并不要求实际工资率的下降。相反，需要的是价格水平与名义工资率等比例下降，或者扩张性的政府行为。比如，某种减税和增加存量货币余额的组合。不过，有趣的是探询一下古典救治失业处方的实际结果是什么，亦即在此情形下降低实际工资率会产生什么结果？在 P 不变的情况下，W/P 的下降要求 W 的下降。给定了外生变量的值，这种下降会促使代表性的在工作居民户减少无约束工作年份期间的计划劳动收入和当前的消费。正如方程式(2.8)所说明的，$c^{d'}$ 的这种减少会产生 y 和 l 的多倍紧缩。在本例中，过高的实际工资率并非就业不足的原因，降低工资不能解决问题。实际工资的削减只会减少商品的有效需求，并因此恶化这一问题。

虽然实际工资率的降低会抑制对劳动的实际需求，但根据方
62 程式(1.10)，这种降低也会降低劳动的理论供给。如果 l^s 对 W/P 变化的反应足够灵敏，降低 W/P 就能减少并最终消除劳动的超额供给。在本例中，减少实际工资可能表面上看似有效的纠正办法。但事实上，实际工资减少会以更多的自愿就业不足代替被迫的非自愿就业不足。①

工资一价格向量 (W_1, P_1) 的例子致力于解释商品需求不足是就业不足和生产不足的原因。但是，我们的模型和古典结论是完全一致的，古典观点认为过高的工资率会导致就业不足。特别的，如果实际工资率超过了一般市场出清水平 $(W/P)^*$，商品需求的增加不会使经济实现充分就业。在实际工资高于 $(W/P)^*$ 的情况下，代表性的厂商不会愿意把产出和就业扩大至 $(y^*,$

① 有时人们拒绝把降低实际工资率作为治理就业不足的方法，原因是劳动市场可能不存在一个稳定的均衡。一种理论解释是劳动供给是"向后弯曲的"理论供给曲线。我们的分析表明，即便有稳定的均衡，降低实际工资率也不是一个适用的方法。

l^*)。因此，降低实际工资率是实现充分就业所必需的。基本的要点是，实际工资率高于 $(W/P)^*$ 是就业不足的一个充分条件，但不是必要条件。古典类型的就业不足涉及的条件是实际工资率高于 $(W/P)^*$ ，而在实际工资率等于或低于 $(W/P)^*$ 情况下也会因为缺乏商品需求发生就业不足，必须将这两者区别开来。本章第四节考察和任一给定水平的工资与价格对应的产出和就业水平决定的一般性问题。

四、流动性约束

资产耗尽条件 $M(N)/P=0$ 对居民户施加的一生预算约束是，其总支出不能超过他最初的资产持有量加上他的全部净收入。但是，居民户的一生计划也受下述条件的限制：在 0 时与 N 时期间任何一个时刻，它的收支模式都不应超支其实际货币余额。换言之，除了 $M(N)/P=0$ 外，居民户的一生计划还必须满足条件：

$$\frac{M(t)}{P}=\frac{M(0)}{P}+\int_0^t \frac{m^{d'}(t)}{P}dt \geq 0 \text{ 对 } 0 \leq t < N \text{ 适用}$$

我们可以将实际货币余额必须始终是非负的这一条件命名为 63
流动性约束。[①]

---

① 在更一般的分析背景之下，即在法币(不兑现纸币)不是唯一的资产的情况下，流动性问题包括可能占有的不同资产的清偿费用，为各种支出融资的借款成本。在目前的分析背景之下，假设不兑现纸币是唯一的资产等于假设这些成本是无限的。如果情况相反，这些成本是有限的，分析会更为复杂，但它基本的质的特征似乎不会变化。包含在这种背景下对流动性某些讨论的文献资料，特别参见弗莱明(Flemming，J. S.)1973 年 7 月刊载于《牛津经济论文》的“资本市场不完全时的消费函数：永久收入假设的重新考察”。巴罗和格罗斯曼 1974 年 7 月宣读于“经济理论中的均衡与失衡”大会的“消费、收入与流动性”一文，回顾了这一文献资料。

第一章分析的居民户理论供给与需求函数没有明确地论述流动性约束。在那种背景中，作为一生就业和消费计划的一部分，在工作居民户为工作年份选择一个理论储蓄需求常数值，为退休年份选择了另一个理论储蓄需求常数值。此外，我们可以推测在工作居民户为退休后计划的消费等于或至少接近退休前水平。所以，如果退休后没有工资收入，为退休年份选择的理论储蓄需求常数值将是负的，以致退休后的消费可能超过 $\pi-\tau$ 。考虑到退休后的负储蓄，工作年份期间的理论储蓄需求常数值必须产生一个正值的 $M(N')/P$ 。结果，流动性约束在基本模型中实际上是无效的。[①]

在当前总量超额供给背景里，就业和利润的暂时差额可能产生新的有效流动性约束。代表性的在工作居民户预期在 $\hat{N}$ 时前，它的收入将维持在低于一般市场出清的水平。但是，如果 $\hat{N}$ 比 N' 与 N 小，一生的收入远景是令人鼓舞的，居民户可能要在一个暂时萧条的收入期间维持较高水平的消费。但是，设想流通的货币余额很少，在此情况下，如果暂时收入的差额很大，居民户不顾流动性约束，可能会这样计划它的消费，以致其货币余额在 0 时至 $\hat{N}$ 时期间有时变成负的。在这种情况下，流动性约束将会变得有效。[②]

64 对从 0 时至 $\hat{N}$ 时的第一期而言，如果 $\hat{N}<N'$ ，流动性约束要求：

① 如果预期 W/P 或者 π 会随时间上升，这一结论可能会更无关紧要。

② 从 $\hat{N}$ 时至 N' 时的情形基本上和基本模型是一样的。那么，因为上面给出的理由，我们可以推断流动性约束在第二期是无效的。

$$\frac{M(\hat{N})}{P}=\frac{M(0)}{P}+\hat{N}\frac{m^{d'}}{P}\geq 0$$

式中 $m^{d'}/P$ 是这一时期实际储蓄需求的常数值。这一条件也可以表示成：

$$-\frac{m^{d'}}{P}\leq\frac{1}{\hat{N}}\frac{M(0)}{P}$$

换言之，流动性约束意味着在第一期，负储蓄率不可能超过：

$$\frac{1}{\hat{N}}\frac{M(0)}{P}$$

流动性约束通过限制负储蓄，也限制了消费水平。从方程式(2.2)可以看出，上述条件意味着从 0 时至 $\hat{N}$ 时的 $c^{d'}$ 不能超过：

$$\frac{W}{P}l+\pi-\tau+\frac{1}{\hat{N}}\frac{M(0)}{P}$$

代替了方程式(2.4)，这一讨论必然包含下面对实际消费需求当前值的更一般的表达式：

$$c^{d'}=\min\left[c^{d'}\left(\Omega',\frac{W}{P}\right),\frac{W}{P}l+\pi-\tau+\frac{1}{\hat{N}}\frac{M}{P}\right]\tag{2.11}$$

该式受 $c^{d'}\geq 0$ 的约束。换言之，如果 $c^{d'}(\Omega',W/P)$ 超过了： 65

$$\frac{W}{P}l+\pi-\tau+\frac{1}{\hat{N}}\frac{M}{P}$$

流动性约束就是有效的。

如果流动性约束是有效的，最优行为就需要下调 $c^{d'}$，或者一直到恰好满足流动性约束的水平，或者一直到 $c^{d'}$ 等于零。[①]同样的，运用方程式(2.2)代替方程式(2.5)，我们有下面对实际储蓄需

① 在这种情况下，居民户也必须适当地修改其已计划的 $c^{d'}$ 从 $\hat{N}$ 时至 N 时的和 $l^{s'}$ 从 $\hat{N}$ 时至 N' 时的时间路径。

求当前值的更一般的表达式：

$$\frac{m^{d'}}{P}=\max\left[\frac{m^{d'}}{P}\left(\Omega',\frac{W}{P},\frac{W}{P}l+\pi-\tau\right),-\frac{1}{\hat{N}}\frac{M}{P}\right] \tag{2.12}$$

该式受 $\frac{m^{d'}}{P}\leq\frac{W}{P}l+\pi-\tau$ 的约束。

如果流动性约束是有效的，居民户也会让负储蓄率等于其最大的许可值。

实际消费需求表达式对有效的流动性约束情况有两层重要的含义。首先，给定了 Ω' 与 W/P，有效的流动性约束意味着 $c^{d'}$ 值减少；其次，对正值的 $c^{d'}$ 来说，如果满足了流动性约束，则收入的边际消费倾向等于1，大于当流动性约束无效时的边际消费倾向。因此，在总量情况中，如果流动性约束对全体居民户的小部分是有效的，这部分居民户又有正值的 $c^{d'}$，那么平均边际消费倾向和需求乘数将会大于我们在前面抽象掉流动性约束的章节确定的值。而且，对各种外生变量的给定值来说，$c^{d'}$、y 和 l 会低于前面章节确定的值。不过，只要流动性约束不是对所有在工作居民户是有效的，需求乘数将仍然是有限的。

在评估流动性约束的重要性时，关键的问题牵涉到这一约束对多少比例的居民户有效。为分析这一问题，让我们暂时假设所有居民户都是相同的，这样代表性居民户的行为也表示每个居民户的行为。[①]在这一假设下，我们可以在个体行为与总量行为之间自由移动。如果利润与工资分完了总产出，亦即 $y=(W/P)l+\pi$，且政府预算约束是 $g^d-m^s/P=\tau$，则方程式(2.11)中的最后一项

① 这一假设成立的条件是忽略在工作居民户和已退休居民户之间的区别。

可以表示为：

$$y-g^{d}+m^{s}/P+(1/\hat{N})(M/P)$$

此外，在总量超额供给的条件下，产出的决定必须满足条件 $y=c^{d'}+g^{d}$ 。使用这一条件，方程式(2.11)中的最后一项变成：

$$c^{d'}+m^{s}/P+(1/\hat{N})(M/P)$$

方程式(2.11)可以写成：

$$c^{d'}=\min\left[c^{d'}\left(\Omega',\frac{W}{P}\right),c^{d'}+\frac{m^{s}}{P}+\frac{1}{\hat{N}}\frac{M}{P}\right] \tag{2.13}$$

该式受 $c^{d'}\geq 0$ 的约束。根据方程式(2.13)，流动性约束归纳 66
为条件式：

$$\frac{m^{s}}{P}+\frac{1}{\hat{N}}\frac{M}{P}\geq 0\text{，或者等价的，}-\hat{N}\frac{m^{s}}{P}\leq\frac{M}{P} \tag{2.14}$$

条件(2.14)限制了货币存量的变化率，以致货币存量在 $\hat{N}$ 时前不会被用尽。[①]如果条件(2.14)得到满足，流动性约束就是无效的，且 $c^{d'}$ 等于 $c^{d'}(\Omega',W/P)$ 。在这种情况下，收入水平的结果使得代表性居民户能够决定它的实际消费需求，而毋须担忧在 $\hat{N}$ 时前花光持有的货币。反而言之，如果条件(2.14)得不到满足，流动性约束就是有效的，而且 $c^{d'}$ 减少至零。

图 2.4 在考虑到流动性约束条件下说明了消费和产出的决定，但假定所有居民户都是相同的。在图 2.4 中，穿过原点的 45° 虚线描述的是 $c^{d'}+g^{d}$ 和 y 之间相等的各点。对于外生变量的给

① 对不太大的 $\hat{N}$ 值，比如说相当于半个平均经济周期的两到三年时间，这一条件将货币紧缩率只限制到年不足 30%至 50%的水平。历史上除了短暂的间隔时期，这一限制条件当然都得到了满足。

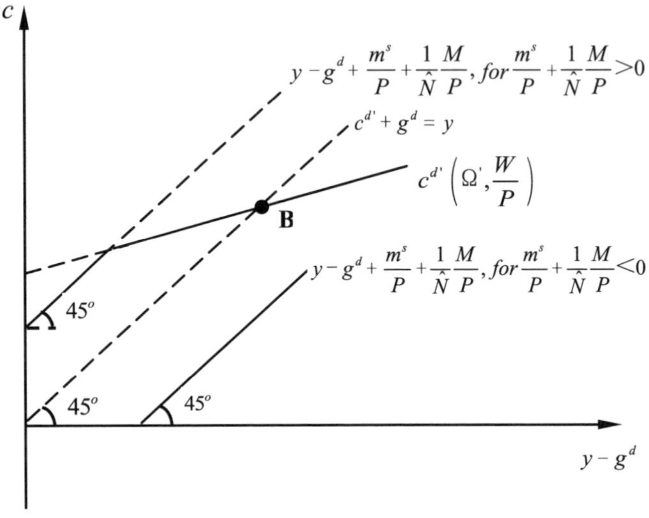

图 2.4　流动性、消费和产出

定值，标有 $c^{d'}(\Omega', W/P)$ 符号的线段表示实际消费需求是收入的函数，并忽略流动性约束。对于其中 $m^s/P+(1/\hat{N})(M/P)$ 是正的情况，在纵轴上有正截距的、标着 $y-g^d+m^s/P+(1/\hat{N})(M/P)$ 符号的 45°直线表示由流动性约束决定的实际消费需求。后两条直线线段组成的实线轨迹在考虑流动性约束条件下描述了实际消费需求。B 点表示唯一 $c^{d'}+g^d$ 和 y 相等的点。

注意，由于流动性约束是一条 45°直线，B 点一定在 $c^{d'}(\Omega', W/P)$ 线上。因此，如果 $m^s/P+(1/\hat{N})(M/P)$ 是正的且所有的居民户是相同的，y 必然处在使得流动性约束无效的水平。最后，对于其中 $m^s/P+(1/\hat{N})(M/P)$ 是负的情况，在横轴上有正截距的、标有 $y-g^d+m^s/P+(1/\hat{N})(M/P)$ 符号的 45°直线表示流动性约束。在这种不太可能的情况中，如果 $c^{d'}$ 不可能是负的，实际消费需求沿流动性约束曲线至横轴，然后跳到原点。$c^{d'}+g^d$ 和 y 之间相等的唯一点是原点。

先前的分析表明，流动性约束要对 $c^{d'}$ 值为正的部分居民户有 67
效，就要求所有的居民户都是相同的。$c^{d'}$ 值为正的居民户所占比重的大小，将取决于具体就业分布的不均衡程度。虽然我们的分析框架不适合对就业分布问题做充分的分析，但两个一般性的关系却是显而易见的。首先，对给定的总就业量低于理论劳动供给的差额，就业量分布越不均衡，流动性约束对之有效的在工作居民户比重就越大。特别的，总就业量减少程度涉及的解雇人数越多，而不是等量的工时减少，流动性约束对之有效的在工作居民户比重就越大，因此，需求乘数也就越大，产出和就业水平就越低。其次，对已积累了大量 M/P 的老年居民户，流动性约束有效的可能性要低于年轻的居民户。

第三节 总量超额需求情况 68

本节分析当 W 与 P 的值使得市场存在对劳动和商品都有超额需求时，产出和就业的决定。在这种情况下，自愿交易原则意味着产出和就业都是由供给决定的。因此，我们可能会受诱导，断言 $l=l^s<l^d$ 和 $y=y^s<c^d+g^d$ 。然而，正如理论需求函数在总量超额供给情况下不起作用一样，理论供给函数在总量超额需求情况下也不起作用。由理论供给函数决定的交易量彼此会不一致。具体说，如果厂商实际雇佣的劳动量低于 l^d ，他们的商品供给不会由理论供给函数 y^s 给出；而如果居民户采购的商品量实际少于

c^d ,其劳动供给量不会由理论供给函数 l^s 给出。下述各条分析超额需求所蕴含的市场间的相互作用。

一、劳动超额需求下的厂商行为

劳动市场的超额需求意味代表性的厂商不能购买到其理论需求量 l^d 。[①]由于超额需求,自愿交换意味实际购买量 l 将等于供给量,因而小于 l^d 。因此,像商品市场的超额供给一样,劳动市场的超额需求违反了第一章阐明的企业利润最大化问题的一个重要的基本假设。

因为 $l < l^d$,代表性的厂商除了是工资与价格的接受者外,在吸纳就业上也是数量的接收者。[②]在基本模型中,劳动的购买量是一个选择变量。相反,代表性厂商现在将数量 l 视为对其购买量的供给决定性约束。[③]利润最大化现在意味着用可购得的劳动生
69 产尽可能多的产量。我们将这个最大产量称为实际商品供给,以 $y^{s'}$ 表示。形式上,代表性厂商的问题是选择产量 $y^{s'}$,以实现利润 $\pi = y^{s'} - \frac{W}{P}l$ 的最大化。利润要受产量 $y^{s'} = \Phi(l, g)$ 的约束,厂商的解决办法是选择:

---

① 自愿交换意味着厂商不受商品超额需求的影响。

② 我们继续致力于论述代表性厂商和居民户,而且,正像分析总量超额供给情况一样,我们不分析可能的配额方法。配额方法能够决定总量劳动供给和总量商品供给在单个厂商与居民户间的分配。

③ 正如总量超额供给的情况,l 与 y 实际值的决定涉及企业和居民户行为在市场上的相互作用。本节第三条分析这种相互作用。但是同样,原子式的厂商或居民户不会关心他们自己对市场过程的影响。

$$y^{s'}=\Phi(l,g)\equiv y^{s'}\underset{(+)\ (+)}{(l,g)}\text{，当 }l<l^{d}\left(\frac{W}{P}\right)\text{ 时。}\tag{2.15}$$

约束条件 $l<l^d$ 意味 $y^{s'}<y^s$，随着 l 趋近 l^d，$y^{s'}$ 趋近 y^s。同样，代表性厂商被迫在劳动的边际产量大于实际工资率的区间经营。

在基本模型推导的方程式(1.4)中，商品的理论供给是实际工资率的函数，而不是就业的函数。就业是在方程式外被最大化了的独立选择变量。相反，在方程式(2.15)中，商品的实际供给是就业水平的函数。在此，就业是劳动的供给水平施加给实际商品供给的约束。方程式(2.15)意味着，即使在实际工资率固定的情况下，实际的商品供给也能变化。约束水平 l 的变化决定实际的商品供给，和 W/P 的变化是无关的。

图 2.5 描述了先前对代表性厂商实际商品供给的分析。y^s 曲线是从图 1.2 复制来的。$y^{s'}$ 曲线描述的是方程式(2.15)给出的实际的商品供给。对给定的 l 值，当 W/P 的值使得 l 不是一个有效的约束，亦即当 $l>l^d(W/P)$ 时，$y^{s'}$ 和 y^s 重合。相反，当 W/P 的值使得 l 是一个有效的约束，亦即当 $l<l^d(W/P)$ 时，$y^{s'}$ 独立于实际工资率，并偏离 y^s。在图中，实际工资率 $(W/P)_F$ 使得 $l=l^d[(W/P)_F]$。因此，对低于 $(W/P)_F$ 的所有实际工资率来说，$y^{s'}$ 曲线是一条不同于 y^s 的垂直线。

图 2.5 中的 c^d+g^d 两条曲线也是从图 1.2 复制的。$c^d(\Omega^*)+g^d$ 曲线和 y^s 曲线相交于 A 点。$c^d(\Omega_2)+g^d$ 曲线对应更高值的非工资财富，也就是说，$\Omega_2>\Omega^*$，这是价格水平低于 P^* 的结果。在实际工资率 $(W/P)^*$ 上，和 Ω_2 对应的理论商品需求超过商品

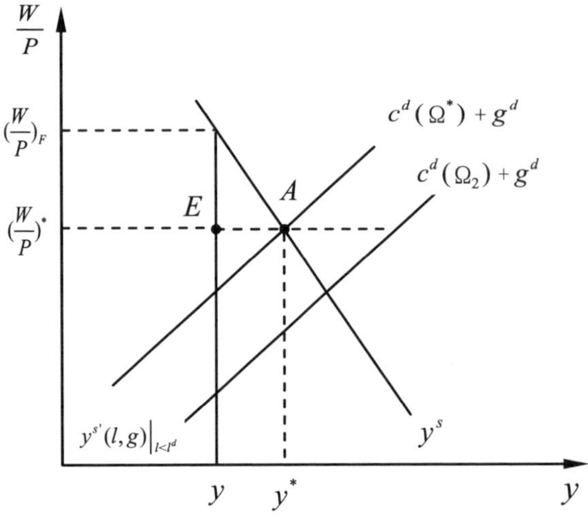

图 2.5　存在劳动超额需求的商品市场

的理论供给。

二、商品超额需求下的居民户行为

由于是自愿交换，商品市场的超额需求意味商品的总购买量 y 将小于总的理论需求 c^d+g^d 。为简单起见，我们假设政府的需
70 求具有优先性，于是只要 g^d 不超过总供给，g 就等于 g^d 。这一假设很可能并非不符合实际。结果，代表性的居民户不能购买到 c^d 数量的商品。[①]实际购买量将是 $c=y-g^d<c^d$ 。因此，正如第一章阐明的那样，商品市场的超额需求就像劳动市场的超额供给一样，违背了代表性居民户效用最大化问题一个重要的基础性假设。

① 自愿交换意味居民户不受超额劳动需求的影响。

如果 $c < c^d$，除了是工资与价格的接受者外，代表性的居民户在消费上也是数量的接受者。在基本模型中，消费是一个选择变量。相反，代表性居民户现在将数量 c 看成是对其消费的供给决定性约束。给定了这一约束，居民户必须选择两个方案的某种组合。首先，它可以继续接受等于其理论供给 l^s 的就业量，以此维持其理论收入，然后储蓄，亦即积累货币余额，这是他乐于消费但不能消费的一部分收入。或者相反，他可以接受较少的就业 71
量，用闲暇代替不能获得的消费。我们称这两种方案的最优组合是实际劳动供给和实际增量货币余额需求，分别以 $l^{s'}$ 与 $m^{d'}/P$ 表示。实际储蓄需求 $m^{d'}/P$ 必然包含计划的未来实际消费需求，记为 $c^{d'}$。

效用最大化仍然是一个跨期问题。就业 $l^{s'}(t)$ 和储蓄 $m^{d'}(t)/P$ 时间路径的选择，不仅取决于代表性居民户直接感知的当前消费约束 c，也取决于对这一约束整个未来时间路径的预期。在本章第二节第二条讨论的劳动超额供给情况下，我们假设代表性的在工作居民户预期对就业的现行束会持续至 $\hat{N}$ 时。在当前的情况下，我们同样假设代表性的在工作居民户预期对消费的现行约束会持续至 $\hat{N}$ 时，此处 $0 < \hat{N} < N'$，但预期消费在剩余的 $N - \hat{N}$ 年份里是不受约束的，直到生命周期计划的结束。如果对所有的 $t \leq \hat{N}$，$c(t) = c$，则因为 $c^d(t)$ 至少到 N' 时是常量，$c < c^d(0)$ 意味着对所有 $t \leq \hat{N}$，$c(t) < c^d(t)$。我们仍然认为 $\hat{N}$ 是外生决定的。同样，对预期的这种处理虽然简单，但确实揭示了两个重要的性质。首先，现在的消费低于需求的差额越大，预期未来消费低于需求的差额越大。其次，代表性居民户预期这种短缺不会永远持

续下去，期望在未来某个时间不受约束地选择消费。[①]

就 W 、P 、τ 与 π 时间路径的各种预期而言，我们仍然保留超额劳动供给情况的各种假设。具体地说，代表性居民户预期 W 、P 与 τ 是不随时间变化的常量，并预期 π 在 $\hat{N}$ 时前也是常量，然后增长到等于 π^* 的水平。[②]因此，非工资财富 Ω 的表达式和超额供给情况中的一样，

$$\Omega \equiv \frac{M}{P} + \hat{N}\pi + (N - \hat{N})\pi^* - N\tau 。$$

72 给定了上述各种假设，代表性在工作居民户的形式问题是使下式的值最大化：

$$U = \int_0^{\hat{N}} u[c, l^{s'}(t)]\mathrm{d}t + \int_{\hat{N}}^{N'} u[c^{d'}(t), l^{s'}(t)]\mathrm{d}t + \int_{N'}^{N} u[c^{d'}(t), 0]\mathrm{d}t$$

该式受 W 、P 、τ 、π 与 c 的既定值，时间 $\hat{N}$ 、N 与 N' 的界限和最初实际资产持有量 $M(0)/P$ 的约束。在工作居民户一生计划现在涉及三个子周期：从 0 时到 $\hat{N}$ 时的初始期，在此期间消费是外生决定的实际约束水平，劳动供给和储蓄需求是仅有的选择变量；从 $\hat{N}$ 时到 N' 时的第二期，在此期间消费需求、劳动供给和储蓄需求都是选择变量；从 N' 时到 N 时的退休期，在此期间消费需求和储蓄需求是选择变量，劳动供给等于零。

三个子周期储蓄计划的表达式是：

---

① 这种处理也有一个限制性的特点，即只有当他体验了当前消费的差额，居民户才会预期未来的消费差额。

② 巴罗和格罗斯曼 1974 年 1 月刊载于《经济研究评论》的“受抑制的通货膨胀和供给乘数”考察过这一分析的变化，其中代表性居民户预期 π 在 N 时前一直是常量。

$$\frac{1}{P}\left(\frac{dM}{dt}\right)^{d'} \equiv \frac{m^{d'}}{P} = \begin{cases} \frac{W}{P}l^{s'} + \pi - \tau - c & \text{当 } 0 \leq t \leq \hat{N} \text{ 时，} \\ \frac{W}{P}l^{s'} + \pi^* - \tau - c^{d'} & \text{当 } \hat{N} \leq t \leq N' \text{ 时，} \\ \pi^* - \tau - c^{d'} & \text{当 } N' < t \leq N \text{ 时。} \end{cases} \tag{2.16}$$

最优行为再一次使得在 N 时耗尽资产持有量成为必要。因此，选择 $l^{s'}(t)$ 与 $c^{d'}(t)$ 将满足：

$$\frac{M(N)}{P} = \frac{M(0)}{P} + \hat{N}(\pi - c) + (N - \hat{N})\pi^* - N\tau + \frac{W}{P}\int_0^{N'} l^{s'}(t)\mathrm{d}t - \int_{\hat{N}}^{N} c^{d'}(t)\mathrm{d}t = 0 \tag{2.17}$$

正如上面重新说明的，对居民户行为的基本外生约束现在等于非工资财富减去 $\hat{N}$ 时前的预期消费支出。两者之差额是现在的资源参数，我们将其值记为 Ω^*，此处：

$$\Omega^* \equiv \Omega - \hat{N}c \equiv \frac{M(0)}{P} + \hat{N}(\pi - c) + (N - \hat{N})\pi^* - N\tau$$

在资产耗尽条件的约束下，[①] U 的最大化提供了 $l^{s'}$ 从 0 时到 73
N' 时的最优时间路径，以及 $c^{d'}$ 从 $\hat{N}$ 时到 N 时的最优的时间路径。$l^{s'}$ 的最优时间路径从 0 时到 $\hat{N}$ 时是常量，从 $\hat{N}$ 时到 N' 时也是常量，但一般是在不同的水平上。实际消费需求 $c^{d'}$ 从 $\hat{N}$ 时到 N' 时是常量，从 N' 时到 N 时也是常量，但一般是在不同的水平

① 同样，U 的最大化也要受到不等式约束条件 $[c^{d'}(t), l^{s'}(t), M(t)] \geq 0$ 的限制。目前的讨论假设这些约束是无效的，而且只研究 $c^{d'}$ 和 $l^{s'}$ 的内解。不过，本章第三节第三条最后一段确实考察了约束条件 $M(t) \geq 0$ 可能的结论。

上。然而，如果消费和就业对效用的影响是独立的，$l^{s'}$ 从 0 时到 N' 时是常量，$c^{d'}$ 从 $\hat{N}$ 时到 N 时是常量。在这种情况下，方程式(2.17)的资产耗尽条件简化成：

$$\Omega'' + N' \frac{W}{P} l^{s'} - (N - \hat{N}) c^{d'} = 0$$

在储蓄表达式(2.16)方程式给定条件下，$l^{s'}$ 和 $c^{d'}$ 的这些时间路径也意味着 $m^{d'}/P$ 从 0 时到 $\hat{N}$ 时、从 $\hat{N}$ 时到 N' 时和从 N' 时到 N 时是常量。

对给定的 Ω 与 W/P 值，我们不妨把 $c^{d'}$ 、$l^{s'}$ 与 $m^{d'}/P$ 受方程式(2.17)资产耗尽条件约束而选择的这些时间路径和在基本模型中选择的 c^{d} 、l^{s} 与 m^{d}/P 的时间路径做个对比。如果这样的话，从 0 时到 $\hat{N}$ 时，c 受到约束小于 c^{d} ，期间代表性的在工作居民户的支出低于其在基本模型中选择的理论水平。代表性居民户把减少的支出并入时间路径有两种方式。首先，他减少整个一生的就业量；其次，他增加在未来不受约束年份的消费。因此，从 0 时到 N' 时，$l^{s'}$ 的平均水平低于 l^{s} 的平均水平；从 $\hat{N}$ 时到 N 时，$c^{d'}$ 的平均水平大于 c^{d} 的平均水平。

如果消费与就业对效用的影响是独立的，或者至少从 0 时到 $\hat{N}$ 时被迫减少的消费不会显著影响这一期间工作的边际负效用，那么整个一生就业量的减少也意味在其一生计划的前两个子周期，$l^{s'}$ 是小于 l^{s} 的。不过，在从 0 时到 $\hat{N}$ 时的第一个子周期，即使 $l^{s'}$ 小于 l^{s} ，$(W/P)l^{s}$ 和 $(W/P)l^{s'}$ 之间的差额也小于 c^{d} 和 c 之间的差额。这一结果的形成有两个原因。首先，从 0 时到 $\hat{N}$ 时的支出节余额可以分摊给工资收入减少的 N' 年；其次，从 $\hat{N}$ 时到 N

时，$c^{d'}$ 大于 c^d 的超支额部分地补偿了前一时期支出的差额。

实际劳动供给和实际消费需求的这些调整必然包含 $m^{d'}/P$ 和 m^d/P 之间的关系。由于从 N' 时到 N 时 $c^{d'}$ 大于 c^d，从 0 时到 N' 时 $m^{d'}/P$ 的平均水平大于 m^d/P。进一步说，从 $\hat{N}$ 时到 N' 时，$l^{s'}$ 小于 l^s，$c^{d'}$ 大于 c^d，所以 $m^{d'}/P$ 是小于 m^d/P 的。因此，从 0 时到 $\hat{N}$ 时，$m^{d'}/P$ 必然大于 m^d/P。

我们应该强调的事实是，居民户对当前消费约束的反应可通过两种方案的选择实现，增加未来的消费和减少劳动供给。未来消费的诱导性增加是和现期储蓄的增加联系在一起的，它对应的是古典的被迫储蓄观念，或者更准确地说，对应的是对罗伯逊(Robertson, D. H.)在 1926 年出版的《银行业务政策和价格水平》一书中所界定的“自主性缺失”概念。和我们的结论相反，古典分析隐含地假设居民户将所有受挫的消费需求转化成“被迫储蓄”，没有考虑居民户可能选择另一种方案，减少劳动供给(增加闲暇)。我们的分析包括选择减少劳动供给的方案，这是特别有趣的，因为正像下一部分强调的，对商品和劳动的超额需求能导致就业和产出的减少，显然有自相矛盾的结论。

总之，消费约束会造成在工作居民户当期实际劳动供给的减少和当期实际储蓄需求的增加。具体说，最大化运算意味着求解下面形式 $l^{s'}$ 和 $m^{d'}/P$ 的现期值：

$$l^{s'} = l^{s'}(\Omega'', \frac{W}{P}) \tag{2.18}$$

$$\frac{m^{d'}}{P} = \frac{m^{d'}}{P}(\underset{(-)}{\Omega''}, \underset{(+)}{\frac{W}{P}}, \underset{(+)}{\pi - \tau - c}) \tag{2.19}$$

这部分结尾的数学注释说明了这些实际需求函数的推导。

方程式(2.18)与(2.19)的实际供给和需求函数形式和方程式
75 (1.10)与(1.11)的理论供给与理论需求函数形式是相似的。在这些 $l^{s'}$ 与 $m^{d'}/P$ 函数中，Ω'' 变化的影响类似于 l^{s} 与 m^{d}/P 函数中 Ω 变化的影响。不过，劳动的理论供给和储蓄需求不是消费水平的函数，消费是在方程式外被最大化了的单独选择变量。相反，在方程式(2.18)与(2.19)中，实际劳动供给和储蓄需求通过 Ω'' 成为消费水平的函数。在此，消费是商品供给水平扣除政府采购后施加给实际劳动供给和储蓄需求的约束。在受约束年份期间的总消费 $\hat{N}c$ ，是作为 Ω'' 的扣减因素进入方程式的。

考虑消费和就业对效用的影响是独立的情况，于是如上所述，资产耗尽条件可写成：

$$\Omega'' + N'\frac{W}{P}l^{s'} - (N - \hat{N})c^{d'} = 0$$

因为 $\delta c^{d'}/\delta\Omega''$ 是正的，求该条件式对 Ω'' 的导数，得：

$$\frac{W}{P}\frac{\delta l^{s'}}{\delta\Omega''} = -\frac{1}{N'}\left[1 - (N - \hat{N})\frac{\delta c^{d'}}{\delta\Omega''}\right] > -\frac{1}{N'}$$

换而言之，和当期实际劳动供给变化对应的当期工资收入变动等于 Ω'' 变化的 $1/N'$，减去不受约束年份期间计划消费的诱导性变化。这一结论在下一部分分析超额需求条件下 y 与 l 的决定时极为有用。

作为构成 $\pi - \tau - c$ 项的一部分，当期消费也进入方程式(2.19)的 $m^{d'}/P$ 函数。这一项变化的影响和 m^{d}/P 函数中 $\pi - \tau$ 变化的影响相似。在给定了 Ω'' 和 $\pi - \tau - c$ 情况下，W/P 变化的影响更为复杂，因为跟在基本模型中一样，涉及相互抵消的收入效应和替代效应。正如第一章那样，这里我们假设在相关范围内替代效应超过收入效应，所以 W/P 增加的净效应是增加 $l^{s'}$ 。不过，由于消费和闲暇之间的替代，现在被限制在以牺牲工作年份期间的闲暇为代价，来增加不受约束年份的消费 $c^{d'}$，所以 W/P 对 $l^{s'}$ 的替代效应要弱于对 l^{s} 的相应影响。因此，替代效应占支配地位的假设在这里较之于在第一章更是无关紧要的。不过，不论 W/P 的上升是否会引起 $l^{s'}$ 的增加，W/P 的上升确实会增加未来的 $c^{d'}$，所以也必须增加当期的 $(W/P)l^{s'}$ 。这种劳动收入的增加必然包含 $m^{d'}/P$ 的增加，而这又会未雨绸缪地增加退休后计划的消费。

讨论 $\hat{N}$ 的变化对实际需求和供给的影响也很有趣。$\hat{N}$ 增加的 76
主要影响是会增加代表性在工作居民户消费水平 c 受约束的年数，并相应地减少其能够获得 $c^{d'}$ 消费水平的年数。因此，由于 c 是小于 $c^{d'}$ 的，$\hat{N}$ 的增加会增加居民户一生可支配的财富资源。[①] 所以，居民户会进一步减少其整个一生的就业量，这种减少很可能使得从 0 时到 N' 时的 $l^{s'}$ 水平更低。而且，居民户会提高已减少的不受约束年数的计划消费 $c^{d'}$ 的水平。当期 $l^{s'}$ 的降低意味着当期 $m^{d'}/P$ 的减少。一般的结论是 $\hat{N}$ 越大，代表性的在工作居民户

① 可支配的一生财富资源的增加是消费约束扩展的结果，因此和居民户一生效用最大化的降低联系在一起。费雪(Fisher,S.)在 1972 年 4 月刊载于《经济理论杂志》的“货币、收入、财富和福利”一文中，对财富和福利之间的关系提出了一般性分析。$\hat{N}$ 增加的另外一个影响是增加了预期利润收入低于 π^* 的年数，这种影响部分抵消了增加消费位于 c 水平年数的影响。

对当期 c 低于 c^d 既定差额的反应方式是，减少的实际劳动供给越多，增加的实际储蓄需求越少。①

已退休居民户和在工作居民户是不同的，原因在于已退休居民户不可能以更多的闲暇代替当期需要但不能获得的消费。
77 对当期 c 低于 c^d 的差额，已退休居民户的反应只能是增加当期的 $m^{d'}/P$ 和未来的 $c^{d'}$。不过，Ω'' 与 $\pi-\tau-c$ 影响 $m^{d'}/P$ 的方向对已退休居民户和对在工作居民户是相同的。因此，如果代表性已退休居民户也预期 c 与 π 在 $\hat{N}$ 年时间里保持其当前水平不变，则总量的 $m^{d'}/P$ 函数就和方程式(2.19)给出的函数有同样的形式。

图 2.6 描述了先前对代表性在工作居民户实际劳动供给的分析。l^d 曲线与两条 l^s 曲线是从图 1.1 复制过来的。同样，l^d 曲线和 $l^s(\Omega^*)$ 曲线在 A 点相交。曲线 $l^s(\Omega_2)$ 对应更大值的非工资财富，$\Omega_2>\Omega^*$ 是价格水平低于 P^* 的结果。在实际工资率 $(W/P)^*$ 上，劳动的理论需求大于和 Ω_2 对应的理论劳动供给。

---

① 先前的讨论假设 $\hat{N}$ 小于 N'。相反，如果 $\hat{N}$ 等于或大于 N'，且对 $0\leq t\leq\hat{N}$ 来说，有 $c^d(t)$ 大于 $c(t)$，则改变了问题的形式。必须考虑两种情况：首先，如果 $N'\leq\hat{N}<N$，消费约束就延长到退休以后，对给定的 Ω 与 W/P 值，$m^{d'}/P$ 可能小于 m^d/P。同样，不管 u_{cl} 符号的正负，$l^{s'}$ 从 0 时到 N' 时是常量。其次，如果 $\hat{N}\geq N$，则对商品采购的约束实际上是永久性的。因此，居民户只须工作最少的必要量，以支付可获得的一生消费额。$l^{s'}$ 对 W/P 的弹性只反映了收入效应，且等于-1。更进一步说，资产耗尽条件变成 $\frac{M(N)}{P}=\frac{M(0)}{P}+N(\pi-c-\tau)+N'\frac{W}{P}l^{s'}=0$。同样，当期 $m^{d'}/P$ 不受 W/P 的影响并小于 m^d/P。

$l^{s'}(\Omega_2)$ 曲线描述的是对应非工资财富 Ω_2 和消费水平 c 的实际劳动供给。对等于 $y-g^d$ 的 c 的给定值，当 c 不是一个有效约束，亦即当 $c \geq c^d(\Omega_2, W/P)$ 时，$l^{s'}(\Omega_2)_c$ 和 $l^s(\Omega_2)$ 重合。反而言 78
之，当 W/P 的值使得 c 是一个有效约束，亦即当 $c < c^d(\Omega_2, W/P)$ 时，$l^{s'}$ 处在 l^s 的左边。在图中，实际工资率 $(W/P)_G$ 使得 $c = c^d[\Omega_2, (W/P)_G]$。因此，在所有高于 $(W/P)_G$ 的实际工资率水平，所描绘的 $l^{s'}$ 曲线和 l^s 是分开的。曲线 $l^{s'}$ 的正斜率反映了 $\delta l^{s'}/\delta(W/P)$ 是正的这一假设。

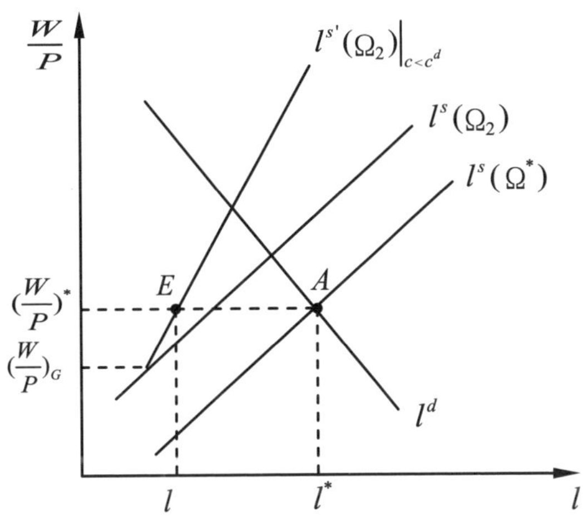

图 2.6 存在商品超额需求的劳动市场

在图 2.5 与 2.6 中，实际供给曲线和理论需求曲线是并列的。就图 2.5 来说，这种表述的假设是，尽管消费面临供给强制性约束，代表性在工作居民户继续按照其理论需求表报价购买商品；就图 2.6 而言，假设是尽管劳动就业面临供给强制性约束，代表性厂

商继续按照其理论需求表报价购买劳动。[①]这些图表的 A 点识别的是一般市场出清的实际工资率、价格水平、就业和产出的组合。E 点识别的是对应实际工资率 $(W/P)^*$ 和非工资财富 Ω_2 的就业水平和生产水平，其中非工资财富 Ω_2 大于 Ω^*。在下部分，我们详细地分析诸如 E 这样点的特征的决定。

数学注释

$l^{s'}(t)$ 与 $c^{d'}(t)$ 最优值的内解满足条件：

$$\frac{\delta u}{\delta l^{s'}(t)} = -\lambda \frac{W}{P} \text{ 对 } 0 \leq t \leq N' \text{ 适用，且}$$

$$\frac{\delta u}{\delta c^{d'}(t)} = \lambda \text{ 对 } \hat{N} < t \leq N \text{ 适用，}$$

79 为满足方程式(2.17)，式中 λ 确定为正的常数。这些条件意味着：

$$l^{s'}(t) = \begin{cases} l^{s'}(0) \text{ 对 } 0 \leq t \leq \hat{N} \text{ 适用} \\ l^{s'}(N') \text{ 对 } \hat{N} < t \leq N' \text{ 适用} \end{cases}$$

和

$$c^{d'}(t) = \begin{cases} c^{d'}(N') \text{ 对 } \hat{N} < t \leq N' \text{ 适用} \\ c^{d'}(N) \text{ 对 } N' < t \leq N \text{ 适用} \end{cases}$$

---

① 和总量超额供给的情况类似，这种表述抽象掉了三种可能导致实际购买意图不同于理论需求的影响。首先，尽管现期消费面临约束，居民户也可能试图以增加现期消费替代他们预期不能获得的未来消费；其次，如果买方认为实际购买量和他们意愿购买的数量是正相关的，他们表达的意愿购买量可能超过需要的购买量。比较汉森(1951)；第三，如果表达意愿购买量存在各种费用，代表性居民户或厂商就不会自寻麻烦，主动提出预期不能成功的交易。最后这种影响通常会使实际订购量减少至理论需求以下并抵消前两种影响。

现期实际劳动供给函数有如下形式：

$$l^{s'}(0)=l^{s}(\underset{(-)}{\Omega''},\underset{(?)}{W/P},\underset{(?)}{c})$$

如果 $\delta^2 u/\delta c(t)\delta l(t)=0$，那么 c 作为独立自变量退出函数。因此，方程式(2.18)是一个近似表达式，抽象掉了消费水平对工作的边际负效用的影响。

三、总量超额需求下产出与就业的决定

像图 2.1 与 2.2 一样，图 2.5 与 2.6 都表示局部分析。图 2.5 将商品的实际供给解释成对购买劳动的既定供给强制性约束的函数。要完成这一模型，就必须解释劳动的实际供给。图 2.6 将劳动的实际供给解释成对居民户购买商品的既定供给强制性约束的函数。要完成这一模型，就必须解释商品的实际供给。因此，这两个局部分析是必要的互补。对给定的工资一价格向量，可以将它们合并在一起提供一幅有关总量超额需求条件下产出和就业决定的完整图画。

当一个特定的市场发生了超额需求时，自愿交换意味实际交易水平是供给决定的。根据前两部分的分析，在商品市场和劳动市场发生超额需求时，低于理论供给的实际供给会在市场另一方占优势。因此，当两个市场都发生超额需求时，这些商品和劳动的实际供给量既决定产出，也决定就业量。方程式(2.15)给出了商品的实际供给表达式，所以产出是由下式决定的： 80

$$y=y^{s'}(l,g)<c^{d}(\Omega,\frac{W}{P})+g^{d} \tag{2.20}$$

式中 $g=g^{d}$

同样，方程式(2.18)给出了劳动的实际供给表达式，所以就业是由下式决定的：

$$l = l^{s'}(\Omega'', \frac{W}{P}) < l^{d}(\frac{W}{P}) \qquad (2.21)$$

给定了利润的表达式 $\pi = y - (W/P)l$，和消费与政府支出分完了全部产出(亦即 $c = y - g$)，我们可将财富资源约束 Ω'' 表示成：

$$\Omega'' = \frac{M}{P} + \hat{N}(g - \frac{W}{P}l) + (N - \hat{N})\pi^{*} - N\tau \text{ ,}$$

该式的值由 l 决定，但不是由 y 或者 π 单独决定。要使条件(2.20)与(2.21)切题，现行的工资－价格向量必须使两个市场都存在超额需求。下文第四节第一部分考察使得两个市场产生超额需求的工资－价格向量，对之作一般性的说明。

条件(2.20)与(2.21)决定了唯一水平的产出和就业。给定了外生变量 g^{d} 、M 、τ 、N 、N' 、$\hat{N}$ 、π^{*} 、P 与 W，条件(2.21)必然包含 l 的当前值。基本的关系是 l 的水平决定 $\pi - c$ 的值，因此也决定了资源参数 Ω'' 的值，而这最终决定 $l^{s'}$ 。根据(2.21)条件式，l 的水平必须使得由此决定的 $l^{s'}$ 水平等于 l 自身。刚才讨论的总量超额需求下 y 与 l 的决定，和上文第二节第三部分讨论的总量超额供给下 y 与 l 的决定，两者之间的类似性应该是显而易见的。

为了强调这种类似性，更清楚地阐明总量超额需求下 y 与 l 的决定过程，让我们过一遍(2.20)与(2.21)必然包含的可称之为供给乘数的机制。对供给乘数的分析将和第二章第二节第三部分对需求乘数的分析类似。考虑下述思想实验：假设最初的工资－价格向量等于 $(W/P)^{*}$，因此符合一般市场出清的要求。现在考虑外生决定变量的任一永久性增加，比如 W^* 与 P^* 增加了，而实际工资与价格保持不变。在可能发生的这种干扰形式中，是 τ 的 81
减少或者 M 的增加。

这种干扰的初始影响是商品的理论需求增加，高于理论供给；劳动的理论供给减少，低于理论需求。因此，干扰会造成两个市场的超额需求。作为直接的结果，代表性的在工作居民户察觉对其消费的供给强制性约束，促使它将自己的实际劳动供给减少至理论供给以下。同时，代表性的企业察觉对其就业的供给强制性约束，不仅减少它的利润，还促使它将实际的商品供给减少至理论供给以下。不过，这些初始的影响只是事情的开始。由此减少的实际劳动供给意味着对就业的进一步约束，又进一步导致利润和实际商品供给的减少。同时，由此减少的实际商品供给意味着对消费的进一步约束，又进一步引起实际劳动供给的减少，而由此导致的利润的减少则会刺激实际劳动供给的增加，部分抵消它的减少。整个过程累积至产出和就业的实际水平确定在远低于一般市场的出清水平，交点则由居民户为增加可购买商品数量的边际工作倾向和劳动的边际生产率之间的相互作用决定。

这种累积过程的结果可从(2.21)条件式分析确定。保持 π^* 与 $\hat{N}$ 固定不变，对(2.21)条件式微分，得到外生的政府行为变化和就业水平之间有下述关系：

$$dl=\frac{1}{1+\hat{N}\frac{W}{P}\frac{\delta l^{s'}}{\delta\Omega''}}\left\{\hat{N}\frac{\delta l^{s'}}{\delta\Omega''}\mathrm{d}g^{d}-\hat{N}\frac{\delta l^{s'}}{\delta\Omega''}\mathrm{d}\tau+\frac{\delta l^{s'}}{\delta\Omega''}\mathrm{d}\left(\frac{M}{P}\right)-\left[\hat{N}l\frac{\delta l^{s'}}{\delta\Omega''}-\frac{\delta l^{s'}}{\delta(W/P)}\right]\mathrm{d}\left(\frac{W}{P}\right)\right\}\qquad(2.22)$$

为了论述的完整性和后续的参考，方程式(2.22)也指出了实际工资率的外生变化对就业的影响。根据方程式(2.22)，g^d 增加、τ 的削减、M/P 的增加或 W/P 的下降最终会减少就业的影响，是两个方面的原因造成的。首先，这些变化直接导致了实际劳
82 动供给和就业的减少，方程式(2.22)右边括号项表示这种影响；其次，就业的下降意味更少的产出以及更低的消费，后者是一种导致实际劳动供给和就业进一步减少的约束。就业的减少也意味更少的利润，这会刺激劳动供给增加，从而抵消了更低消费的影响。方程式(2.22)右边括号前给出了净的影响效果，$1/1+[\hat{N}(W/P)\delta l^{s'}/\delta\Omega'']$ 项表示的内容可称为供给乘数。

在供给乘数表达式分母出现的 $\hat{N}(W/P)\delta l^{s'}/\delta\Omega''$ 项，表示就业变化对实际劳动供给 $\delta l^{s'}/\delta l$ 的边际影响是负的。也就是说，

$$-\hat{N}\frac{W}{P}\frac{\delta l^{s'}}{\delta\Omega''}=\frac{\delta\Omega''}{\delta l}\frac{\delta l^{s'}}{\delta\Omega''}=\frac{\delta l^{s'}}{\delta l}$$

我们可以称 $\delta l^{s'}/\delta l$ 为边际工作倾向。正如需求乘数一样，一个人会预期供给乘数是有限的但大于 1。这些限制要求 $\delta l^{s'}/\delta l$ 小于 1 但大于零。考虑到 $\delta l^{s'}/\delta\Omega''$ 是负的，$\delta l^{s'}/\delta l$ 是正的，$\delta l^{s'}/\delta l$ 小于 1 的条件也很容易满足。消费和就业对效用的影响是独立的，对此情况我们在先前的部分已看到，$(W/P)\delta l^{s'}/\delta\Omega''$ 是大于 $-1/N'$ 的。因此，$\delta l^{s'}/\delta l$ 是小于可能比 1 小很多的 $\hat{N}/N'$，且供给乘数是小于 $N'/(N'-\hat{N})$ 的。乘数的大小是随 $\hat{N}$ 的增加而增加的。[①]正如超额供给情况中的需求乘数一样，我们公式分析说明

① 如果就业的边际负效用是随消费水平下降而增加的，亦即如果 u_{cl} 是大于零的正数，那么供给乘数也会更大。

的供给乘数是瞬时发生的相互作用。

关于产出和就业决定的讨论，并不需要明确考察方程式(2.19)给出的货币余额的实际流量需求。如果 $g=g^d$，且 $y=c+g$，通过合并居民户的暂时预算约束，

$$c+\frac{m^{d'}}{P}+\tau=\frac{W}{P}l^{s'}+\pi$$

政府的预算约束，

$$\tau=g^d-\frac{m^s}{P},$$

和利润表达式： 83

$$\pi=y^{s'}-\frac{W}{P}l,$$

我们就得到整个经济体的预算约束：

$$(y-y^{s'})+\frac{W}{P}(l-l^{s'})+\frac{1}{P}(m^{d'}-m^s)=0 \tag{2.23}$$

方程式(2.23)意味着 y 与 l 的组合满足(2.20)与(2.21)条件式，也满足：

$$\frac{m^{d'}}{P}(\Omega'',\frac{W}{P},\pi-\tau-c)=\frac{m^s}{P} \tag{2.24}$$

图 2.7 用公式说明当两个市场存在超额需求时，产出与就业水平的决定。为了强调和图 2.3 描述的超额供给情况的相似性，这张图描绘的假设是现行的实际工资率仍然等于 $(W/P)^*$，而现 84
行的工资水平 W_2 和价格水平 P_2 等比例地低于 W^* 与。如上所述，这种情况可能是在 g^d 为常量时，或者是由 τ 减少造成的结果，或者是由 M 增加造成的结果。

在图 2.7 中，标有 $l^d[(W/P)^*]$ 符号的轨迹同时等同于一般

市场出清的就业量 l^* 和当期劳动的理论需求。标有 $c^d[\Omega^*,(W/P)^*]+g^d$ 符号的轨迹等同于一般市场出清的产出水平 y^*。这两条轨迹在 A 点相交，和前文各图中的 A 点对应。标有 $c^d[\Omega(P_2),(W/P)^*]+g^d$ 符号的轨迹等同于当期商品的理论需求。

不过，在目前的情况下，实际供给轨迹决定 y 与 l 的现行数量，低于它们的需求量。标有 $y^{s'}(l,g)$ 符号的轨迹等同于满足(2.20)条件式的 y 与 l 的不同组合。这条轨迹在 A 点终止，其斜率等于劳动的边际产量 $\delta\Phi/\delta l$。两条标有符号 $l^{s'}[\Omega'',(W/P)^*]$ 的轨迹描述的是在 $\pi=y-(W/P)l$ 和 $c=y-g$ 给定情况下，满足(2.21)条件式的 y 与 l 的不同组合。其中一条曲线对应 P^* 与 W^*，也是在 A 点终止；另外一条曲线对应小于 P^* 与 W^* 的 P_2 与 W_2，P_2 与 W_2 小于 P^* 与 W^*。这些曲线的斜率是 $(\delta\Phi/\delta l)/(\delta l^{s'}/\delta l)$。因此，如果 $\delta l^{s'}/\delta l$ 小于 1，这些曲线就要比 $y^{s'}(l,g)$ 轨迹陡峭。和 P_2 与 W_2 对应的 $l^{s'}$ 轨迹和 $y^{s'}(l,g)$ 轨迹在 E 点相交，等同于和工资－价格向量 (W_2,P_2) 对应的产出与就业水平，交点 E 对应图 2.5 与 2.6 中的 E 点。

从 E 点到 A 点的变化涉及或者价格水平从 P_2 上升至 P^*，伴随名义工资率等比例上升，或者 τ 或 M 恢复至它们的最初水平。因此，在 E 点，实际工资率是符合一般市场出清的，不需要 W/P 的变化。在图 2.7 中，价格水平从 P_2 上升到 P^*、工资水平从 W_2 上升到 W^* 的等比例增加，意味着 $l^{s'}$ 轨迹向右移动到 $l^{s'}[\Omega''(P^*),(W/P)^*]$，在点 A 和 $y^{s'}(l,g)$ 相交。在图中，供给乘数是由 l^* 与 l 之间差距和两条 $l^{s'}$ 轨迹之间水平距离的比率

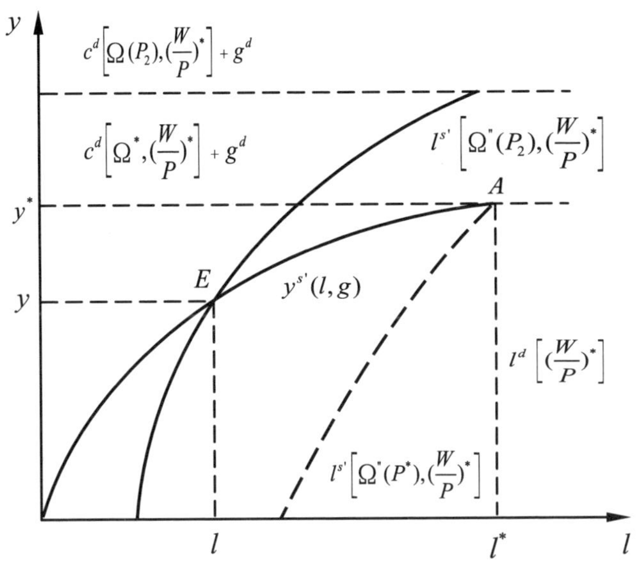

图 2.7　两个市场存在超额需求的产出与就业

表示。

在图 2.5—图 2.7 中，y^* 与 y 之间和 l^* 与 l 之间的距离是产出和就业低于符合一般市场出清水平的差额。l^* 与 l 之间的距离也度量现有劳动的超额需求量，$c^d\left[\Omega(P_2),(W/P)^*\right]+g^d$ 和 y 85
之间的距离度量现有商品的超额需求量。

这一分析有两个重要的含义应予强调。首先，符合一般市场出清的实际工资率也可能和正的劳动超额需求联系在一起，因此“太低”的实际工资率水平不是超额劳动需求存在的必要条件。这一观察结论和早前的观察结论——超额劳动供给不要求实际工资率高于符合一般市场出清的水平——是平行的。在当前情况发生的超额需求，仅仅是因为价格水平和名义工资率都“太低”，亦即

P_2 与 W_2 低于 P^* 与 W^* 。

第二个重要的含义是，太低的价格水平和随之发生的商品超额需求，会造成就业和产出低于充分就业的水平。这一结果得到公认是因为居民户对消费计划受挫的反应是减少他们的实际劳动供给。由于是自愿交换，就业不可能超过供给量，而根据生产函数，产出水平是受就业水平约束的。在本章第二节第三条，我们知道太高的价格水平和不足的商品需求会抑制产出与就业，使其低于充分就业水平；在这里我们看到，太低的价格水平和超额的商品需求有同样的影响。因此，我们绝不能下结论说，不足的需求一定是坏事，超额的需求一定是好事。事实是，对一般市场出清的任何偏离都会造成产出和就业的不足，产出和就业是在一般市场出清的工资一价格向量上达到最大的。

给定了工资一价格向量 (W_2, P_2)，恢复充分就业不要求实际工资率的上升，问题是工作缺乏激励诱因。不过，恢复激励诱因需要的不是实际工资率的上升，而是价格水平和名义工资率的等比例上升或政府的紧缩行动—比如增税和减少货币余额存量的某种组合。

在没有 P 与 W 的适当增加或者适当的货币与财政行动情况下，实际工资率的上升某种程度上能改进这种状况，因为这会诱导代表性在工作居民户增加未来不受约束年份期间计划的消费，减少当前的闲暇。在 P 不变的情况下，W/P 的上升会要求增加
86 W 。正如方程式(2.22)说明的，给定了各种外生变量的值，这种实际工资率的上升会引起 l^s 的增加，l 与 y 因此成倍扩张。

W/P 的增加也会减少理论劳动需求。设想 P 和其他所有的

外生变量保持不变，W 从而 W/P 上升的幅度足以减少 l^d 并增加 $l^{s'}$，使得劳动市场出清。不过，在这一点上，也不会消除 l^* 与 l 和 y^* 与 y 之间的差额，因为 W/P 会高于 $(W/P)^*$，l^d 与 y^s，从而 l 与 y 依然低于 l^* 与 y^*。所以，实际工资率的变化可能只是经济体低劣绩效局部的、肤浅的医治药方。就业激励诱因的充分恢复要求或者通过紧缩性的货币与财政政策的组合，或者通过名义工资与物价的同时上升消除两个市场的超额需求。

在上文第二节第四条分析总量超额供给情况时，我们考察了流动性约束 $M(t)\geq 0$ 的作用。讨论表明，虽然基本模型可以合理地将这一约束当作无效的，但如果货币余额或者收入差额的分布十分不平衡，流动性约束也可能在总量超额供给情况下对 $c^{d'}$ 值为正的少部分居民户是有效的。在本部分结束前，扼要地考察一下流动性约束 $M(t)\geq 0$ 在当前总量超额需求情况下的作用。最主要的有关考虑似乎是，和劳动超额供给的影响相反，商品的超额需求增加而非减少单个居民户的流动性。换言之，在超额需求情况下，代表性居民户在商品上的花费不能遂其所愿，部分结果是对给定的 Ω 与 W/P 值，他积攒的 $m^{d'}/P$ 超过 m^d/P。这一因素说明，像对一般市场出清情况的分析一样，对总量超额需求情况的分析可以合理地将流动性约束当作无效的。[①]在这方面，劳动超额供给

① 一种可能的分配难题应该予以注意。在基本模型中，居民户预期利润到 N 时为止是保持不变的。但在当前的情况下，居民户预期利润到 $\hat{N}$ 时为止是增加的。设想要么居民户对未来利润的增加有不同的预期，要么低于理论消费需求的消费差额在居民户中的分布是不平衡的。在这种情况下，预期利润有较大幅度的增加或者体验消费有较小差额的居民户，可能面临有效的流动性约束。

的情况和商品超额需求的情况是不对称的。

87

第四节　总量产出与就业

本节对关于非市场出清条件下产出和就业决定的分析进行归纳。对商品和劳动市场中的每个市场来说，任意一组给定的工资与价格组合意味着或者需求量超过供给量，或者供给量超过需求量，或者两者数量相等。如果每个市场有这三种可能的状态，两个市场的组合就会产生九种可能的情况。迄今为止，我们的分析考察了其中代表性三种情况。

在第一章，我们找出了唯一的、和一般市场出清情况对应的工资和价格组合。在本章第二节和第三节，我们叙述了会产生总量超额供给和总量超额需求的工资一价格向量的具体例子。接下来的部分考察将每个市场工资与价格的无限组合和九种可能的市场条件情况之一对应起来的问题。换言之，我们将精确地研究哪一种工资与价格的组合会产生总量超额供给的情况等等。下一个小节将考察每个市场工资与价格的无限组合和特定的产出与就业水平对应起来的问题。

一、实际市场出清轨迹

在图 1.3 中，标有 $l^d=l^s$ 与 $c^d+g^d=y^s$ 的轨迹描述了 W/P 与 Ω 不同值的组合，这些组合和劳动与商品的理论需求和理论供给之间的相等是一致的。在第一章，居民户认为利润始终等于一般市场出清的水平 π^* 。因此，Ω 的变化（这里 $\Omega \equiv M/P + N(\pi -$

τ))和 M/P 的变化是一致的，而 M/P 的变化反映的仅仅是 P 的变化，所以（$\Omega, W/P$）平面空间等同于（$M/P, W/P$）平面空间。为参考起见，图 2.8 在（$M/P, W/P$）平面空间再现了这些理论市场出清轨迹的残余形式。

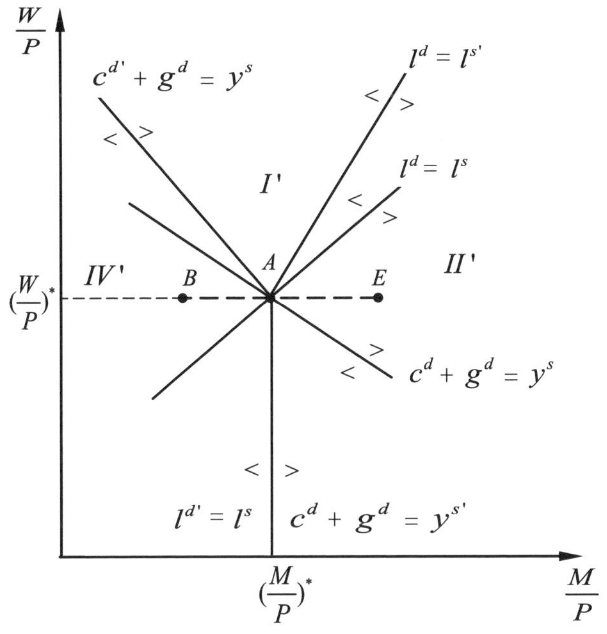

图 2.8　实际市场出清轨迹

本章分析的一种含义是，这些曲线只是在重新签约的假设下描述了市场出清的工资—价格向量。本章第二节分析表明，两个市场无论哪一个存在超额供给，当其中发生实际交易时，另外一个市场的理论需求函数变得无意义，并被实际需求函数代替。同样的，第三节的分析表明，两个市场无论哪一个存在超额需求，当其中发生实际交易时，另外一个市场的理论供给函数变得无意义，并

88 被实际供给函数代替。因此，只有当两个市场同时出清时，全部四个理论需求和理论供给函数才是有意义的，亦即只有图 2.8 中的 A 点才是有意义的。

图 2.8 也描述了实际市场出清的轨迹。这些轨迹标识出当允许交易发生在非市场出清价格时的超额供给区域与超额需求区域，其位置隐含在以前章节的分析中。当然，所有的轨迹都必须穿过 A 点，A 点对应先前各图中的 A 点，因为一般市场出清仍然只
89 和 $[(M/P)^*, (W/P)^*]$ 组合对应。但是，在所有 M/P 与 W/P 的其他组合中，实际市场出清轨迹偏离了理论市场出清轨迹。图 2.8 中标明符号的其他点也和先前图中同样的点对应：B 对应图 2.1—2.3 中的 B 点，E 对应图 2.5—图 2.7 中的 E 点，只是为了方便我们将所有的轨迹画成了直线。

首先考察商品市场的实际市场出清轨迹。在商品市场出清条件下，劳动市场的理论需求和理论供给是探讨的议题。在 $l^d = l^s$ 轨迹左边的区域，l^s 大于 l^d。超额的劳动供给限制了居民户消费行为，商品的实际需求低于理论需求。如果忽略流动性约束，商品市场的实际出清轨迹可表示为：

$$y = c^{d'}\left(\Omega', \frac{W}{P}\right) + g^d = y^s\left(\frac{W}{P}, g\right) \tag{2.25}$$

且 $l = l^d\left(\frac{W}{P}\right) < l^s\left(\Omega, \frac{W}{P}\right)$

式中 $\Omega' \equiv \frac{M}{P} + \widehat{N}y + (N - \widehat{N})\pi^* - N\tau$

对任何给定的实际工资率，$c^{d'} + g^d$ 等于 y^s 要求的实际货币余额水平高于使得 $c^d + g^d$ 等于 y^s 的水平。因此，$c^{d'} + g^d = y^s$ 轨

迹从点 A 出发，位于 $c^d + g^d = y^s$ 轨迹右边所有的地方。因此，劳动市场存在的超额供给扩大了商品市场超额供给的范围。可以证明 $c^{d'} + g^d = y^s$ 曲线有负的斜率，这只需注意观察在两种市场都存在超额供给的情况下，如果 W/P 持续增加而 M/P 保持不变，$c^{d'}$ 就会上升而 y^s 就会下降，直到最后两者相等。因此，穿过诸如 B 这样一个点的垂直线必然和 $c^{d'} + g^d = y^s$ 轨迹相交。①本章末尾的数学注释详细分析了所有理论与实际市场出清轨迹的斜率。 90

在 $l^d = l^s$ 曲线右边的区域，l^d 大于 l^s 。对劳动的超额需求限制了企业的生产活动，实际商品供给小于理论供给。商品市场的实际出清轨迹可表示为：

$$y = c^d\left(\Omega, \frac{W}{P}\right) + g^d = y^{s'}(l, g) \ , \qquad (2.26)$$

$$且\ l = l^s\left(\Omega, \frac{W}{P}\right) < l^d\left(\frac{W}{P}\right)$$

$$式中\ \Omega \equiv \Omega \equiv \frac{M}{P} + \widehat{N}\pi + (N - \widehat{N})\pi^* - N\tau\ 且\ \pi = y - (W/P)l\ 。$$

对任何给定的实际工资率，$c^d + g^d$ 等于 $y^{s'}$ 要求的实际货币

① (2.25)条件式描述的模型是凯恩斯在1936年出版的《就业、利息和货币通论》中提出的，对此标准宏观经济学教科书都有讨论。具体说来，在凯恩斯的分析中，价格水平总是调整至使商品市场出清的水平，厂商总是能够售卖完其理论供给的商品，因而总是表达了其对劳动的理论需求。然而，名义工资率是固定不变的，这种固定工资 W 对价格水平 P 的比率是商品市场出清所必须的，它意味着实际工资率高于 $(W/P)^*$ 。因此，l^d 低于 l^s 和 l^* ，这意味着存在失业和超额的劳动供给。这种超额的劳动供给产生了凯恩斯的消费函数，和我们的实际消费需求函数对应。在本文中，所有外生干扰只导致 $c^{d'} + g^d = y^s$ 轨迹上的移动。在 W 固定不变条件下，这些移动必然包含 l 和 W/P 之间反相关的凯恩斯主义关系，也必然包含 l 和 P 之间正相关的凯恩斯主义关系。

余额水平低于使得 c^d+g^d 等于 y^s 的水平。因此，$c^d+g^d=y^{s'}$ 轨迹从点 A 出发，位于 $c^d+g^d=y^s$ 轨迹左边所有的地方。现在解释这一轨迹的双重性质。此处要强调的重点是，劳动市场存在的超额需求扩大了商品市场超额需求的范围。图 2.8 将 $c^d+g^d=y^{s'}$ 轨迹描述成一条垂线，因为其斜率的正负号是不明确的。在两种市场都存在超额需求的情况下，如果 M/P 保持不变，W/P 的降低会减少 c^d 和 $y^{s'}$ 。因此，穿过诸如 E 这样点的垂线是否和 $c^d+g^d=y^{s'}$ 轨迹相交是不清楚的。本章末的数学注释给出了分析这一轨迹斜率的表达式。

现在，考察劳动市场的实际市场出清轨迹。在劳动市场出清的条件下，商品市场的理论需求和理论供给是探讨的议题。在 $c^d+g^d=y^s$ 轨迹右边的区域，c^d+g^d 大于 y^s 。超额的商品需求限制了居民户的消费行为，劳动的实际供给低于理论供给。劳动市场出清的实际轨迹可表示为：

$$l=l^d\left(\frac{W}{P}\right)=l^{s'}\left(\Omega'',\frac{W}{P}\right) \tag{2.27}$$

91 且 $y<y^s\left(\frac{W}{P},g\right)<c^d\left(\Omega,\frac{W}{P}\right)+g^d$

式中 $\Omega''\equiv\frac{M}{P}+\widehat{N}(g-\frac{W}{P}l)+(N-\widehat{N})\pi^*-N\tau$

对任何给定的实际工资率，l^d 等于 $l^{s'}$ 要求的实际货币余额水平低于使得 l^d 等于 l^s 的水平。因此，$l^d=l^{s'}$ 轨迹从点 A 出发，位于 $l^d=l^s$ 轨迹左边所有的地方。两个市场之间的因果关系是类似的。商品超额需求的存在扩大了劳动市场超额需求的范围。可以证明 $l^d=l^{s'}$ 轨迹有正的斜率，这只需观察两种市场都存在超额需求的情况下，如果 W/P 持续增加而 M/P 保持不变，l^d 就会下降而 $l^{s'}$ 就会上升，直到最后两者相等。因此，穿过诸如 E 这样点的垂线必然和 $l^d=l^{s'}$ 轨迹相交。

最后，在 $c^d+g^d=y^s$ 轨迹左边的区域，y^s 大于 c^d+g^d。商品的超额供给限制了厂商的生产活动，对劳动的实际需求低于理论需求。劳动市场的实际出清轨迹可表示为：

$$l=l^{d'}(y,g)=l^s\left(\Omega,\frac{W}{P}\right) \tag{2.28}$$

且 $y=c^d\left(\Omega,\dfrac{W}{P}\right)+g^d<y^s\left(\dfrac{W}{P},g\right)$

此处 $\Omega\equiv\dfrac{M}{P}+\widehat{N}\pi+(N-\widehat{N})\pi^*-N\tau$

且 $\pi=y-(W/P)l$

对任何给定的实际工资率，$l^{d'}$ 等于 l^s 要求的实际货币余额水平高于使得 l^d 等于 l^s 的水平。因此，$l^{d'}=l^s$ 轨迹从点 A 出发，位于 $l^d=l^s$ 轨迹右边所有的地方。商品市场超额供给的存在扩大了劳动市场超额供给的范围。注意更有趣的是，由于 $\delta l^{d'}/\delta y=(\delta y^{s'}/\delta l)^{-1}$，满足(2.26)条件式的 W/P 和 M/P 的同样组合也满足(2.28)条件式。因此，$l^{d'}=l^s$ 轨迹和 $c^d+g^d=y^{s'}$ 轨迹是重合的。这种重合的原因是生产函数包含着 y 和 l 之间单一的对应关系。因此，条件式 $l=l^s=l^{d'}$ 和 $y=c^d+g^d<y^{s'}$ 不能同时成立，厂商不可能在两个市场同时受到限制。[①]在条件 $l=l^s=l^{d'}$ 中，居民户 92

① 类似性的重合不适用于 $c^{d'}+g^d=y^s$ 和 $l^d=l^{s'}$ 轨迹，因为储蓄的可能性使得消费需求和劳动供给之间的关系不是唯一的。同样，如果允许企业有另外一种选择边界，比如持有存货，那么 $l^{d'}=l^s$ 和 $c^d+g^d=y^{s'}$ 轨迹的就不会重合。

的行为决定 l ；在条件 $y=c^d+g^d<y^{s'}$ 中，居民户与政府的行为决定 y 。

同样，重合轨迹的斜率的正负号是模糊的。在两个市场都有超额供给的情况下，W/P 的下降会减少 l^s 与 $l^{d'}$ 。因此，穿过像 B 这样一个点的垂直线是否会和 $l^{d'}=l^s$ 轨迹相交是不明确的。

二、等就业轨迹

图 2.8 的实际市场出清轨迹将 $(M/P,W/P)$ 平面空间分为 7 个子平面空间。在 A 点，两个市场都是出清的。在每一个实际市场出清的轨迹上，一个市场是出清的而另一个市场没有出清。正如刚才所述，在四种市场出清的情况中，一条市场出清的轨迹包含两种情况。介于这些出清轨迹之间的区域，两个市场都没有出清。如前所述，在这四种情况中，有一种情况对应的区域是空的。三个非空区域标示为 I′、II′ 和 IV′，和第一章图 1.7 标示的区域对应。

现在，我们要将 $(M/P,W/P)$ 平面空间的每一个点和特定的产出与就业水平对应起来，依次逐个考察三个区域。在 I′ 区域，M/P 和 W/P 的水平使得对商品有超额需求而劳动有超额供给。因此，居民户在两个市场都受到限制，厂商的理论供给和理论需求决定了就业和产出，亦即：

$$\text{I}'\begin{cases} l=l^d\left(\dfrac{W}{P}\right)<l^{s'}\left(\Omega'',\dfrac{W}{P}\right) \\ y=y^s\left(\dfrac{W}{P},g\right)<c^{d'}\left(\Omega',\dfrac{W}{P}\right)+g^d \end{cases}$$

在 II′ 区域，M/P 和 W/P 的水平使得商品市场和劳动市场都
93 有超额需求，这和本章第三节第三部分条件式(2.20)与(2.21)揭

示的情况一样。因此,就业和产出由下式给出:

$$\text{II}'\begin{cases} l = l^{s'}\left(\Omega'',\dfrac{W}{P}\right) < l^{d}\left(\dfrac{W}{P}\right) \\ y = y^{s'}(l,g) < c^{d}\left(\Omega,\dfrac{W}{P}\right) + g^{d} \end{cases}$$

最后,在 IV′ 区域, M/P 和 W/P 的水平使得商品市场和劳动市场都有超额供给,这和本章第二节第三部分条件式(2.6)与(2.7)揭示的情况一样,就业和产出由下式给出:

$$\text{IV}'\begin{cases} l = l^{d'}(y,g) < l^{s}\left(\Omega,\dfrac{W}{P}\right) \\ y = c^{d'}\left(\Omega',\dfrac{W}{P}\right) + g^{d} < y^{s}\left(\dfrac{W}{P},g\right) \end{cases}$$

上述决定 l 和 y 的条件式意味着在每一区域, M/P 和 W/P 的不同组合是和同一水平的 l 对应的,因而通过生产函数和同一水平的 y 对应。我们可以将 M/P 和 W/P 这种组合的轨迹称为等就业轨迹。一条等就业轨迹也是一条等产量轨迹。图 2.9 描述了标示为 l_1 和 l_2 的两条等就业轨迹。l_1 轨迹指示的所有 M/P 和 W/P 的组合都必然包含 l_1 就业水平, l_2 轨迹的情况一样。l_1 和 l_2 的相对大小是 $l^* > l_1 > l_2$。我们知道, l^* 是可达到的最高自愿就业水平,和一般市场出清的组合 $(M/P)^*$ 与 $(W/P)^*$ 对应。从点 A 出发的任一射线都表示就业水平的持续下降。在前文各章节,我们已经分析了 M/P 和 W/P 特定组合的就业和产出的决定问题。现在对等就业轨迹的分析是在整个 $(M/P,W/P)$ 平面空间对 l 和 y 决定分析的总结。

考察三个区域的等就业轨迹。在 I′ 区域, l 等于 l^d , l^d 只由

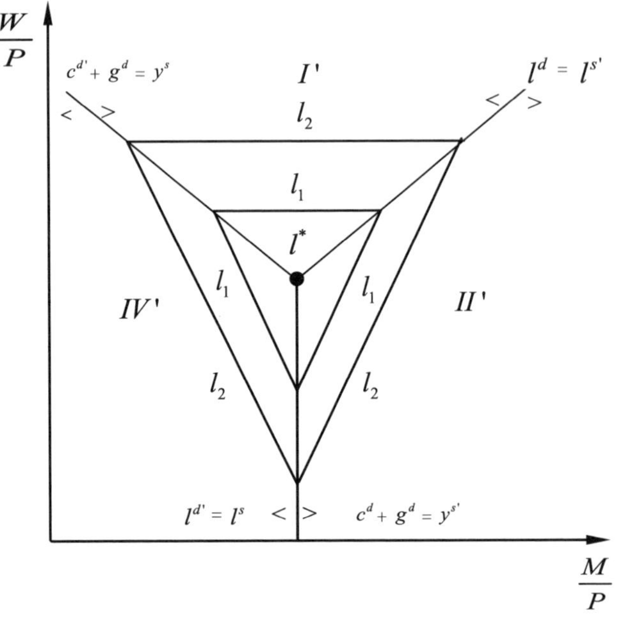

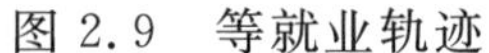
图 2.9　等就业轨迹

W/P 决定而不受 M/P 的影响。因此，等就业轨迹是水平的，较高的工资率意味较低的就业水平。在 II' 区域，l 等于 $l^{s'}$。对给定的 W/P，M/P 的增加会增加 Ω'' 并减少 $l^{s'}$，保持 $l^{s'}$ 不变要求增加 W/P。因此，等就业轨迹的斜率在 II' 区域是正的。最后，在
94 IV' 区域，l 是由等于 $c^{d'}+g^d$ 的 y 决定的。对给定的 W/P，M/P 的增加会增加 Ω'' 并增加 $c^{d'}$，保持 $c^{d'}$ 不变要求减少 W/P。因此，等就业轨迹的斜率在 IV' 区域是负的(向下倾斜的)。本章末尾的数学注释分析阐明了所有等就业轨迹的斜率。只是为了方便，我们将这些轨迹描绘成线性的。

第五节　不存在重新签约的动态分析

在第一章基本模型中，在给定重新签约的假设下，动态分析研究的仅仅是工资和价格向一般市场出清水平的收敛过程。相反，在不使用重新签约假设的本章，不仅要重新考察工资和价格的动态分析，还要扩展动态分析的范围，以包括量的变化。

一、工资和价格的调整关系 95

在第一章，我们提出了每个市场都有一个价格制定机构，其职能是找出一般市场出清的工资－价格向量。第一章第四节第二条假定这些价格制定机构知道需求函数和供给函数偏导数的正负，他们因此根据观察到的劳动的超额需求或超额供给增加或减少 W，并根据观察到的商品的超额需求或超额供给提高或降低 P，而第二章的讨论对这种公式化表述的合理性没有任何影响。

不过，超额供给和超额需求的概念在当前的背景意义重大，本章的分析确实要求重新考察对这些概念的贴切表述。第一章第四节第二条假定价格制定机构对理论供给和理论需求之间的失衡会做出反应。当交换发生在非市场出清条件下时，这种假设不再有效。正如我们已看到的，在这些环境中，厂商与居民户要表达的实际需求和某些理论需求是不一样的。价格制定机构将会观察到这些实际需求，而非已经被替代的理论需求。因此，工资与价格调整关系的贴切表述似乎是：

$$\frac{1}{W}\frac{dW}{dt}=\lambda_W(l^{d'}-l^{s'})\text{ 和} \tag{2.29}$$

$$\frac{1}{P}\frac{dP}{dt}=\lambda_P(c^{d'}+g^d-y^{s'}) \tag{2.30}$$

仍然可以把式中的 λ_W 和 λ_P 视为正的常量。不存在重新签约的关系式(2.29)与(2.30)代替了第一章的关系式(1.16)和(1.17)。

关系式(2.29)与(2.30)说明了一旦实际供给或需求和对应的理论供给与需求相等时,实际供给或需求就是影响工资或价格调整速度的重要量值。在我们正在模型中考察的实际供给或需求一旦关系到工资和价格的调整,就小于对应的理论供给或需求。

关系式(2.29)与(2.30)含义,可以用实际市场出清轨迹在 (M/P) 和 (W/P) 平面空间划分的三个区间解释。图 2.10 复制了这些轨迹及划分的在三个区域,并标明了变量组合:

$$\left[\frac{1}{P}\frac{dP}{dt},\frac{1}{W}\frac{dW}{dt},\frac{1}{W/P}\frac{d(W/P)}{dt}\right]$$

96 每一个区间正负号的形式。在 II' 和 IV' 区间,工资 W 和价格 P 同方向变动,因此,一条区分 W/P 上升或下降子区间的虚线是必要的。图 2.10 和其对应图 1.7 之间最大不同点是,由于 II' 和 IV' 区间分别比 II 和 IV 区间大,不存在重新签约,又隐含着实际需求与供给替代了理论需求与供给,制造了工资和价格很可能同方向变动的推论。价格 P 上升同时工资 W 下降的区间已经缩小,而价格 P 下降同时工资 W 上升的区间不再存在。

97 二、外生干扰的动态机制

第一章第四节第三条分析了在重新签约假设条件下,源于外

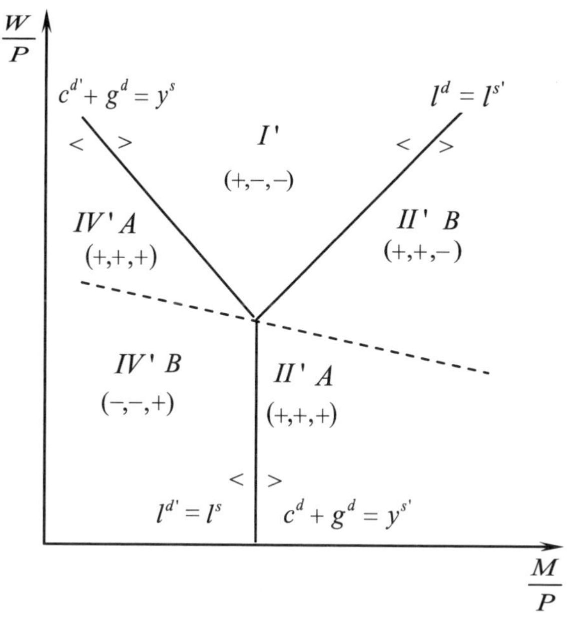

图 2.10　不存在重新签约的工资和价格的动态变化

符号组合指 $\left[\frac{1}{P}\frac{dP}{dt},\frac{1}{W}\frac{dW}{dt},\frac{1}{W/P}\frac{d(W/P)}{dt}\right]$

生干扰的工资和价格变化的时间路径，特别考察了使得 W/P 等于 $(W/P)^*$，却使得 M/Γ 和 Ω 大于 $(M/P)^*$ 和 Ω^* 的外生干扰。这种干扰的一个例子是增加货币供给流量 m^s/P 用于减少税收 τ。

本节考察不存在重新签约经济体的动态反应。正如我们已经看到的那样，在没有重新签约的条件下，使得 W 与 P 背离 W^* 与 P^* 的外生干扰将影响就业和产出的实际水平。因此，一般市场出清条件的回复不仅涉及 W 与 P 的变动，也涉及 l 与 y 的变动。

为了方便比较，本节分析的干扰和第一章第四节第三条是相同的。图 2.11 再现了实际市场出清轨迹和等就业轨迹。E 点显
98 示了源于这种干扰的 W/P、M/P 与 l 的最初组合，并和先前各图中的 E 点对应。除了导致 M/P 大于 $(M/P)^*$，制造两个市场的超额需求外，这种干扰还引起 l 低于 l^*。发自 E 点的实线箭头描述了 W/P、M/P 与 l 的时间路径，这是我们关于工资和价格调整的假设以及数量决定分析所蕴涵的。

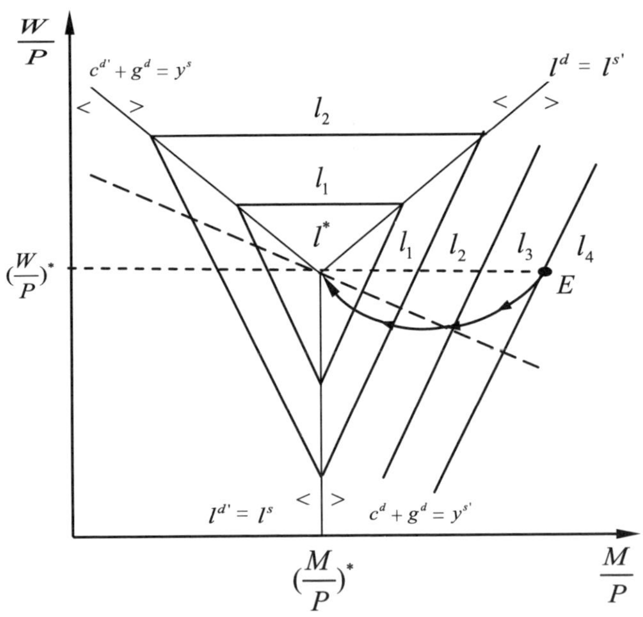

图 2.11　市场出清条件的收敛

从 E 点开始，由于 l^d 超过 $l^{s'}$ 且 c^d+g^d 超过 $y^{s'}$，P 和 W 都在上升。而且由于我们假设虚线向下方倾斜，P 最初上升的比例大于 W，W/P 在下降。P 的上升意味 M/P 在下降，这又会减少 Ω^*，Ω^* 的减少又会刺激 $l^{s'}$ 的增加。但是，W/P 的下降会使 Ω^* 增加

并直接抑制 $l^{s'}$ 的增加。由于 P 上升对 W/P 的抑制效应被上升的 W 抵消，实线箭头假设 P 上升对 W/P 的抑制效应是主要的，所以 $l^{s'}$ 和 l 两者最初都是上升的。W/P 的下降也增加了 l^d，所以超额劳动需求的最初变化趋势和 W 的增长率是模糊的。

再看商品市场，l 的增加使得 $y^{s'}$ 增加，而 W/P 和 M/P 两者的下降导致 c^d 下降。因此，对商品的超额需求逐渐减少，P 的上升速度下降。渐渐地，W/P 最初的下降速度变慢，最终穿过虚线后，W 上升得比 P 快，W/P 开始上升。而且，l 继续增加，其路径渐渐逼近一般市场出清点，在此点 l 等于 l^*，W/P 等于 $(W/P)^*$ 以及 M/P 等于 $(M/P)^*$。

几个额外的难点也许需要解释。首先，倘若我们假设虚线是向上倾斜的，则 W 初始等比例上升得比 P 快，所以 W/P 在回落至 $(W/P)^*$ 水平前，最初是上升的；其次，正如我们在第一章第四节解释的那样，只要 m^s 是正的，M 因而 P^* 也是上升的。在此情况下，P 和 W 将会不断地追逐运动着的目标，而现在的分析并不能保证 P 和 W 实际上会趋近 P^* 和 W^*。在第四章我们将会看到，通过将关于 P^* 和 W^* 变化速度的预期引入工资与价格调整关系，这一潜在的难题是很容易避免的；最后，回顾我们对产出和就业决定的公式分析，这些公式是等就业轨迹的基础，说明了需求与供给乘数都是瞬时相互作用的。因此，图 2.11 实线箭头所描述的调整路径假设，当 W 和 P 逐渐收敛于 W^* 和 P^* 时，和每个 99
W 与 P 瞬时组合对应的就业水平是完全的乘数效应必然包含的水平。只有当实际产生乘数效应的递归性相互作用较之于工资与价格的调整非常快时，这一假设对实际情况的大致估计才是

好的。

数学注释

图 2.8—图 2.11 是以下述输入数据为基础的：

1. 图 2.8 中理论市场出清轨迹的斜率是：

$$c^d+g^d=y^s:\ \frac{-\dfrac{\delta c^d}{\delta\Omega}}{\dfrac{\delta c^d}{\delta(W/P)}-\dfrac{\delta y^s}{\delta(W/P)}}\text{，这一斜率显然是负的。}$$

$$l^d=l^s:\ \frac{-\dfrac{\delta l^s}{\delta\Omega}}{\dfrac{\delta l^d}{\delta(W/P)}-\dfrac{\delta l^s}{\delta(W/P)}}\text{，如果}\ \frac{\delta l^d}{\delta(W/P)}\ \text{小于}\ \frac{\delta l^s}{\delta(W/P)}\text{，}$$

这一斜率是正的。

2. 实际市场出清轨迹的斜率是：

$$c^{d'}+g^d=y^s:\ \frac{-\dfrac{\delta c^{d'}}{\delta\Omega'}}{\dfrac{W}{P}\dfrac{\delta l^d}{\delta(W/P)}\left(1-\widehat{N}\dfrac{\delta c^{d'}}{\delta\Omega'}\right)-\dfrac{\delta c^{d'}}{\delta(W/P)}}$$

如果 $\widehat{N}\delta c^{d'}/\delta\Omega'<1$，这一斜率显然是负的。

$c^d+g^d=y^{s'}$ 和 $l^{d'}=l^s$：

$$\frac{\dfrac{\delta c^d}{\delta\Omega}-\dfrac{\delta\Phi}{\delta l}\dfrac{\delta l^s}{\delta\Omega}}{-\begin{vmatrix}\dfrac{\delta c^d}{\delta\Omega}-\dfrac{\delta\Phi}{\delta l}\dfrac{\delta l^s}{\delta\Omega} & \dfrac{\delta c^{d'}}{\delta(W/P)}-\dfrac{\delta\Phi}{\delta l}\dfrac{\delta l^s}{\delta(W/P)}\\ \widehat{N}\left(\dfrac{\delta\Phi}{\delta l}-\dfrac{W}{P}\right)\dfrac{\delta l^s}{\delta\Omega}-1 & \widehat{N}\left[\left(\dfrac{\delta\Phi}{\delta l}-\dfrac{W}{P}\right)\dfrac{\delta l^s}{\delta(W/P)}-1\right]\end{vmatrix}}$$

斜率的正负是含糊不清的：

$$l^d = l^{s'}:\frac{-\dfrac{\delta l^{s'}}{\delta \Omega''}}{\dfrac{\delta l^d}{\delta(W/P)}\left[1+\widehat{N}\dfrac{W}{P}\dfrac{\delta l^{s'}}{\delta\Omega''}\right]+\widehat{N}l\dfrac{\delta l^{s'}}{\delta\Omega''}-\dfrac{\delta l^{s'}}{\delta(W/P)}}$$

如果 $\widehat{N}\dfrac{W}{P}\dfrac{\delta l^{s'}}{\delta\Omega''}>-1$，斜率显然是正的。

3. 等就业轨迹的斜率：

区域 II′：$\dfrac{-\dfrac{\delta l^{s'}}{\delta\Omega''}}{\dfrac{\delta l^{s'}}{\delta(W/P)}-\widehat{N}l\dfrac{\delta l^{s'}}{\delta\Omega''}}$

如果 $\delta l^{s'}/\delta(W/P)>0$，这一斜率显然是正的。

区域 IV′：$\dfrac{-\dfrac{\delta c^{d'}}{\delta\Omega'}}{\dfrac{\delta c^{d'}}{\delta(W/P)}}$

该斜率显然是负的。

101 第三章　资本、金融资产与收益率

本章将资本商品、普通股和政府债券引入分析框架。第一节解释容纳这种修改所必须的各种变化，第二节在修改的框架内分析市场出清条件下单个经济主体的行为，第三节用比较静态术语分析某些外生干扰对这种行为所隐含的市场出清条件的影响，第四节在修改的框架内分析劳动市场超额供给的可能结果和当期的产出。

第一节　资本和金融资产的分析框架

第一、二章包含很多关于生产过程和利润分配的简化假设。在这些章节，劳动和公共服务是唯一的可变投入，可消费的商品和公共设施是产出的唯一形式。讨论完全抽象掉了资本商品、资本使用与投资，利润随意地按预先确定的方式分配。

第一、二章也采用了一个极为简化的公共财政框架。在这些章节，政府只需调整在外流通的货币存量，即可弥合其支出和税收收入之间的差额。支出超过税收意味着正的货币供给流量，而税收超过支出意味着负的货币供给流量。

本章分析研究的是，去掉这些抽象后的必然结果。为理解这
些结果，我们给分析框架引入三个新的有联系的思考。首先，我们
明确地考察被称为厂商投资的资本品积累，将资本品提供的服务
作为增加的投入包含在生产过程中。其次，我们明确地考察可销
售的厂商利润索取权。厂商发行这些被称为股票的权证为其投资
融资。对居民户来说，这些权证作为价值贮藏代替了货币。我们
继续假设厂商所有的利润都作为股息分配给股东，也就是说，我们
舍去了厂商的直接税和留存收益。最后，我们假设政府能发行一 102
种生息的债券，这种债券是支付固定名义利息的永久债券。现在，
作为平衡政府支出差额的一种手段，发行新债券代替了增发货币，
这包括对未清偿债券存量的利息支付和税收。对居民户来说，政
府债券是另一种价值贮藏。由于我们的分析排除了不确定性，我
们假设居民户认为政府债券和厂商发行的股票是完全替代的。

资本品的引入意味着对当期产出的需求现在有了另外的来源，即厂商的投资需求。现在，居民户的消费需求和政府的公共服务需求必须加上投资需求，当期的产出也表现为另一种形式——资本品和消费品与公共设施。为保证讨论尽可能的简单，我们继续假设所有产出都是由同样的技术生产的，其独有的特定产品属性符合购买者的身份。资本品和其他商品在供给方是完全替代的。但是，我们假设一旦生产出来并销售出去，资本品和其他商品是不可转换变化的。特别的，如前所述，可消费品和公共设施是不可贮藏的，资本品一旦置于适当地方，就不能转换成消费品或者公共设施。

股票和政府债券的引入意味着，除了劳动和商品市场，发生交

换的市场还有以股票交换货币的产权市场，和以债券交换货币的债券市场。因此，现在有两个新的独立的交换比率，即每张股票的美元数 P_e，和每张债券的美元数 P_b。给定每股的名义利润 $P\pi/E$，其中 E 是未清偿股票数。股票价格 P_e 包含着股票的期望回报率，以 r_e 表示。具体说，变量 r_e 代表隐含的贴现率，在此贴现率水平，每张股票预期未来的股息支付流的现值等于这张股票当前的价格。因此，假如总利润流全部分配给股票所有者，假设代表性的居民户预期 $P\pi/E$ 和 r_e 在一段时间是不变的，r_e 满足下述关系式：

$$P_e(0) \equiv \frac{P\pi}{E}\int_0^\infty exp(-r_e t)\mathrm{d}t\ ,$$

103 这意味着 $r_e \equiv P\pi/P_eE$

同样，给定每张债券的名义利息率 i/B，此处 i 是政府全部的名义利息支出，B 是未清偿的债券数，债券价格 P_b 包含着债券期望回报率，以 r_b 表示①。具体说，变量 r_b 代表隐含的贴现率，在此贴现率水平，每张债券预期未来的利息支付流的现值等于这张债券当前的价格。因此，假定代表性居民户预期 r_b 在一段时间是不变的，r_b 满足下述关系式：

$$P_b(0) \equiv \frac{i}{B}\int_0^\infty exp(-r_b t)\mathrm{d}t\ ,$$

这意味着：

① 后文大篇幅的讨论假定债券有固定的名义利息率。不过，在接下来的第三节第四条，我们注意到名义利息率随价格水平变化的方式有可能保持债券利息实际价值是固定的。

$r_b \equiv i/P_bB$ ①。

忽略掉资产组合重新安排包含的各种交易成本，居民户认为股票和债券是完全的替代品这一假设意味着，如果两种资产存在的数量是有限的，则两种资产的回报率必须相等，亦即 $r_b = r_e = r$ ，其中 r 代表共同的回报率②。我们可以进一步地将股票与债券市场视为单一的市场，称之为金融资产市场。

我们继续集中研究代表性居民户和代表性厂商。因此，单个厂商是没有区别的，按照报酬率标准股票是均质资产。在金融资产市场，代表性的厂商和代表性的居民户是价格的接受者，两者都认为他们可以买卖任何数量的金融资产而不会影响报酬率。按含义，我们假定在整个讨论中，金融资产市场只在市场出清条件下发 104
生交换。

引入股票和债券意味着居民户现在可以积累他们的储蓄，以收益资产的形式贮藏他们的财富。如果股票和债券获得正的收益率，同时货币没有收益，则涉及货币的各种交易就是无成本的；如果可以确定地预测股票收益和利息支付，居民户似乎就没有持有货币的动机。在此情况下，则来自收入资源或金融资产销售的货币进款，将和对商品或金融资产的支出是完全同步的，所有的财富将以股票和债券的形式贮藏。为了在理论上解释持有货币和将财

① 因为现阶段我们假定代表性的居民户预期 P 是不变的，预期收益率实际收益率和名义收益率是相同的。我们在第四章介绍实际收益率和名义收益率的区别。

② r_e 和 r_b 相等意味着，$\dfrac{P_e}{P_b} = \dfrac{P\pi/E}{i/B}$ 。股票价格对债券价格之比率等于每股利润对每张债券利息率之比率。

富分散在货币与收益资产上的行为，我们的分析需要引入交易成本或不确定性。

我们的方法是假设交易成本是居民户在买卖金融资产时发生的[①]。这些成本涉及金融服务，居民户为了实现货币和收益资产之间的交换，必须购买这些服务。为简单起见，我们假定每一笔这样的交换要求有一定量的金融服务。因此，所发生的整个交易成本量是由这种交换的次数决定的，居民户有减少交换次数的动机。这种对交换次数的节省意味着，储蓄与动用储蓄金和购买与销售收益资产不是完全同步的。由于缺乏同步性，积累的储蓄平均量是正的，并被当做货币持有。[②]

105 金融服务的引入意味着，除了厂商的投资需求、居民户的消费需求与政府的公共设施需求外，对当期产出的需求现在还包括居民户的金融服务需求。从供给角度看，金融服务是厂商另一种形式的产出。正如资本品的生产情况一样，简化的分析方法是假设金融服务也是以支配消费品和公共服务生产的生产函数生产的。因此，四种形式的产出——消费品、公共设施、资本品和金融服务，在

① 我们没有详细介绍不确定性是出于两点理由。首先，连续系统地说明不确定性会使得对厂商和居民户两者行为的整个分析复杂化。在现阶段，为了更清晰地阐述更重要的观点，最好的办法是推迟这种介绍。其次，交易成本对持有交易媒介（货币）似乎是必然发生的，而不确定性不是必然发生的。

② 我们继续抽象掉商品购买和厂商对居民户各种付款中的交易成本，因为如果持有收益资产是一种替代方案，这类成本单独不能对持有货币做出解释。为简单起见，我们还假设厂商不承担任何交易成本，因此没有任何动机持有货币。最近有关交易成本和持有货币之间关系的更一般讨论，参见费吉（Feige, E. L.）与帕金（M. Parkin）1971 年 6 月刊载于《美国经济评论》的“货币、债券、商品存货与资本的最优数量”一文，和巴罗与桑托米罗（A. Santomero）辑录于 1974 年出版的《货币经济学问题》的“交易成本、支付时期与就业”一文。

供给方是完全可替代的。在这种简化的分析框架下，我们可以继续清晰地探讨总量商品供给、总量商品需求、总量商品生产和销售。

本章介绍的新内容包括下列新的变量，其中一些变量的符号已经给出：

K：厂商拥有的资本品存量，以实物单位计量，

k：资本品（投资）的流量积累，以每年的实物单位计量，$k = dK/dt$

E：股票存量，以股票数计量，

e：股票流量，以一年的股票数计量，$e = dE/dt$

B：债券存量，以债券数计量，

b：债券流量，以一年的债券数计量，$b = dB/dt$

π：利润流量，以一年的商品单位数计量，

i：利息支付流量，以一年的美元数计量，

P_e：股票价格，每张股票的美元数，

P_b：债券价格，每张债券的美元数，

r：金融资产收益率，$r = \frac{P\pi}{P_e E} = \frac{i}{P_b B}$，

F：金融收益性资产总名义存量，$F \equiv P_e E + P_b B$，

f：金融收益性资产名义流量，$f \equiv P_e e + P_b b$，这意味着如果 P_e 与 P_b 是常量，则 $f = dF/dt$，

A：各种资产名义总存量，$A = M + F$，

a：各种资产（储蓄）名义流量积累，$a = m + f$，这意味着如果 P_e 与 P_b 是常量，则 $a = \mathrm{d}A/\mathrm{d}t$，

υ：金融资产市场的交换频率，以一年的交换次数计量，

γ：金融市场每笔交换的实际成本，以每次交换的商品单位数计量，

106 y：当期产出流量，是一年的商品单位数量，$y=c+g+k+\gamma v$。

本章集中讨论第一、二章阐述的两种情况。本章第二节将资本、股票和债券引入到第一章阐述的基本模型分析框架。在基本模型中，所有的交换都发生在市场出清条件下。本章首先修改对厂商、居民户和政府行为的分析，将资本、股票和债券的存在纳入考察范围。其次，本章对市场出清条件下工资、价格和报酬率的决定展开详细的比较静态分析。本章第三节将资本、股票和债券引入第二章阐述的非重新签约分析框架。为简洁扼要起见，我们只考察工资一价格向量意味着商品和劳动市场都有超额供给的情况。在这样的分析背景内，第三节考虑到资本、股票和债券的存在，修改了对厂商、居民户和政府的行为以及对收入与就业决定的分析。对总量超额供给情况的分析应该能使读者悟解其他非市场出清环境的意义。[①]

第二节　资本、金融资产和厂商、居民户与政府的行为

本节复活第一章基本模型的精神，假设交换只发生在市场出清条件下。现在有三个市场：劳务市场、商品市场和金融资产市

---

① 篇幅的考虑不允许我们对本章提出的分析框架展开动态分析。运用第一、二章的动态分析作为指南，读者应该能够独立地进行这种练习。读者也可以参考格罗斯曼1971年9/10月刊载于《政治经济学杂志》的“市场失衡中的货币、利息和价格”一文。

场。在每一个这样的市场，每一个经济单位都能够买到其需求的数量或者出售其供给的数量。在这些条件下，我们依次分析厂商、居民户和政府在三个市场的行为。

一、厂商的行为

我们继续把厂商视为独立的决策单位，有别于居民户。但我们现在假定居民户作为股东给厂商施加的目标是股票市场价格最大化。给定了 r 的定义，追求 P_e 最大化等同于追求 $P\pi/Er$ 最大 107
化。由于代表性厂商将 P 与 r 视为外生变量，因此追求 P_e 最大化相当于追求每股实际利润 π/E 最大化。实际利润在此仍然定义为 $\pi = y-(W/P)l$，所有实际利润都会作为股息分配给股东。

按传统惯例，我们假设在短期内劳动是可变要素，资本是固定要素，而在长期内两者都是可变要素。更精确地说，调整资本使用量要承担置换成本，调整劳动使用量不存在这样的问题。[①]因此，在（短期）每一个时间点，厂商需要并使用劳动进行生产，供应并销售产品，在给定资本存量与已发行在外股票的约束下使当期利润最大化。但是，随着时间的推移（长期），厂商发行股票并进行投资（购买新资本设备）以获取最优（目标）的资本数量，这一数量是在可变资本存量约束下最大化每股利润的资本量。

将资本使用作为投入引入生产函数，则现在的函数表达式为：

① 将置换成本引入劳动使用量的调整，要求对我们分析中推导的劳动需求函数做一些有趣的动态修正。比如，参见奥伊（Oi，W. Y.）1962 年 12 月刊载于《政治经济学杂志》的“劳动是一种准固定要素”一文，和帕森斯（Parsons，D. O.）1972 年 11/12 月刊载于《政治经济学杂志》的“专用人力资本：对辞职率和解雇率的一个应用”一文。

$$y = \Phi(l, g, K)$$

此处 Φ 表示每一种投入都有正的递减的边际产量和递减的规模报酬。按比例常数标准化为一计算，资本服务使用量和 K 成正比例变化。为简单起见，我们还假定资本不贬值，其使用不涉及使用者成本。最后也是为了简单起见，我们假定资本的边际产量像劳动的边际产量一样，和 g 的水平无关，而且劳动的边际产量和 K 的水平无关。[①]

由于假设三个市场都是出清的，厂商能够买到它需要的劳动量，卖掉它供给的产出量。所以，正如第一章阐述的那样，在 K 和 E 固定不变的条件下，短期利润最大化要求劳动的边际产量等于实际工资率。因此，企业将根据下式确定它的理论劳动需求和理

108 论商品供给：

$$l^d = l^d\left(\frac{W}{P}\right) \text{ 和[②]} \tag{3.1}$$

$$y^s = \Phi\left[\underset{(+)}{l^d\left(\frac{W}{P}\right)}, \underset{(+)}{g}, \underset{(+)}{K}\right] \equiv y^s\left(\underset{(-)}{\frac{W}{P}}, \underset{(+)}{g}, \underset{(+)}{K}\right) \tag{3.2}$$

因此，$\frac{\delta\Phi}{\delta l}(l^d) = \frac{W}{P}$ 。

长期中，厂商也可以选择 K 。但是，投资必须通过发行股票融资。[③]由于厂商的目标是每股利润最大化，发行新股票投资的决

---

① 这些简化假设对我们的主要结论都并非必不可少。Φ 的偏导数符号是：$[\Phi_l, \Phi_g, \Phi_K] > 0$，$[\Phi_{ll}, \Phi_{gg}, \Phi_{KK}] < 0$，以及 $\Phi_{l\,g} = \Phi_{lK} = \Phi_{gK} = 0$。

② 由于我们假设 $\Phi_{lK} = 0$，l^d 和 K 是无关的。但是，如果 Φ_{lK} 是正的（资本和劳动在生产中是互补的），l^d 将随 K 的增加而增加。相反，如果 Φ_{lK} 是负的（资本和劳动在生产中是替代的），l^d 将随 K 的增加而减少。

③ 如果投资是以企业留存利润支付的，我们可以假设企业向其股东发行了等值的新股票，从而能够在同样的分析框架内继续展开论述。

策必然要比较源自新增资本增加的利润流量和增加未清偿在外股票数量导致的每股收益减少额。利润由下式给出：

$$\pi = \Phi\left[l^d(\frac{W}{P}), g, K \right] - \frac{W}{P} l^d(\frac{W}{P}) ,$$

每股利润是 π/E 。资金约束条件是：

$$\frac{P_e}{P} dE = dK$$ ①。

抽象掉了调整成本，企业在资金约束下，选择能使 π/E 最大化的 K 值。我们称这一 K 值为理论目标资本存量，标记为 K° 。求解 K° 必须使资本的边际产量等于股票收益率。因此，假定厂商认为 r 是不随时间变化的常量，它选择的：

109

$$K^{\circ} = K^{\circ} \underset{(-)}{(r)}$$ ②，

从而 $\frac{\delta\Phi}{\delta K}(K^{\circ}) = \frac{P\pi}{P_e E} \equiv r$ 。

如果 K 的变化必然发生调整成本，则维持 K 持续等于 K° 不可能是最优的选择。厂商的最优调整政策必须权衡比较 K 调整的各项费用和容许 K 不等于 K° 所放弃的利润。我们假定这种动态最优化问题的解通过一个简单的逐渐调整关系式将理论投资需求和 K° 联系起来：

$$k^d = \lambda_k [K^{\circ}(r) - K] \equiv k^d \underset{(-)}{(r}, \underset{(-)}{K)} , \tag{3.3}$$

---

① 这一融资约束条件适用于 K 和 E 的增量单位。当考虑到 K 和 E 的离散变化时，如果 $r \equiv P\pi/P_e E$ 是固定不变的，企业也会考虑隐含的 P_e 的变动。

② 由于我们假定 $\Phi_{lK} = \Phi_{gK} = 0$，所以 K° 和 W/P 与 g 无关。更一般地说，K° 满足关系式 $\frac{\delta\Phi}{\delta K}\left[l^d(\frac{W}{P}, g, K^{\circ}), g, K^{\circ} \right] = r$ 。

式中 λ_k 是正的，为简单起见，将其作为常数处理①。根据方程式(3.3)，理论投资需求是由 K^o 和实际资本存量 K 之间差额的线性关系决定的。因此，只要 K^o 保持不变，这种差额会不断缩小，随着时间的推移 K 会渐渐逼近 K^o 。这种理论投资需求函数意味着，股票的理论供给流量是：

$$\frac{P_e}{P}e^s = k^d \underset{(-)}{(r}, \underset{(-)}{K)} \tag{3.4}$$

为简便之故我们还假定，对每一个单个厂商来说，K^o 至少和 K 一样大，所以 k^d 与 e^s 都是非负的②。

二、居民户的行为：最优交易次数与货币持有量

正如第一章描述的，居民户的目标是追求整个生命计划周期的效用最大化：

$$U=\int_0^N u\left[\underset{(+)}{c^d(t)}, \underset{(-)}{l^s(t)}\right]\mathrm{d}t\ 。$$

110 现在，代表性居民户的可支配收入构成如下：工资收入 $(W/P)l^s$ 加利润(股息)收入 $\pi = rP_eE/P$ ③，再加利息收入 $i/P =$

① 在投资成本比如设备安装费用随着投资率增加而增加的假设条件下，这种投资需求函数的详细推导参见卢卡斯(Lucas, R. E.)1967 年 2 月卢卡斯刊载于《国际经济评论》的“最优投资政策和灵活加速数”一文。作为总量关系的另一种推导方法，这种函数假设安装费用是整笔资金，和资本存量的调整速度没有关系，而 K^o 是随机变动的，并非永久固定。作为这种调整模型的一个例子，参见巴罗 1972 年刊载于《经济研究评论》的“垄断价格调整理论”一文。

② 如果要引入撤资的可能性，就要求考虑资本设备旧货市场和折旧。

③ 前一部分假定如果 K^o 大于 K ，企业将会投资增加 K 。这种 K 的稳定增加将导致 π/E 的稳定上升，而且如果 P 与 r 是不变的，P_e 也会稳定上升。本部分假定如果 K 处在 K^o 的邻域，是一个让人满意的近似值，代表性居民户不会期望这些资本增加。

rP_bB/P，减去应纳税额 τ。储蓄是可支配收入减去对消费和金融服务支出的差额。因此，假定 P_e 和 P_b 是常量的话，对在工作居民户来说：

$$\frac{1}{P}\left(\frac{\mathrm{d}A}{\mathrm{d}t}\right)^d=\frac{a^d}{P}=\frac{W}{P}l^s+\pi+\frac{i}{P}-\tau-c^d-\gamma\upsilon$$

$$=\frac{W}{P}l^s+r\left(\frac{A}{P}-\frac{M}{P}\right)-\tau-c^d-\gamma\upsilon\text{。}\qquad(3.5)$$

方程式(3.5)也适用于已退休居民户，但 l^s 等于零。现在，储蓄可以被用之于积累股票、债券或者货币余额。因此：

$$\frac{1}{P}\left(\frac{\mathrm{d}A}{\mathrm{d}t}\right)^d=\frac{a^d}{P}=\frac{P_e}{P}e^d+\frac{P_b}{P}b^d+\frac{m^d}{P}\equiv\frac{f^d}{P}+\frac{m^d}{P}\qquad(3.6)$$

正如第一章说明的，在工作居民户一般会从事正的储蓄，为退休期间的消费提供资金。现在，股票和债券正的收益率提供了刺激诱因，促使居民户用这类收益资产而非货币余额作为储蓄的贮藏手段。然而，收入是以货币的形式取得的，将货币换成股票和债券发生的各种费用导致居民户设法减少这类交换的次数。设想代表性在工作居民户在金融资产市场交换的时间间隔是 $1/\upsilon$ 年，由于 υ 度量的是一年交换的次数，$1/\upsilon$ 就是交换之间的一年的分数。在 $1/\upsilon$ 年期间，储蓄就是积攒货币，到期末积累的实际储蓄量为 $(a^d/P)/\upsilon$，被用来购买各种收益性资产。给定这种储蓄方式，代表性在工作居民户的平均实际货币余额等于 $(a^d/P)/2\upsilon$。υ 的增加会减少其货币平均持有量，相应地增加其收益性资产的平均实际持有量。居民户对金融服务的支出是 $\gamma\upsilon$。因此，υ 的增加会增加交易成本。但如果 a^d/P 是给定的，υ 的增加也会减少持有货币

111 而非收益性资产所放弃的收入①。

为 υ 选择一个目标值涉及两种考虑之间的权衡。具体说，给定 a^d/P，居民户选择的目标值 υ° 应该使所放弃的股息收入、利息收入与所承担的交易成本之和最小，

$$\frac{ra^d/P}{2\upsilon}+\gamma\upsilon$$ ②。

使上式和最小化要求令：

$$\upsilon^{\circ}=\left(\frac{ra^d/P}{2\gamma}\right)^{1/2} \tag{3.7}$$

所以，最优平均实际货币余额是：

$$\left(\frac{M}{P}\right)^{\circ}=\frac{ra^d/P}{2\upsilon^{\circ}}=\left(\frac{ra^d/P}{2\gamma}\right)^{1/2} \tag{3.8}$$

在方程式(3.7)中，最优交易次数随 r 与 a^d/P 增加而增加，随 γ 的增加而减少。在方程式(3.8)中，对应的最优平均实际货币余额随 r 与 a^d/P 增加而增加，随 γ 的增加而减少。

已退休居民户没有工资收入，必须动用他们已积累的储蓄为消费提供资金。为购买商品，他们将其持有的股票与债券兑换成货币。但同样，交易成本会诱导他们设法减少这类交换的次数。不过，正的收益率诱引他们在消费需要之前不售卖股票与债券。

---

① 这里的分析没有考虑 a^d/P 随时间的变化。具体说，正如临近退休时的一般情况那样，如果居民户预期 a^d/P 在不久的将来从正的变成负的，它购买不久即须清偿的收益性资产的动机就很小。但是，如果收益性资产的平均持有期要比跑金融资产市场交易的间隔时间长，这种考虑似乎就只有第二位的重要性。为了简单起见，我们忽略这种影响。

② 用 $ra^d/2\upsilon P$ 计量放弃的收入是一个近似值，它忽略在金融资产市场交换的 $1/\upsilon$ 年间隔期的复合利息。如果 $r/\upsilon \ll 1$，似乎合理的是，这一近似值是让人满意的水平。

对这些考虑的权衡类似于在工作居民户面临的问题。具体说,对代表性的已退休居民户(更一般的,对现在储蓄是负的居民户)来说,金融资产市场的最优售卖次数和最优平均货币余额也满足方 112
程式(3.7)与(3.8),但对负的 a^d/P,则代换成其绝对值。

将在工作居民户和已退休居民户合在一起,储蓄流的绝对量是最优平均交易次数和总最优货币持有量的决定因素。合并了在工作居民户和已退休居民户的平均最优交易次数函数和总最优货币持有量函数有如下形式:

$$\upsilon^{\circ}=\upsilon^{\circ}\ (|\underset{(+)}{ra^{d}}/\underset{(+)}{P}|,\underset{(-)}{r},\gamma) \tag{3.9}$$

$$\left(\frac{M}{P}\right)^{\circ}=\left(\frac{M}{P}\right)^{\circ}\ (|\underset{(+)}{ra^{d}}/\underset{(-)}{P}|,\underset{(+)}{r},\gamma) \tag{3.10}$$

式中 $|ra^{d}/P|$ 是总量储蓄流的绝对值。

在 υ 的变化不会发生调整成本的假设下,方程式(3.9)决定了最优的交易次数。但是,如果这种变化确实会引起调整成本,最优交易行为就必须权衡比较这种成本和容许 υ 不等于 υ° 的成本。正如厂商资本存量调整的情况一样,这里我们假设如果 υ 的平均值不等于 υ° 的平均值,则 υ 平均值的合意调整遵循一个简单的逐渐调整关系式:

$$\frac{\mathrm{d}\upsilon}{\mathrm{d}t}=\lambda_{\upsilon}(\upsilon^{\circ}-\upsilon)\ , \tag{3.11}$$

式中的 λ_{υ} 是正的,为简单之故将其作为常数处理①。

同样,在平均实际货币持有量的变动不会引起调整成本的假

① 在本例中,除了一次性整笔调整成本似乎更合情理外,方程式(3.11)的理论解释和上面方程式(3.3)的类似。

设下，方程式(3.10)决定最优的实际货币持有量。但是，假如这种变动确实会发生调整成本，最优交易行为也必须权衡比较这类成本和容许 M/P 不等于 $(M/P)^{\circ}$ 的成本。M/P 和 $(M/P)^{\circ}$ 的差额反映了两个构成因素的净效应。首先，M/P 对 υ 现有的预定值可能不会有反应，亦即 M/P 可能不会等于：

$$\frac{|a^d/P|}{2\upsilon}。$$

113 这种差额可能是由 $|a^d/P|$ 或者 P 的变动造成的。在这种情况下，平均货币持有量的合意调整需要将 M/P 调整至和 υ 的预定值一致的水平。其次，正如上文说明的，υ 可能不等于 υ°。在这种情况下，货币持有量的合意调整是对方程式(3.11)所描述的 υ 的合意调整的反应。为简单之故，我们这里假定，不论出于哪种原因，如果 M/P 不等于 $(M/P)^{\circ}$，货币持有的合意总量调整都遵循简单的逐渐调整关系式：

$$\frac{1}{P}\left(\frac{\mathrm{d}M}{\mathrm{d}t}\right)^{d}\equiv\frac{m^{d}}{P}=\lambda_{m}\left[\left(\frac{M}{P}\right)^{\circ}-\frac{M}{P}\right]=\frac{m^{d}}{P}\left(\underset{(+)}{|a^{d}/P|},\underset{(-)}{r},\underset{(+)}{\gamma},\underset{(-)}{\frac{M}{P}}\right) \tag{3.12}$$

式中的 λ_m 是正的，为简单起见视为常数。

三、居民户的行为：劳动供给、消费需求和储蓄

居民户既定储蓄流量的最优安排是一个附带的可分论问题，考察了这个问题后，我们再来讨论关于劳动、消费与储蓄最优流量的决定这一核心问题。正如第一章一样，在 N 时耗尽资产持有量是居民户最优跨期计划的必要条件。方程式(3.5)的储蓄表达式

是 A/P 的一阶微分方程。该方程的解决定了任何时间点实际资产的计划持有量。具体说，假定居民户将 r 、W 、P 和 τ 视为不随时间变化的常量，把 $(M/P)^{\circ}$ 和 υ° 也当作不随时间变化的常量，认为 M/P 和 υ 在将来始终等于 $(M/P)^{\circ}$ 和 υ° ，则在 N 时实际资产持有量的解是①：

$$\frac{A(N)}{P}=\frac{A(0)}{P}\mathrm{e}^{rN}+\frac{W}{P}\int_{0}^{N'} l^{s}(t)\ \mathrm{e}^{r(N-t)}\,\mathrm{d}t$$
$$-\int_{0}^{N}\left[\tau+c^{d}(t)+r\left(\frac{M}{P}\right)^{\circ}+\gamma\upsilon^{\circ}\right]\mathrm{e}^{r(N-t)}\,\mathrm{d}t$$

该表达式第一项描述了最初的实际资产持有量 $A(0)/P$ 在收益率 r 水平上连续复利至 N 时的结果。第二项描述了从 t 时取得的工资收入在收益率 r 水平上连续复利至 N 时的结果。最后一项描述了 t 时发生的所有支出在收益率 r 水平上连续复利至 N 时的结果。注意持有货币放弃的收入 $r(M/P)^{\circ}$ 在本项是一笔正的支出。 114

资产耗尽条件 $A(N)/P=0$ 也可以用现值表示，即给 $A(N)/P$ 的上述表达式乘以 e^{-rN} ，重新整理各项即可得到：

$$\Omega_{0}\equiv\frac{A(0)}{P}-\left[r\left(\frac{M}{P}\right)^{\circ}+\gamma\upsilon^{\circ}+\tau\right]\int_{0}^{N}\mathrm{e}^{-rt}\,\mathrm{d}t$$
$$=\int_{0}^{N}c^{d}(t)\ \mathrm{e}^{-rt}\,\mathrm{d}t-\frac{W}{P}\int_{0}^{N'} l^{s}(t)\ \mathrm{e}^{-rt}\,\mathrm{d}t \tag{3.13}$$

① 在 r 与 γ 是常量的情况下，将 $(M/P)^{\circ}$ 与 υ° 视为常量等于忽略 $|a^{d}/P|$ 随时间推移的计划变动，因为这些变动会影响 υ° 与 $(M/P)^{\circ}$ 。在此，我们也忽略了和 υ 与平均 M/P 的任何预期变化相关的调整成本对资产积累的影响。方程式(3.7)和(3.8)意味 $\gamma\upsilon^{\circ}=r(M/P)^{\circ}$ ，亦即在最优值 υ° 与 $(M/P)^{\circ}$ ，居民户承担的交易成本等于因持有货币放弃的收益。为了阐述清晰的目的，我们在式中保持这两项的分开。

式中：

$$\frac{A(0)}{P} \equiv \frac{M(0)}{P} + \frac{P_e}{P}E(0) + \frac{P_b}{P}B(0)$$

$$\equiv \frac{M(0)}{P} + \frac{\pi(0) + i(0)/P}{r}$$

该条件式说明，以 Ω_0 表示的一生非工资财富资源的现值，必然等于生命计划周期消费的现值减去退休前挣得的实际工资收入的现值。方程式(3.13)也适用于已退休居民户，但工资收入为零。

在给定 N' 和 N 值以及方程式(3.13)资产耗尽条件下，U 的最大化意味着 c^d 和 l^s 的当期水平是由下述形式函数决定的：①

$$c^d = c^d\ (\underset{(+)}{\Omega_0}, \underset{(+)}{W/P}, \underset{(?)}{r}) \tag{3.14}$$

$$l^s = l^s\ (\underset{(-)}{\Omega_0}, \underset{(+)}{W/P}, \underset{(?)}{r}) \tag{3.15}$$

115 本部分末尾的数学注释说明这些函数的推导，但凭直觉我们

134 很容易解释它们的形式。

方程式(3.14)与(3.15)中 Ω_0 与 W/P 变化的影响和第一章理论消费需求与理论劳动供给函数中 Ω 与 W/P 变化的影响类似。具体说，给定 W/P 与 r，Ω_0 的增加必然产生一个纯粹的财富效应，因此会提高 c^d 并减少 l^s；给定 Ω_0 与 r，W/P 的增加必然产生收入效应与替代效应，两者都会增加 c^d，但对 l^s 的影响是相互抵消的。此处和第一章一样，假设一定范围内替代效应超过收入效应。

在方程式(3.14)与(3.15)中，新考察的内容是收益率 r。收

① U 的最大化是受不等式 $[c^d(t), l^s(t), M(t), E(t), B(t)] > 0$ 约束的。我们假定这些约束是无效的，只求出受(3.13)方程式约束的内解。

益率 r 的增加也必然产生收入效应与替代效应。在替代效应中，更高的 r 值意味着相对于现期支出，未来支出有更低的隐含价格。换言之，更高的储蓄收益率把节省的每一单位现期支出变成更多的未来可能支出。从这一点说，r 的增加会鼓励未来的消费与未来的闲暇替代现在的消费与现在的闲暇。换言之，r 的增加会减少现在的 c^d 并提高现在的 l^s 。此外，和第二章有固定水平的 c^d 与 l^s 不同，在收益率是正的情况下，一生消费计划有积极的倾向而一生就业计划有消极的倾向①。

现在给定 Ω_0 与 W/P ，考察 r 变化的财富效应。根据方程式(3.13)，$c^d(t)$ 与 $l^s(t)$ 的终生计划是这样的，计划消费的现值减去计划工资收入的现值等于 Ω_0。给定 $c^d(t)$ 与 $l^s(t)$ 计划的时间路径，r 的增加将减少消费和工资收入的现值。不过，已计划消费现值的减少量大于已计划工资收入现值的减少量，有两个原因。首先，由于终生消费计划有积极的倾向而终生就业计划有消极的倾向，并且因为已计划的消费保持为正直至 N 时而已计划的就业保持为正只到 N' 时，所以比较而言，已计划消费的时间路径更多地集中在遥远的未来，因此，其现值对 r 的变化更敏感。其次，如果 Ω_0 是正的，则已计划消费的现值大于已计划工资收入的现值，并 116
且在这一点，已计划消费对 r 的变化也更敏感。由于 r 增加压缩已计划消费现值的量多于压缩已计划工资收入现值的量，因此从

---

① 如果居民户预期 W/P 在其一生都会上升，或者将一个贴现因子用于未来的效用流，则其终生消费和就业计划可能不会这样的倾向性。比如，如果贴现率等于 r，则 c^d 与 l^s 的计划水平又会保持不变。此外，在预期 W/P 不是常量，居民户的终生计划可能由其获得贷款方式的性质决定的。

方程式(3.13)可以推断，对给定的 Ω_0 值来说，居民户能够在所有的时间点增加已计划的消费并减少已计划的就业。所以，r 变化的财富效应趋向增加当期 c^d 并减少当期 l^s 。因此，就 c^d 与 l^s 来说，在给定 Ω_0 与 W/P 条件下，r 变化的替代效应与财富效应是相互抵消的，我们已说明净效应是不确定的。

在这一点，我们也可以考察 r 变化独立的财富效应，这是由收益率对 Ω_0 的影响引起的。在方程式(3.14)与(3.15)书面形式中，这种影响没有得到明确的表述。给定 M/P 、i/P 、τ 与 γ ，如果 Ω_0 是正的，r 的增加意味 Ω_0 的下降①。上文讨论过，Ω_0 的这种变化一般会抵消 r 变化对给定 Ω_0 的财富效应。后面本章第二节第五部分对市场出清条件的分析假定，较之于这两种财富效应的不明确的净影响，r 变化的替代效应占优势。

把方程式(3.14)与(3.15)当期 c^d 与 l^s 的最优值代入方程式(3.5)，就得到在工作居民户的当期理论储蓄需求的如下表达式：

$$\frac{a^d}{P}=\frac{a^d}{P}(\underset{(-)}{\Omega_0},\underset{(+)}{\frac{W}{P}},\underset{(?)}{r},\underset{(+)}{\pi+\frac{i}{P}-\tau-\gamma v}) \tag{3.16}$$

Ω_0 的增加会增加当期的 c^d 并减少当期的 l^s ，所以在给定 W/P ，r 和 $\pi+i/P-\tau-\gamma v$ 条件下，会降低储蓄。W/P 的增加会提高退休后已计划的消费，所以在给定 Ω_0，r 和 $\pi+i/P-\tau-\gamma v$ 条件下，会增加储蓄。r 的增加对当期 c^d 和当期 l^s 的影响是模糊的，所以在给定 Ω_0，W/P 和 $\pi+i/P-\tau-\gamma v$ 条件下，对储蓄的影响也

① 如果 N 是有限的，则正的 Ω_0 值是这一结果的充分条件而非必要条件。如果 N 是无限的，且如果 $M(0)/P$ 等于 $(M/P)^{\circ}$ ，就有 $\delta\Omega_0/\delta r=-\Omega_0/r$ 的结论。N 的有限值意味着 $\delta\Omega_0/\delta r<-\Omega_0/r$ 。

是模糊的。如果决定当期 c^d 和当期 l^s 的 Ω_0，W/P 和 r 是给定的，那么 $\pi+i/P-\tau-\gamma v$ 的增加会增加当期的可支配收入从而增加储蓄。

已退休居民户和在工作居民户不同，因为对已退休居民户来说，l^s 为零，消费和闲暇之间不存在替代的可能性。因此，正如第一章那样，实际工资率对已退休居民户的最优行为没有什么影响。但是，Ω_0，r 和 $\pi+i/P-\tau-\gamma v$ 对已退休居民户的 c^d 与 a^d/P 影响方向，和其对在工作居民户的影响方向是相同的。因此，和第一章
一样，合并了在工作居民户和已退休居民户的总量 l^s，c^d 和 a^d/P 117
函数，有着和方程式(3.14－3.16)相同的函数形式，其中的 Ω_0 与 $\pi+i/P-\tau-\gamma v$ 被解释成总量。

i/P 变化对 Ω_0 的影响有一些有趣的地方。给定 r，i/P 的增加意味着政府债务 P_bB/P 实际值的增加。设想 i/P 的增加是由 τ 的等额增加提供资金(下一部分详细讨论政府预算约束)。保持除 τ 以外的其他变量不变，求(3.13)方程式关于 i/P 的微分，得：

$$\frac{\mathrm{d}\Omega_0}{\mathrm{d}(i/P)}\Big|_{d\tau=d(i/P)}=\frac{1}{r}-\int_0^N \mathrm{e}^{-rt}\,\mathrm{d}t=\frac{\mathrm{e}^{-rN}}{r}>0$$

i/P 的这种增加是由增加 τ 提供资金的，它增加了居民户一生的非工资财富。这一结果的取得是因为居民户会将增加的 i/P 无限地资本化，这种做法是明智的，因为金融资产市场会赋予其债券持有量这种资本化的价值。相反，居民户对增加的 τ 只能有限地资本化，时间不超过有限的生命计划周期 N 年。①由于 i/P 的增

① 这一结果是由我们的假设决定的，即假设税负不是由利润或利息收入决定，生命计划周期是有限的。换言之，如果税负和利润或利息收入是成比例的，或者生命计划周期延长至代表性居民户后代的一生，那么代表性居民户也会将增加的 τ 无限地资本化。在这种情况下，由增加 τ 提供资金的 i/P 的增加，对 Ω_0 的净影响将是零。参见巴罗 1974 年 11/12 月刊载于《政治经济学杂志》的“政府债券是净财富吗?”一文。

加增大了 Ω_0，从方程式(3.14－3.16)可推知，它也会增加当期的 c^d 并降低当期的 l^s 和 a^d/P。

考察了总量理论储蓄需求后，我们现在利用先前本章第二节第二条对货币需求的分析，来确定储蓄流量在货币余额积累和收益性资产积累之间的分配。方程式(3.12)说明了货币余额的理论流量需求是 r、γ 与 M/P 以及总储蓄流量绝对值的函数。方程式(3.16)的 a^d/P 函数对 $|a^d/P|$ 意味着什么呢？比如，在其他自变量不变情况下，考虑增加 Ω_0 的影响。增加 Ω_0 会导致 a^d/P 的代数
118 值减少，部分来自 a^d/P 为正的居民户，尤其是在工作居民户；部分来自 a^d/P 为负的居民户，尤其是已退休居民户。不过，在后一种情况下，a^d/P 的减少意味着 a^d/P 的负值越大，所以储蓄流量绝对值增加。因此，Ω_0 变化对 $|a^d/P|$ 影响的净结果是不明确的。为简化后续的分析，我们假定这些不明确的影响可以忽略不计。[①]

相反，在其他自变量不变情况下，增加 W/P 对 $|a^d/P|$ 的影响是明确的。W/P 的增加仅仅对在工作居民户是有意义的，而且因为在工作居民户一般有正的储蓄，a^d/P 增加的结果会结转到 $|a^d/P|$ 上。把 $|a^d/P|$ 与 W/P 之间的正比例关系代入方程式(3.12)，我们得到：

$$\frac{m^d}{P}=\frac{m^d}{P}(\underset{(+)}{W/P},\underset{(-)}{r},\underset{(+)}{\gamma},\underset{(-)}{M/P}) \tag{3.17}$$

最后，正如方程式(3.6)说明的，对收益性资产 f^d/P 的实际理论流量需求是 a^d/P 与 m^d/P 之差额。因此，从方程式(3.16)减

---

① 在第一章基本模型中，如果 $a^d/P=0$，则 Ω 与 $\pi-\tau$ 对 $|a^d/P|$ 影响的净效应恰好是零。但是，正的收益率或 $a^d/P\neq 0$ 的引入使得这些效应变得不明确了。

去方程式(3.17)，我们得到：

$$\frac{f^d}{P}=\frac{f^d}{P}(\underset{(-)}{\Omega_0},\underset{(?)}{W/P},\underset{(+)}{r},\underset{(+)}{M/P},\underset{(+)}{\pi+i/P-\tau-\gamma\upsilon},\underset{(-)}{\gamma}) \qquad (3.18)$$

Ω_0，M/P，$\pi+i/P-\tau-\gamma\upsilon$ 与 γ 的影响方向显然易见。Ω_0 的增加会降低 f^d/P，因此会降低 f^d/P。M/P 的增加会降低 m^d/P，因此会提高 f^d/P。$\pi+i/P-\tau-\gamma\upsilon$ 的增加会提高 m^d/P，因此会提高 f^d/P。γ 的增加会提高 m^d/P，因此会降低 f^d/P。相反，W/P 的增加会提高 a^d/P 和 m^d/P，所以其净效果不明确。最后，r 的增加降低了 m^d/P，我们假定这种影响超过 r 增加对 a^d/P 的模糊影响，于是 r 的增加提高了 f^d/P。

数学注释

$c^d(t)$ 与 $l^s(t)$ 最优值的内解满足下述条件式：

$$\frac{\delta u}{\delta c^d(t)}=\frac{\lambda(t)}{1+r/2\upsilon^{\circ}(t)}\text{，当 } 0\leq t\leq N' \text{ 时，}$$

$$\frac{\delta u}{\delta c^d(t)}=\frac{\lambda(t)}{1-r/2\upsilon^{\circ}(t)}\text{，当 } N'<t\leq N \text{ 时，}$$

$$\frac{\delta u}{\delta c^d(t)}=\frac{-\lambda(t)}{1-r/2\upsilon^{\circ}(t)}\cdot\frac{W}{P}\text{，当 } 0\leq t\leq N' \text{ 时，}$$

$l^s(t)=0$，当 $N'<t\leq N$ 时，

$$\frac{\mathrm{d}\lambda}{\mathrm{d}t}=\frac{-\lambda(t)}{1+r/2\upsilon^{\circ}(t)}\cdot r\text{，当 } 0\leq t\leq N' \text{ 时，和}$$

$$\frac{\mathrm{d}\lambda}{\mathrm{d}t}=\frac{-\lambda(t)}{1-r/2\upsilon^{\circ}(t)}\cdot r\text{，当 } N'<t\leq N \text{ 时。}$$

假定当 $0\leq t\leq N'$ 时，$a^d(t)\geq 0$；当 $N'<t\leq N$ 时，$a^d(t)\leq 0$。常数 $\lambda(0)$ 的确定要满足方程式(3.13)。$d\lambda/dt$ 的表达式意味

$\lambda(t) \approx \lambda(0)e^{-rt}$ 。因此，作为一次近似值，λ 用以测量收入的边际效用，正的 r 值导致 λ 随时间推移递减，并导致一生的计划倾向于早年相对多地工作，晚年相对多地消费。

四、政府的行为

和第一、二章相同，这里的政府需求商品，征缴税款(减去转移支付)，并提供货币余额。在本章，政府行为的新元素是政府现在发行付息债务债券。政府的预算约束现在是：

$$g^d + i/P = \tau + \frac{P_b}{P}b^s + \frac{m^s}{P} \tag{3.19}$$

政府对商品的需求值加上利息支付款总额，应该等于税收款加上债券与货币流量供给值的总额。现期的实际利息支付金额 i/P 由未清偿债券 B 现有的存量、这些债券发行时附带的息票和现期的价格水平 P 决定。因此，i/P 与政府的现期政策是无关的。政府现在确实有四个政策控制变量 g^d，τ，m^s/P 和 $P_b b^s/P$，预算约束意味着可以独立选择其中的三个变量。

由于政府现在能够脱离商品市场独自参与金融资产市场，政
120 府能够执行公开市场业务，并说明对当期产出的支出和买卖收益性资产所得收入之间差额的原因。因此，我们现在能够区分什么是通常所谓的货币政策，什么是通常所谓的财政政策。公开市场业务形式的积极货币政策，本身涉及 m^s/P 和 $P_b b^s/P$ 的非零的抵消值，暗含 τ 和 $g^d + i/P$ 是相等的。如果 m^s 是正的，货币政策被解释为扩张性的，否则是紧缩性的。积极的财政政策本身需要 $g^d + i/P$ 和 τ 的差额等于 $P_b b^s/P$ 的值，暗含 m^s/P 是零。积极的财

政政策或者由 τ 的变动(税收政策)发起,或者由 g^d (支出政策)的变动发起,或者由两者同时变动发起。如果 g^d+i/P 超过 τ ,出现当期财政赤字,财政政策被解释为扩张性的,否则就是紧缩性的。当然,任何时候,政府都可以追求一种积极货币政策和积极财政政策的组合,两种政策都是扩张性的或者两者都是紧缩性的,或者一个是扩张的,另一个是紧缩的。

第三节　市场出清条件下的投资和收益率

本节考察居民户、厂商和政府行为所必然包含的市场出清条件的性质,分析某些外生干扰对这些市场出清条件的影响。

一、市场出清条件

在当前的分析背景,交换发生在三个市场—劳动市场、商品市场与金融资产市场。因此,厂商、居民户与政府行为的协调一致现在需要三个独立的市场出清条件:

在劳动市场:

$$l^d\left(\underset{(-)}{\frac{W}{P}}\right)=l^s\left(\underset{(-)}{\Omega_0},\underset{(+)}{\frac{W}{P}},\underset{(?)}{r}\right)=l\ , \tag{3.20}$$

在商品市场:

$$k^d\left(\underset{(-)}{r},\underset{(-)}{K}\right)+c^d\left(\underset{(-)}{\Omega_0},\underset{(+)}{\frac{W}{P}},\underset{(?)}{r}\right)+\gamma v+g^d=y^s\left(\underset{(-)}{\frac{W}{P}},\underset{(+)}{g},\underset{(+)}{K}\right)=y\ , \tag{3.21}$$

以及在金融资产市场:

$$\frac{f^d}{P}\Big(\underset{(-)}{\Omega_0},\underset{(?)}{\frac{W}{P}},\underset{(+)}{r},\underset{(+)}{\frac{M}{P}},\underset{(+)}{\pi+i/P-\tau-\gamma v},\underset{(-)}{\gamma}\Big)=k^d\ (\underset{(-)}{r},\underset{(-)}{K})+\frac{P_b}{P}b^s=\frac{f}{P} \tag{3.22}$$

为简化后文符号标记，我们以 y^d 符号记总量理论商品需求，亦即 $y^d\equiv k^d+c^d+\gamma v+g^d$；以 f^s/P 符号记总量理论收益性资产供给，亦即，$f^s/P\equiv k^d+P_bb^s/P$。

通常情况下，这些市场出清条件下出现的各种变量分为三组。第一组是 g^d、τ 与 P_bb^s/P，代表政府行为，按照假设是外生决定的变量。第二组是预先决定的存量 K、E、M 与 B 和名义利息支付额 i，是厂商、居民户与政府过去行为的历史结果。[①]我们也将金融交易的支出 γv 当作预先确定的，因为 γ 是外生的，v 只是逐渐地对 v^o 的变化做出调整。第三组是三种交换率——由实际工资率、价格水平和收益率表示——就业水平、产出水平与金融资产积累水平是内生的。给定了各种外生的预定变量的值，这些内生变量就有唯一的值满足市场出清条件。如同第一章，我们记这些唯一值为一般市场出清的值，并以星号标记。[②]

为便于分析市场出清条件的各种结果，把这些条件改写成 W/P，P 与 r 三种交换率表示的形式是有帮助的。用交换率代替

① 下面的讨论考察货币政策和财政政策如何在不同的时间改变 M 和 B。讨论也考察了当 $k\neq 0$ 时，K 和 E 变化在不同时间发生的影响。

② 注意模型只包含六个独立的内生变量，其余的变量以这六个变量界定。具体地说，在各种外生的预定变量的值给定条件下，三个市场出清必然包含 $(W/P)^*$、P^*、r^*、l^*、y^* 与 f^*，任何其他变量市场出清值的计算—比如 π^*、Ω_0^*、k^*、c^*、P_e^* 等—是通过适当定义即可完成的工作。

方程式(3.13)的 Ω_0 和关系式 $\pi = y^s - (W/P)l^d$ 中的 π 。[①②]替换 122
后，舍去外生的预定变量，我们得到：

$$l^d \underset{(-)}{\left(\frac{W}{P}\right)} = l^s \left(\underset{(+)}{\frac{W}{P}}, \underset{(+)}{P}, \underset{(+)}{r}\right) = l \tag{3.23}$$

$$y^d \left(\underset{(+)}{\frac{W}{P}}, \underset{(-)}{P}, \underset{(-)}{r}\right) = y^s \underset{(-)}{\left(\frac{W}{P}\right)} = y \tag{3.24}$$

$$\frac{f^d}{P} \left(\underset{(?)}{\frac{W}{P}}, \underset{(-)}{P}, \underset{(+)}{r}\right) = \frac{f^s}{P} \underset{(-)}{(r)} = \frac{f}{P} \tag{3.25}$$

方程式(3.23—3.25)的函数形式需要一些解释。在 P 与 r 给定条件下，W/P 的变化对 l^s 、c^d 与 f^d/P 的影响方向必然涉及方程式(3.20—3.23)说明的直接影响，也涉及通过 Ω_0 和 π 与 W/P 的反比关系而发生的间接影响。考虑到这些间接影响，给定 P 与 r ，W/P 的增加涉及负的净财富效应[③]。因此，给定 P 与 r ，W/P 的增加(1)显然会提高 l^s ，因为净的财富效应会强化替代效应，

① 在第一章，由于 M/P 与 π 只是通过 Ω 计入有关的市场出清条件，所以用 Ω^* 与 $(W/P)^*$ 分析市场出清条件并推导 P^* 是比较简单的。在当前的分析背景，类似的分析过程不会如此简单。首先，在方程式(3.23)中 Ω_0 与 M/P 是独立分离的自变量。发生这种分离原因是，居民户现在不仅要选择在消费和储蓄之间分割可支配收入，还必须选择在货币余额积累和收益性资产积累之间分割储蓄。其次，Ω_0 不仅包含 P 与 π ，还有 r ，因此要将 Ω_0 归类成其组成部分就要比 Ω 复杂得多。

② 这样说明 π 是适当的，因为假设市场出清条件已经得到满足。市场出清条件意味着 $y^s = y^*$ 且 $l^d = l^*$ 。

③ 在 P 与 r 给定条件下，从方程式(3.13)知，W/P 变化的净财富效应是

$$\int_0^N l^s(t)\mathrm{e}^{-rt}\mathrm{d}t + \frac{1}{r}\frac{\mathrm{d}\pi}{\mathrm{d}(W/P)} - \left(r\frac{\delta\ (M/P)^\circ}{\delta\,|\,a^d/P\,|} + \gamma\frac{\delta v^\circ}{\delta\,|\,a^d/P\,|}\right)\frac{\delta\,|\,a^d/P\,|}{\delta(W/P)}\int_0^N \mathrm{e}^{-rt}\mathrm{d}t,$$

式中 $\dfrac{\mathrm{d}\pi}{\mathrm{d}(W/P)} = \dfrac{\delta y^s}{\delta(W/P)} - \dfrac{W}{P}\dfrac{\delta l^d}{\delta(W/P)} - l^d = -l^d$ 。

给定 $l^d(0) = l^s(0)$ ，$l^s(t)$ 只贴现至 N' 时，其趋势是随时间推移下降，前两项和是负的，第三项也是负的。

(2)如果替代效应超过净的财富效应，提高 c^d 与 y^d ，但(3)对 f^d/P 的影响仍然是模糊的。

给定 P 与 r ，在 Ω_0 包括 M/P 与 i/P 基础上，P 变化对 l^s 与 c^d 的影响方向，从而对 y^d 的影响方向仅仅涉及 Ω_0 与 P 的反比关
123 系。但对 f^d/P 的影响方向除涉及 Ω_0 的间接影响外，还涉及方程式(3.22)显示的 M/P 的直接影响。①回忆公式 $f^d/P = a^d/P - m^d/P$ ，P 的增加会减少 Ω_0，因此根据方程式(3.16)会增加 a^d/P ；但 P 的增加也会减少 M/P ，因此根据方程式(3.12)与(3.17)，也会增加 m^d/P 。我们假定方程式(3.12)的 λ_m 系数足够大，使得后一种影响成为主要的。在给定 W/P 与 r 的条件下，这种向最优货币余额合意的迅速调整意味着即使 a^d/P 有所上升，P 增加的结果是导致 f^d/P 下降。②

最后，在 W/P 与 P 给定条件下，对方程式(3.20—3.23)显示的既定 Ω_0 来说，r 变化对 l^d 、c^d 与 f^d/P 的影响方向涉及替代效应与财富效应，而增加的财富效应涉及 Ω_0 和 r 之间的反比例关系。上文本章第二节第三部分的讨论已说明这两种财富效应是如何抵消的。在此我们假定明确的替代效应对这两种财富效应不明确的净结果占支配地位。因此，给定 W/P 与 P ，r 的增加会降低

---

① P 的增加也会减少 i/P 。在函数 f^d/P 中，i/P 只是 $\pi + i/P - \tau - \gamma\upsilon$ 独立项的一部分。但是，我们假定政府会变动 τ 以保持 $i/P - \tau$ 为常量，从而保持 $\pi + i/P - \tau - \gamma\upsilon$ 项不变。

② 设想 λ_m 极端大。那么 $(M/P)^\circ > M/P$ 意味着 $m^d/P \gg 0$ ，$f^d/P \ll 0$，且 $f^d/P \ll f^s/P$ 。相反，$(M/P)^\circ < M/P$ 意味着 $m^d/P \ll 0$，且 $f^d/P \gg f^s/P$ 。因此，如果 λ_m 极端大，货币余额的合意调整将会支配收益性资产的理论需求，市场出清条件会要求 $M/P \approx (M/P)^\circ$ 。

c^d 并增加 l^s 与 a^d 。由于 r 的增加也会减少 k^d ，这种增加肯定会减少 y^d 。此外，由于 r 的增加也会减少 m^d/P ，在 W/P 与 P 给定条件下，这种增加无疑会增加 f^d/P 。

如同第一章，一般市场出清条件的详细说明不要求对货币余额理论流量需求和理论流量供给的恒等做出陈述。瓦尔拉斯市场法则再次适用，通过加总临时性居民户预算约束，我们就可以证实这一结果。

$$c^d+\gamma v+\frac{f^d}{P}+\frac{m^d}{P}+\tau=\frac{W}{P}l^s+\pi+\frac{i}{P}$$

厂商的融资约束：

$$k^d=\frac{P_e}{P}e^s\ ,$$

政府的预算约束：

$$\tau=g^d+\frac{i}{P}-\frac{P_b}{P}b^s-\frac{m^s}{P}$$

以及利润的界定：

$$\pi=y^s-\frac{W}{P}l^d$$

得到整个经济体的预算约束：

$$(y^d-y^s)+\frac{W}{P}(l^d-l^s)+\frac{1}{P}(f^d-f^s)+\frac{1}{P}(m^d-m^s)=0 \tag{3.26}$$

方程式(3.26)意味着满足方程式(3.23－3.25)的组合 $(W/P)^*$ 、P^* 与 r^* 也满足：

$$\frac{m^d}{P}\left(\underset{(+)}{\frac{W}{P}},\underset{(+)}{P},\underset{(-)}{r}\right)=\frac{m^s}{P}=\frac{m}{P} \tag{3.27}$$

二、市场出清条件下的比较静态分析

像第一章一样，这里的比较静态分析研究的是外生干扰对满足市场出清条件的内生变量值的影响。外生干扰通常可能的形式包括预定变量的变化、当期生产函数的变化、居民户偏好的变化或政府行为的变化。当前的讨论明确细致地分析政府行为变化和资本存量增长的影响。

这种分析的一般形式和第一章第三节数学注释所描述的方法是一致的。调整部分是当前的分析背景对应三种独立的市场出清条件，要求三乘三维矩阵的转置。不过，为了对这一模型的作用机制有更透彻的理解，我们将再次发现以图形方式讨论比较静态分析是有效的。不幸的是，这里对市场出清条件含义的图形分析牵涉的复杂性超过第一章，因为需要用三个维度在一张图上描述各种市场出清条件的相互作用。

为避免这种困难，我们暂时假定理论劳动供给 l^s 不是由(3.15，3.20，3.23)方程式的 l^s 函数决定，而是等于常量 l 。由于 l^d 只由
125 W/P 决定，这一假设意味着符合一般市场出清条件的 W/P 的值 $(W/P)^*$ ，直接可以从劳动市场出清条件 $l^d(W/P)=l$ 得到。给定 $(W/P)^*$ ，我们现在能够分析商品市场和金融资产市场出清条件的相互作用，确定 P^* 、r^* 和其他自变量的值。这种简化分析的方法似乎是合理的，原因在于我们在本章想集中考察的新内容涉及投资、金融资产市场和收益率的作用。第一章已经较详细地考察过劳动和商品市场的相互作用。

对给定的 W/P 值，图 3.1 描述了由方程式(3.24—3.25)说明

的商品市场和金融资产市场出清条件的相互作用。标有 $y^d = y^s$
的轨迹描述了符合商品市场出清条件的 r 与 P 值的不同组合。要
确定这一轨迹的斜率，考虑下述思想实验：设想商品市场出清条件
最初是满足的，但在 W/P 不变的条件下，P 然后上升，结果是 c^d
以及 y^d 下降，y^s 大于 y^d。重新确立商品市场出清条件需要 r 有
怎样的变化呢？显然，r 必须下降以使 k^d 和 c^d 上升，从而使 y^d 上 126
升。商品市场出清轨迹因此是右下方倾斜的。紧邻这一轨迹的
（$>$，$<$）符号显示，P 与 r 在下方和左边的各种组合意味着对商品
的超额需求；而上方和右边的各种组合则意味着商品的超额供给。

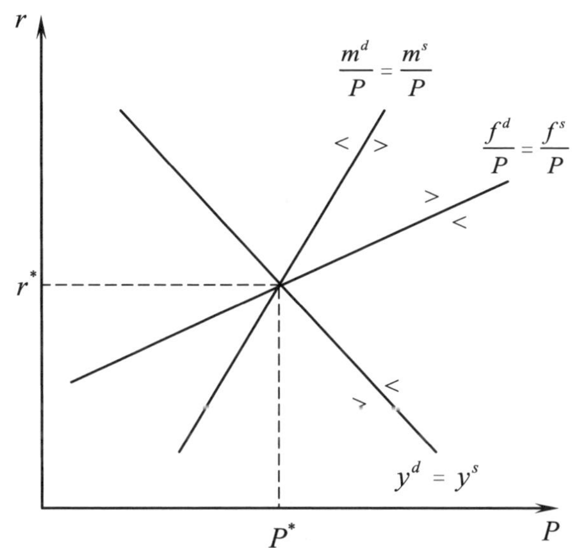

图 3.1 商品和金融资产市场的市场出清轨迹

同样，标有 f^d/P、f^s/P 的轨迹描述了符合金融资产市场出清条件的 r 与 P 值的不同组合。要确定这一轨迹的斜率，考虑一个类似的思想实验：设想金融资产市场最初是满足的，但然后 P

上升了。结果是 f^d/P 下降，f^s/P 大于 f^d/P 。重新确立金融资产市场出清条件需要 r 有怎样的变化呢？显然，r 必须上升，以使 f^d/P 上升并使 f^s/P 下降。因此，金融资产市场出清轨迹是向右上方倾斜的。这里的（>，<）符号显示这一轨迹将整个区域分成轨迹上方与左边的超额需求区间，和轨迹下方与右边的超额供给区间。在给定 $l^d=l^s=l$ 以及隐含的 $(W/P)^*$ 值的条件下，这两条市场出清轨迹在 r^* 与 P^* 的交点标示出唯一符合一般市场出清条件的收益率和价格水平的组合。

为方便比较静态分析，图 3.1 也包括标有 $m^d/P=m^s/P$ 的轨迹。这条轨迹描述的是符合货币余额的理论流量需求和理论流量供给之间相等的 r 和 P 值的不同组合。这一轨迹向右上方倾斜，因为 r 的增加要求 P 的增加，以维持 m^d/P 不变。整个经济的预算约束方程式（3.26）也意味着，在非（P^*，r^*）组合的各点，$m^d/P=m^s/P$ 的轨迹或者必然处在商品市场理论超额供给和金融资产市场理论超额需求的区间，或者处在商品市场理论超额需求和金融资产市场理论超额供给的区间。换言之，在劳动市场是出清的条件下，如果 m^d/P 等于 m^s/P ，则商品市场和金融资产市场的理论需求与理论供给之间的差额必然正好抵消。因此，$m^d/P=m^s/P$ 轨迹必然比 $f^d/P=f^s/P$ 轨迹更陡峭。①

① 这些轨迹相对位置的分析证明如下。从方程式（3.25）可知，$f^d/P=f^s/P$ 轨迹的斜率是由式子 $-\frac{\mathrm{d}(f^d/P)}{\mathrm{d}P}\Big/\left[\frac{\delta(f^d/P)}{\delta r}-\frac{\delta(f^s/P)}{\delta r}\right]$ 给出，该式有正的分子与分母。从方程式（3.27）知，$m^d/P=m^s/P$ 轨迹的斜率是由式于 $\frac{\delta(m^d/P)}{\delta P}\Big/-\frac{\delta(m^d/P)}{\delta r}$ 给

三、财政政策的影响

127

作为比较静态分析的第一个例子，考虑一个向扩张性的财政政策的转变，涉及减少税收 τ，和以增发债券 $P_b b^s/P$ 的方式提供财政资金。和第一章对政府政策的比较静态分析一样，我们首先分析由 τ 和 b^s 流量变化发生的初始影响，然后我们分析存量随时间推移累积变化发生的影响，在本例是债券存量 B。

为分析这些初始影响，首先考察方程式(3.21)所描述的 $y^d = y^s$ 的轨迹。减少 τ 会增加 Ω_0，因此会提高 y^d，使轨迹右移。其次考察 $m^d/P = m^s/P$ 轨迹。就像方程式(3.17)说明的，无论是 τ 的减少还是 $P_b b^s/P$ 的增加都不会影响 m^d/P 或者 m^s/P，所以这一轨迹不会发生移动。最后，考察方程式(3.22)所描述的 $f^d/P = f^s/P$ 轨迹。减少 τ 会同时增加 Ω_0 和 $\pi + i/P - \tau - \gamma v$，所以对 f^d/P 的影响是互相抵消的。$P_b b^s/P$ 的增加会增加 f^s/P。但是，由于减少 τ 会增加 c^d 而不影响 m^d/P，所以 f^d/P 的增加量不可能和 τ 的减少量一样多。因此，净的结果是 $f^d/P = f^s/P$ 轨迹必然向左上方移动，并穿过 $y^d = y^s$ 和 $m^d/P = m^s/P$ 轨迹的新

出，该式也有正的分子与分母。省去 l^d 与 l^s，求方程式(3.26)的微分，得 $\frac{\delta y^d}{\delta r} + \frac{\delta(f^d/P)}{\delta r} - \frac{\delta(f^s/P)}{\delta r} + \frac{\delta(m^d/P)}{\delta r} = 0$ 和 $\frac{\delta y^d}{\delta P} + \frac{\delta(f^d/P)}{\delta P} + \frac{\delta(m^d/P)}{\delta P} = 0$。因此，方程式(3.26)意味着 $\frac{\delta(f^d/P)}{\delta r} - \frac{\delta(f^s/P)}{\delta r} > -\frac{\delta(m^d/P)}{\delta r}$ 且 $-\frac{\delta(f^d/P)}{\delta P} < \frac{\delta(m^d/P)}{\delta P}$，证明了两个正斜率的相对大小。也要注意，从方程式(3.24)看，$y^d = y^s$ 轨迹的斜率是由 $-(\delta y^d/\delta P)/(\delta y^d/\delta r)$ 给出，该式有正的分子与负的分母。

128 交点。[1]

图 3.2 描绘了扩张性的财政政策的初始影响。虚线是示新的市场出清轨迹。新的一般市场出清情况必然包含更高值的价格水平和收益率。对这一结果的简单理论解释如下。$P_b b^s/P$ 的增加意味 r 应该上升，才能使金融资产市场出清。反过来，更高的 r 意味着 P 必须上升才能降低 M/P 并保持 m^d/P 等于不变的 m^s/P 值。更高水平的 P 和 r 抵消了 τ 减少的影响并使商品市场出清。至于产出的构成，r 的上升会抑制投资需求，所以总的来说是消费上升投资下降。总产出本身不会变化，因为我们的有效假设是劳动供给为常量。[2]

① 和第一章相同，减少 τ 会增加 Ω_0 的影响包含这样的假设，代表性的居民户认为这种减少是永久的。相反，如果代表性居民户认为 τ 的纯粹是暂时的，那么 Ω_0 一开始就不会变化，增加的 f^d/P 会吸收 τ 的整个减少量和 $P_b b^s/P$ 的增加量。在这种情况下，市场出清条件一开始就不会受到干扰，扩张性的财政政策对经济的影响只有通过 B 随时间的累积性变化实现，这是下文要讨论的问题。在假设代表性的居民户预期 τ 会正好永久保留在当期业已减少的水平时，我们是在假设代表性居民户不会考虑当期增加的借贷对政府预算约束未来的影响。具体说，代表性居民户忽略了这样的事实，当期 $P_b b^s/P$ 的增加意味着 B/P 和 i/P 在未来有更高的水平，亦即在给定 g^d 、m^s/P 和 $P_b b^s/P$ 的条件下，i/P 在未来有更高的水平意味着 τ 在未来也有更高的水平。如果代表性居民户充分考虑了未来税收的可能影响，扩张性财政政策就会影响 Ω_0，从而影响总需求，仅仅是因为超过生命计划周期 N 的未来税收不会资本化成 Ω_0。如果代表性居民户还有遗赠动机，则对税收来说，实际生命计划周期就是无限的，财政政策对 Ω_0 的全部影响就是零。在这种情形下，在 g^d 不变的情况下，扩张性财政政策对总需求不会有任何影响，从而对 r^* 与 P^* 也不会有任何影响。对这一问题更多的讨论，参见巴罗 1974 年 11/12 月刊载于《政治经济学杂志》的“政府债券是净财富吗?”一文。

② 如上所说，允许 l^s 按照(3.20)方程式的函数变化会使得分析更为复杂。τ 的最初减少以及由此引起的 P 和 r 的增加都会影响 l^s 。因为这些变化的净结果是增加了 c^d ，而且因为闲暇和消费的相对价格 W/P 一直被认为是不变的，因此有理由认为人们想要的闲暇总的来说也会增加。果真如此，l^s 的总的说来会减少。因此，在更完整的分析中，为维持劳动市场的出清，l 与 y 会下降且 W/P 会上升。

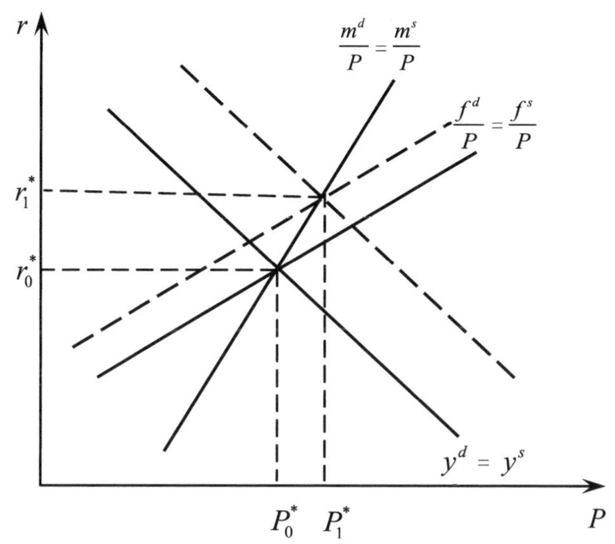

图 3.2 一般市场出清条件下扩张性财政政策的初始影响

上述对扩张性财政政策的分析只是探讨了它的初始影响。随 129
着时间的推移,两个更深入的考虑变得重要起来。首先,如果 b^s 最初是零,则向扩张性财政政策的转变会使得 b^s 变成正的,从而引起 B 与 i 随时间推移增加。

正如本章第二节第三条指出的,即便是由增加的 τ 提供资金,i 的增加也会增加 Ω_0,因为应纳税额的资本化到 N 时就结束了。在这样背景下,正如方程(3.21)所描述的,随时间增加的 i 会不断地使 $y^d=y^s$ 轨迹进一步向右移,并如方程式(3.22)所描述的,不断地使 $f^d/P=f^s/P$ 轨迹向左移。因此,只要扩张性的财政政策在起作用,r^* 与 P^* 在最初的上升后,通常是进一步地稳定上升。而且,r^* 的这些后续上升将使得产出构成进一步向更多的消费和更少的投资变化。[①]

130 其次，r^* 的最初与后续上升会促使居民户增加金融资产市场交易的次数，亦即 υ^o 增加。最初，实际交易次数是预先决定的，但随着时间的推移，随着居民户会将 υ 向更高水平 υ^o 的调整，他们对金融服务 $\gamma\upsilon$ 的需求也会增加。随着时间的推移，$\gamma\upsilon$ 的这种增加会通过 $\pi+i/P-\tau-\gamma\upsilon$ 项直接增加 y^d 并引起 f^d/P 的等量减少。[②] 因此，$y^d=y^s$ 轨迹会继续进一步右移，$f^d/P=f^s/P$ 轨迹会继续进一步左移。这些移动会进一步强化 r^* 与 P^* 持续上升的趋势。而且，由 $\gamma\upsilon$ 的增加所引起的 r^* 与 P^* 的上升必然导致 c^* 的减少以及 k^* 的进一步减少。通过提高 r^*，扩张性的财政政策诱导居民户从事大量的有成本的交易，以减少货币持有量。因此，更大量的当期产出是由金融服务构成的，能用于消费与投资的量变小了。

最后，设想经过一段有限的时间后，扩张性的财政政策结束。具体说，$P_b b^s/P$ 恢复到最初的水平，τ 增加至和 $P_b b^s/P$ 与 g^d 最初水平一致的水平，并和 i/P 现有水平一致。这种反转意味着 P^* 与 r^* 的即刻下降。除了 B、i 与 υ 积累的增加量外，[③]它也会

---

① 流量 k 的这种减少意味着资本存量 K 在未来更少。下文本章第三节第五条考察 K 变得相对较小的后果。增加 $P_b b^s/P$ 的影响是会减少 k，在这一个过程中发生的公共债务也许被认为是强加给未来几代人的连带负担。对这一问题更多的探讨，参见弗格森(Ferguson, J. M.)1964 年出版的《公债与后代》一书，托宾(Tobin, J.)1965 年 12 月刊载于《金融杂志》的“公债的负担：一篇回顾文献”一文，和巴罗 1974 年 11/12 月刊载于《政治经济学杂志》的“政府债券是净财富吗?”一文。

② 居民户只需减少 f^d/P 就能用以支付增加的 $\gamma\upsilon$。我们已假设居民户是在 υ^o 而非 υ 的基础上计算 Ω_0，并选择 c^d 与 m^d/P 的。

③ 我们再次暂时忽略 K 的累积性变化。

使所有的外生变量和预先确定的变量恢复至它们初始的水平。由于 B 与 i 累积的变化量，P^* 与 r^* 会永久地保持在初始水平之上，k^* 会保持在初始值之下。[①]图 3.3 描绘了本例中 $P_b b^s/P$ 、P^* 和 r^* 的时间路径。

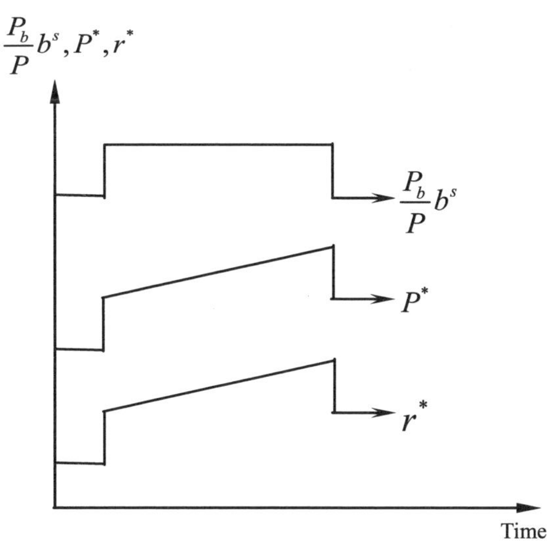

图 3.3 $\frac{P_b}{P}b^s, P^*, r^*$ 的时间路径

四、货币政策的影响

作为比较静态分析的第二个例子，考虑向扩张性的货币政策的转变，涉及增加 m^s/P 并相应地减少 $P_b b^s/P$ 。同样，我们首先 131
分析由流量 m^s 与 b^s 变化引起的初始影响，然后分析存量随时间推

① 我们可能会注意到，很多传统的宏观经济分析只研究比较最后的情况和初始的情况。比如，参见帕廷金(Patinkin, D.)1965 年出版的《货币、利息与价格》第 2 版。

移的累积变化的影响，在本例是 M 与 B 。

先考察初始影响，$P_b b^s/P$ 的下降会减少 f^d/P 并使 $f^d/P=f^s/P$ 轨迹右移。m^s/P 的增加也会使 $m^d/P=m^s/P$ 轨迹右移。$y^d=y^s$ 轨迹不会移动。[①]图 3.4 描述了扩张性货币政策的初始影响。虚线表示新的市场出清轨迹。新的一般市场出清情况必然包含更高的价格水平和更低的收益率。

132 对这种结果的一个简单理论解释是，$P_b b^s/P$ 的减少表示 r 应该下降以使金融资产市场出清。反过来，较低的 r 意味着 P 必须上升以使商品市场出清，较高的 P 也有助于金融资产市场的出清。如果考虑产出的构成，r 的下降意味着在减少消费的情况下会增加投资。r 的下降和 P 的上升也会诱导居民户增加 m^d/P ，使其等于新的更高水平的 m^s/P 。比较扩张性财政政策效应和扩张性货币政策效应是有趣的。在两种情况下，P^* 都上升。但是，扩张性财政政策提高 r^* 而扩张性货币政策却降低 r^* 。

同样，上述对扩张性货币政策的分析只是探讨了它的初始影响。随着时间的推移，和在分析财政政策时讨论的问题类似，两个更深入的考虑变得重要起来。首先，更长时期的影响涉及资产存量的变化。如果 m^s 与 b^s 最初都是零，则向扩张性货币政策的转变将使得 m^s 为正 b^s 为负，从而引起 M 随时间推移增加，而 B 与 i 随时间推移下降。M 的增加会增加 Ω_0，而有 τ 的下降伴随的 i/P 的
133 下降，只是部分抵消了 Ω_0 的这种上升。因此，$y^d=y^s$ 轨迹会不断

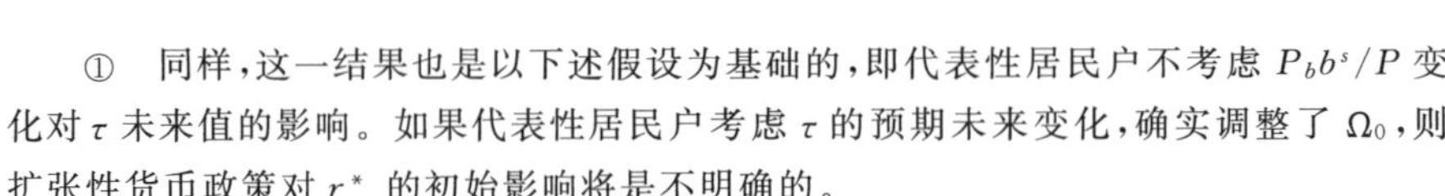

① 同样，这一结果也是以下述假设为基础的，即代表性居民户不考虑 $P_b b^s/P$ 变化对 τ 未来值的影响。如果代表性居民户考虑 τ 的预期未来变化，确实调整了 Ω_0，则扩张性货币政策对 r^* 的初始影响将是不明确的。

地右移。M 的增加也会抑制 m^d/P 从而也使得 $m^d/P=m^s/P$ 轨迹右移。增加的 Ω_0 和增加的 M 对 f^d/P 的影响是相互抵消的。但是，正如方程式(3.25)所规定的，f^d/P 函数假定 λ_m 足够的大，使得 M 的变化成为支配性的。因此，f^d/P 会增加，$f^d/P=f^s/P$ 轨迹也会右移。

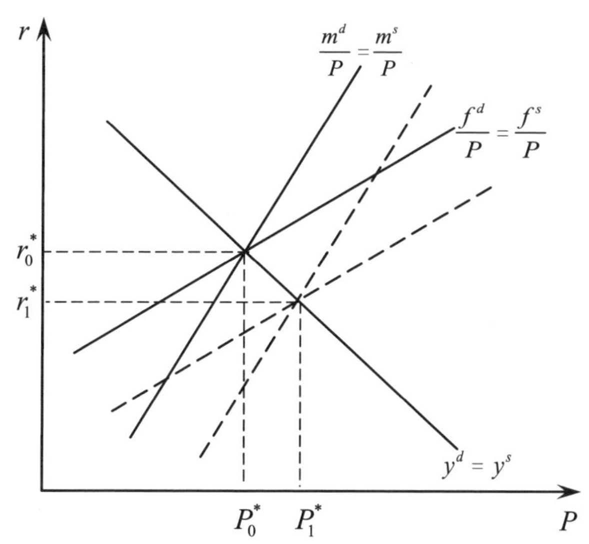

图 3.4　一般市场出清条件下扩张性货币政策的初始影响

由于三条轨迹都继续右移，很显然只要扩张性货币政策还在起作用，P^* 在最初的上升后还会进一步持续上升。不过，这种几何学分析没有直接揭示对 r^* 的影响。设想 P^* 的进一步上升和 M 的增加是等比例的，但 r^* 并没有进一步的变化。这些移动满足 $m^d/P=m^s/P$ 条件。不过，虽然 M/P 不会变化，但 i 的减少与 P 的增加会降低 i/P 。当税收被用作资本只能到 N 年时，即使有 τ 的下降伴随，i/P 的下降也会减少 Ω_0。因此，为防止 y^d 下降，满

足 $y^d = y^s$ 条件，r^* 一定会持续下降。而且，r^* 的下降意味着要在实际上满足 $m^d/P = m^s/P$ 条件，P^* 的增加比例一定小于 M 增加的比例。

第二个长时期的影响涉及由 r^* 的初始及后续下降所导致的 υ^o 的减少，这种影响恰好和扩张性的财政政策会导致 υ^o 的增加相反。随着时间的推移，υ^o 的减少会引起 υ 的减少。这种 υ 的减少趋向强化 r^* 的持续增加，趋向放慢 P^* 的持续增加，并容许 c^* 与 k^* 的增加。同样，在此应该强调的是我们的假设，即居民户未预期价格水平会持续上升。正如第四章解释的，这一假设对扩张性的货币政策会导致交易次数的下降与实际货币持有量的增加这一结论是必要的。

最后，设想经过一段有限的时期后，扩张性的货币政策结束。具体说，m^s/P 与 $P_b b^s/P$ 都回复到它们的初始水平。这种回复意味着 P^* 会立刻下降，r^* 会立刻上升。除了 M 积累的增加量和 B、i 与 υ 积累的减少量外，这种回复也会使所有的外生变量和预先确定的变量恢复其初始值。由于 M、B 与 i 的累积性变化，r^* 会永远保留在初始值之下而 P^* 会永远保留在初始值之上。但
134 是，P^* 永久性增加的比例将低于 M 累积性增加的比例。同样，k^* 也会保留在其初始值之上。图 3.5 描述了本例中 m/P、M/P^* 与 r^* 的时间路径。

在第一章基本模型中，M 的增加是中性的，它引起 P 与 W 等比例增加，但不会引起模型体系任何实际变量的变化。相反，正如我们刚才所看到的，在现在的分析背景中，M 的增加不是中性的。产生这一差别的根本原因是，现在的分析存在生息的政府债务，其

实际价值某种程度上是居民户非工资财富的组成部分。在上例中，M 的增加就不是中性的，因为 i 的相应减少和所导致的 P 的上升降低了 i/P 。此外，正如上例显示，这种非中性并不要求增加的 M 来源于公开市场业务。比如换个视角，如果增加的 M 相当于一段时期减少的 τ ，B 与 i 未发生净变化，那么由此导致的 P 135
的上升单独就能降低 i/P 。在这种情况下，M/P^* 会再次上升，r^* 会再次下降，尽管这些变化要小于在公开市场业务情况下的效果。

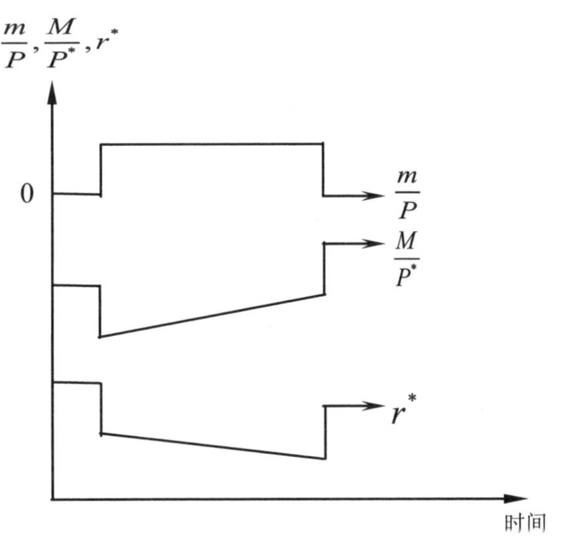

图 3.5　$\frac{m}{P},\frac{M}{P^*},r^*$ 的时间路径

现在的分析有两种修改方案，我们只需选择其中之一，就能重新确立货币存量中性的性质。如上所示，一种可能性是修改模型结构，使 Ω_0 不受 i/P 的影响；另一种可能性是约束货币政策和财政政策，让其保持 M 对 i 的固定比率，对 M 的任何增加都等比例地提高 i 。在这种情况下，P 的等比例增加会保持 M/P 和 i/P 两

者都是不变的。[①]

五、资本存量的增长

作为比较静态分析的最后一例，看一下资本存量 K 的增加。任何时候只要投资 k 是正的，资本存量大都会增加。由于我们已经假设 K 的变化不影响劳动的边际产量，因而也不影响劳动的需求；劳动的供给是不变的，K 的变化不影响 $(W/P)^*$ 。

首先考察方程式(3.21)描绘的 $y^d = y^s$ 轨迹。K 的增加直接引起 k^d 的减少与 y^s 的增加。而且，在 W/P 与 l^d 保持不变的条件下，利润 $\pi = y^s - (W/P)l^d$ 的增加量等于 y^s 。π 的上升增加 Ω_0 并引起 c^d 的增加。这里我们假设所导致的 c^d 增加量大致等于 π 的增加量，因而也大致等于 y^s 的增加量。所以，由于 k^d 已经减少，K 增加的净效果就是 y^s 增加得比 y^d 多，从而使得 $y^d = y^s$ 轨迹左移。

其次考察 $f^d/P = f^s/P$ 轨迹。k^d 的减少意味着 f^s/P 的相应减少。按照假设，π 的增加会导致 c^d 大致相同地增加，但不会影响 m^d/P 。因此，f^d/P 大致保持不变。所以，$f^d/P = f^s/P$ 轨迹向右移动。最后，正如方程式(3.17)说明的，由于无论 K 的变化还是 π 的变化都不影响 m^d/P 或者 m^s/P ，所以 $m^d/P = m^s/P$ 轨迹不会移动。

---

① 另外一种可能性是调整 i/B ，使价格 P 的变化能保持 i/PB 不变。在购买力可以这样调整时，如果 B 没有净变化，则 M 的增加将是中立的，但 M 源自公开市场业务的增加不是中立的。对货币中性更深入的讨论，参见梅茨勒(Metzler, L. A.)1951年刊载于《政治经济学杂志》的“财富、储蓄和利息率”一文，帕廷金(Patinkin, D.) 1965年出版的《货币、利息与价格》第2版，尤其是第288—302页，以及格罗斯曼1967年5月刊载于《经济学季刊》的“准备金基础、准备金规定和均衡利息率”一文。

图 3.6 描述了 K 增加的影响。虚线是新的市场出清轨迹。136
新的市场出清情况涉及更低值的价格水平和收益率。如上所述，若考虑到产出的构成，π 的增加会引起 c^d 的增加，其增加量和 y^s 的增加量一样多。由此导致的 P^* 与 r^* 降低都意味着 c^d 会进一步增加。所以，总的来说，k^d 与 k 一定下降。因此，任何时候只要 k 是正的，K 就在随时间的过去增加，而 K 增加的影响是一定会随时间的过去减少 k 。

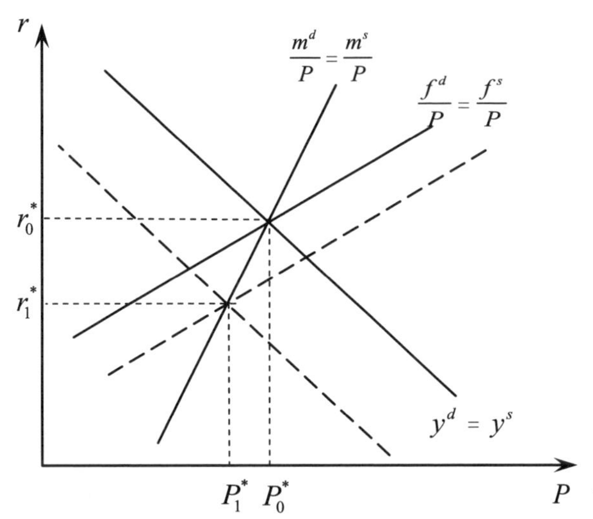

图 3.6 一般市场出清条件下资本存量的影响

对于给定的技术、居民户偏好、居民户年龄结构和政府政策，资本存量收敛于一个稳定状态值——一个对应于零投资的 K 值。①

① 关于向稳定状态资本存量收敛的水平和路径的决定问题，严密的分析参见如柏迈斯特与道贝尔(Burmeister, E. and A. R. Dobell)1970 年出版的《经济增长的数学理论》一书，和斯达因(Stein, J.)1971 年出版的《货币和生产能力的增长》一书。

读者也许想通过比较静态方法，分析模型基础参数变化对 K 的稳定状态值的影响。

137 第四节　劳动与商品超额供给下的投资和收益率

第二章第二节假设 W 与 P 的值使得劳动市场和商品市场都存在超额供给，本节再次让这一假设生效，开始分析这些条件下厂商与居民户的行为。在整个讨论过程，我们假设收益率的取值是符合金融资产市场实际出清要求的。然后我们分析产出、就业与收益率水平的决定。最后，我们分析政府行为的变化如何影响产出、就业与收益率。

一、商品超额供给下的厂商行为

代表性厂商在这里面临的问题，和它在本章第二节第一条面临的问题相同。不同的是除了是工资、价格和收益率的接受者外，代表性厂商现在在销售上还是数量的接受者。当期商品市场存在超额供给意味着，代表性企业不能售罄其当期的理论供给量 y^s ，它的实际当期销售量 y 将等于需求量，因而小于 y^s 。

由于资本存量调整必然发生置换成本，资本积累的最优模式不仅取决于需求决定性约束限制销售额的当前水平，也取决于厂商对这种约束限制销售额未来水平的预期。这里我们假设代表性厂商的预期方式和第二章的代表性居民户相同。具体说，代表性厂商预期在 $\widehat{N}$ 年前要受现期销售水平 y 的实际约束，在 $\widehat{N}$ 年后不再受此约束。

在这些条件下，每股实际利润最大化涉及下述两个慎重的计划：首先，从现在至 $\widehat{N}$ 年前厂商计划生产的产出量正好是 y 。[①]每天都在现有的资本存量给定条件下，用最可能少的劳动将生产计划付诸实施；其次，在给定的劳动雇佣策略下，厂商为资本积累选择一个最优的模式。

因此，对劳动的现期实际需求是： 138

$$l^{d'} = l^{d'}(\underset{(+)}{y}, \underset{(-)}{g}, \underset{(-)}{K}) \tag{3.28}$$

这样 $\Phi(l^{d'}, g, K) = y$ 。正如在第二章第二节的实际劳动需求函数中一样，W/P 不再以自变量形式出现，而是被 y 代替，y 表示对销售额的需求决定性约束水平。也要注意的是，虽然劳动理论需求函数成立的必要条件是 $\delta\Phi/\delta l = W/P$ ，但 $\delta\Phi/\delta l$ 再次超过劳动实际需求函数中的 W/P ，因为 y 现在小于 $y^s(W/P, g, K)$ 。

在长期，厂商同样也可以选择 K ，利润现在由下式给出：

$$\pi = y - \frac{W}{P} l^{d'}$$

每股利润仍然是 π/E ，融资约束依然是：

$$\frac{P_e}{P} \mathrm{d}E = \mathrm{d}K$$

对给定的 y 与 g 值，在没有调整成本的情况下，将受融资条件

---

① 如果 $y < y^s(0)$ 且预期到 y 、W 、P 与 r 是常量，就能推出在 $t \leq \widehat{N}$ 时 $y < y^s(t)$ 的结论。得到这种结论是显而易见的，因为我们忽略了折旧和厂商计划出售其冗余资本的可能性，这两种做法都会使得 $y^s(t)$ 随时间的过去减少。

约束、能使 π/E 最大化的 K 值记为 $\widetilde{K}$ 。方程式(3.28)说明,选择 $\widetilde{K}$ 和对应的 $l^{d'}$ 值,等同于在 y 与 g 的等产量线上选择 K 与 l 最有效率的组合。具体说,在 $\widetilde{K}$ 和对应的 $l^{d'}$ 值组合点,资本边际产量和劳动边际产量的比率,等于收益率和实际工资率的比率。因此,$\widetilde{K}$ 满足关系式:

$$\widetilde{K}=\widetilde{K}\,(\underset{(+)}{y},\underset{(-)}{g},\underset{(-)}{\frac{r}{W/P}}),$$

$$\text{这样}\ \frac{\delta\Phi/\delta K}{\delta\Phi/\delta l}\Big|_{\Phi(l,g,K)=y}=\frac{r}{W/P}$$

就像我们已经解释的那样,因为 $l^{d'}$ 函数意味着 $\delta\Phi/\delta l>W/P$,也可以推出 $\widetilde{K}$ 函数上的 $\delta\Phi/\delta K$ 是大于 r 的。由于理论目标资本存量的必要条件是 $\delta\Phi/\delta K=r$,对 g 、r 与 W/P 的给定值来说,$\widetilde{K}$ 一定小于 K° ①。但是,随着 y 趋近 y^{s} ,$\widetilde{K}$ 趋近 K° 且 $l^{d'}$ 趋近 l^{d} 。

由于代表性厂商预期 y 小于 y^{s} 只到 $\widehat{N}$ 年,$\widetilde{K}$ 仅仅代表这一
139 时期的"目标"资本存量。在 $\widehat{N}$ 年以后,目标资本存量是:

$$K^{\circ}=K^{\circ}\,(\underset{(-)}{r})$$

如果 K 的变化要发生调整成本,则权衡比较这些成本和允许 K 不等于其目标值所放弃的利润的工作,现在被目标随时间变化的非恒定性复杂化了。如果 $\widehat{N}$ 很大,厂商当前主要关注的是 K 与 $\widetilde{K}$ 的缺口,反之,如果 $\widehat{N}$ 很小,厂商当前主要关注的是 K 与 K° 的缺口。我们也可以假设,对代表性厂商最优调整政策的目的来说,

① 正式证明这一结论包含的条件是,生产是受规模报酬递减规律制约的。

实际目标资本存量是 $\widetilde{K}$ 与 K° 的加权平均值，以 K' 表示。$\widehat{N}$ 越大，$\widetilde{K}$ 的权重相对也越大。因此，我们得到：

$$K' = K'(\underset{(+)}{\widetilde{K}}, \underset{(+)}{K^{\circ}}, \underset{(-)}{\widehat{N}})$$

其特性是：

$$\widetilde{K} \leq K'(\widetilde{K}, K^{\circ}, \widehat{N}) \leq K^{\circ}$$

如果我们再次假设厂商的投资需求是通过简单的线性调节机制和其目标资本存量发生联系的，我们就得到实际投资需求函数：

$$k^{d'} = \lambda'_K(K' - K) \equiv k^{d'}(\underset{(+)}{y}, \underset{(-)}{g}, \underset{(-)}{r}, \underset{(+)}{W/P}, \underset{(-)}{K}) \tag{3.29}$$

式中 λ'_K 是正的，为简单起见，视为常数。由于 K' 小于 K°，如果 λ'_K 不及 λ_K 大，则 $k^{d'}$ 一定比 k^d 小。①这一实际投资需求函数意味着股票的实际流量供给是：

$$\frac{P_e}{P}e^{s'} = k^{d'}(\underset{(+)}{y}, \underset{(-)}{g}, \underset{(-)}{r}, \underset{(+)}{W/P}, \underset{(-)}{K}) \tag{3.30}$$

为简单起见，我们假设对每一个单个厂商来说，K' 至少和 K 一样大，这样 $k^{d'}$ 和 $e^{s'}$ 都是非负的。

在上文推导的方程式(3.3)和(3.4)中，理论投资需求和股票供给都是 r 与 K 的函数，但不是产出水平的函数。②产出是在方程式外被最大化了的独立选择变量。在方程式(3.29)和(3.30)给出的实际投资需求和股票供给函数中，修改的主要内容是这些后来 140

① 总的来说，λ'_K 和 λ_K 之间的关系是不明确的。参见格罗斯曼 1972 年 9 月刊载于《美国经济评论》的“收入－投资加速数的一个选择理论模型”一文。

② k^d 函数也不包含 W/P 与 g。但是，这种简化的表达式之所以仅仅是因为假设 $\Phi_{lk} = \Phi_{kg} = 0$ 的。

的函数确实把当期的产出作为自变量。[①]正如对劳动的实际需求一样，这里的产出是商品需求水平施加给实际投资需求和实际股票供给的一种约束。

二、劳动超额供给下的居民户行为

这里，代表性居民户面临的问题和本章第二节第二部分面临的问题相同。不同的是代表性在工作居民户除了是工资、价格与收益率的接受者外，现在在其就业方面还是数量的接受者。劳动市场现期存在超额供给意味着，代表性在工作居民户不能得到现期理论供给 l^s 表示的就业量，其实际就业量将等于劳动需求量 l 且小于 l^s 。

正如第二章，由于效用最大化是一个跨期问题，居民户的最优行为不仅取决于当前可得到的就业，还取决于他对未来就业可能性的预期。在第二章第二节，我们假定代表性居民户预期在 $\widehat{N}$ 年前（此处 $0<\widehat{N}<N'$ ），他们实际上要受现期就业水平 l 的约束，在剩余的 $N'-\widehat{N}$ 工作年数，他们的就业不再受这种约束。这里我们使用同样的假设，此外我们假设代表性居民户预期 $\widehat{N}$ 年以前 π

① 正如方程式(3.29)说明的，实际投资需求取决于产出水平。但是，随着时间的推移，投资的结果是改变了资本存量 K 。注意，如果把方程式(3.29)作为微分方程求解，则 $k\equiv \mathrm{d}K/\mathrm{d}t$ 。在长期我们会发现，实际投资需求取决于对产出的需求强制性约束水平的变化率。因此，尽管我们在本章把 K 当作常量，但在方程式(3.29)中隐含着一种收入一投资加速数类型的关系。此外，我们已假设代表性厂商预期产出的变化率是零。如果代表性厂商根据实际经验预计到产出变化率是非零的，也能发生加速数效应。这些加速数关系式的推导，参见格罗斯曼 1972 年 9 月刊载于《美国经济评论》的“收入一投资加速数的一个选择理论模型”一文。

保持现有水平不变，然后增加至 π^* 。这一假设和第二章第二节说明的利润预期并行不悖。最后，我们继续假设代表性居民户预期 W 、P 、r 、与 τ 都不随时间变化。

回顾已预期的收益率 r 代表一种贴现率，在此贴现率水平，预 141
期每股未来利润流的现值等于当前股票的价格。因此，代表性居民户现在对 π/E 和 P 未来表现的预期意味 r 满足下述关系式：

$$P_e(0) \equiv \frac{P\pi(0)}{E}\int_0^N \mathrm{e}^{-rt}\,\mathrm{d}t + \frac{P\pi^*}{E}\int_N^\infty \mathrm{e}^{-rt}\,\mathrm{d}t$$

这意味：

$$r \equiv \frac{P\pi}{P_eE} + \frac{P}{P_eE}(\pi^* - \pi)\mathrm{e}^{-r\widehat{N}}\text{。}$$

此外，r 随时间过去保持不变的进一步预期，和已预期到 π 在 $\widehat{N}$ 年前增加结合起来，就意味着代表性居民户预期 P_eE/P 会在 $\widehat{N}$ 年前稳定增加。对给定的 E 与 P 值，将到 $\widehat{N}$ 年的预期资本利得率记为 ρ_e ，则该资本利得率可由 $P_e(0)$ 对 $\widehat{N}$ 的导数求出—具体说，

$$\rho_e = -\frac{1}{P}\frac{\mathrm{d}P_e}{\mathrm{d}\,\widehat{N}} = \frac{P}{P_eE}(\pi^* - \pi)\mathrm{e}^{-r\widehat{N}}$$

因此，预期收益率现在可以表达成股利收益加预期资本利得率之和，亦即：

$$r \equiv \frac{P\pi}{P_eE} + \rho_e$$

正如第二章所述，给定上述假设后，代表性居民户的形式问题是使下式值最大化：

$$U = \int_0^{\hat{N}} u[c^{d'}(t), l]\mathrm{d}t + \int_{\hat{N}}^{N'} u[c^{d'}(t), l^{s'}(t)]\mathrm{d}t$$

$$+\int_{N'}^{N} u[c^{d'}(t),0]\mathrm{d}t$$

上式受给定的 W 、P 、r 、τ 与 l 常数值，生命计划年限 $\widehat{N}$ 、N' 与 N ，以及初始资产持有量 $A(0)$ 的约束。但是，P_e 随时间变化预期的一个必然结果是，造成代表性居民户储蓄和其名义资产持有量的预期变化率 $\mathrm{d}A/\mathrm{d}t$ 之间出现了不一致的情况。代表性居民户的储蓄被界定为资产流量名义值 $a \equiv m + P_e e + P_b b$ 。在工作居民户实际计划储蓄量现在是：

$$\frac{a^{d'}}{P} = \frac{W}{P}l + \pi + \frac{i}{P} - \tau - c^{d'} - \gamma v \qquad (3.31)$$

142 资产持有量的预期变化率等于储蓄加现有资产持有量价值的预期变化之和。后者是由股票价格预期变化引起的，亦即：

$$\frac{1}{P}\left(\frac{\mathrm{d}A}{\mathrm{d}t}\right)^{d'} \equiv \frac{a^{d'}}{P} + \rho_e \frac{P_e E}{P} = \frac{W}{P}l + r\left(\frac{A}{P} - \frac{M}{P}\right) - \tau - c^{d'} - \gamma v$$

资产持有量的预期变化率可用于表示股票、债券或者资金的积累。但是，就股票而言，名义持有量的预期变化率现在等于股票流量价值加股票价格变化对现有名义持有量价值的预期影响，亦即：

$$\frac{1}{P}\left[\frac{\mathrm{d}(P_e E)}{\mathrm{d}t}\right]^{d'} = \frac{P_e}{P}e^{d'} + \rho_e \frac{P_e E}{P}$$

如果定义：

$$\frac{f^{d'}}{P} = \frac{P_e}{P}e^{d'} + \frac{P_b}{P}b^{d'} ,$$

则有：

$$\frac{1}{P}\left(\frac{\mathrm{d}A}{\mathrm{d}t}\right)^{d'}=\frac{1}{P}\left[\frac{\mathrm{d}(P_eE)}{\mathrm{d}t}\right]^{d'}+\frac{P_b}{P}b^{d'}+\frac{m^{d'}}{P}$$

$$\equiv\frac{f^{d'}}{P}+\rho_e\frac{P_eE}{P}+\frac{m^{d'}}{P} \qquad (3.32)$$

积累储蓄的方式首先是积累货币资金，定期购买收益性资产。这种方法仍然是适当的。平均货币余额是 $(a^{d'}/P)/2\upsilon$ 。舍去 υ 与 M/P 变化的调整成本，最优交易次数现在是：

$$\tilde{\upsilon}=\left(\frac{ra^{d'}/P}{2\gamma}\right)^{1/2},$$

分别以 $\tilde{\upsilon}$ 与 $a^{d'}/P$ 代替方程式(3.7)中的 υ° 与 a^{d}/P 即可得到上式，对应的平均实际货币余额是：

$$\widetilde{\left(\frac{M}{P}\right)}=\frac{a^{d'}/P}{2\tilde{\upsilon}}=\left(\frac{\gamma a^{d'}/P}{2r}\right)^{1/2},$$

该式和方程式(3.8)相似。归结起来，$\tilde{\upsilon}$ 与 $\frac{\widetilde{M}}{P}$ 函数的表现形 143

式是：

$$\tilde{\upsilon}=\tilde{\upsilon}\,(\underset{(+)}{|a^{d'}}/\underset{(+)}{P|},\underset{(-)}{r},\gamma) \text{ 和}$$

$$\widetilde{\left(\frac{M}{P}\right)}=\widetilde{\left(\frac{M}{P}\right)}\,(\underset{(+)}{|a^{d'}}/\underset{(-)}{P|},\underset{(+)}{r},\gamma),$$

和前面的(3.9—3.10)方程式对应，式中的 $|a^{d'}/P|$ 现在是在就业水平为 l 、利润水平为 π 时的总储蓄流量绝对值。和厂商选择资本存量的情况一样，$\tilde{\upsilon}$ 与 $\widetilde{(M/P)}$ 表示只到 $\widehat{N}$ 年时的实际目标。过 $\widehat{N}$ 年后，相关的目标是 υ° 与 $(M/P)^{\circ}$ 。对代表性居民户最优调整政策的目的来说，我们可以假设，以 υ' 表示的实际目标交易次数是 $\tilde{\upsilon}$ 与 υ° 的加权平均值；以 $(M/P)'$ 表示的实际货币余额是

$\widetilde{(M/P)}$与 $(M/P)^{\circ}$ 的加权平均值。$\widehat{N}$ 越大，$\tilde{\upsilon}$ 与$\widetilde{(M/P)}$的相对权重越大。因此有：

$$\upsilon' = \upsilon' \underset{(+)}{(\tilde{\upsilon}}, \underset{(+)}{\upsilon^{\circ}}, \underset{(-)}{\widehat{N})} \text{ 和}$$

$$\left(\frac{M}{P}\right)' = \left(\frac{M}{P}\right)' \left[\underset{(+)}{\widetilde{\left(\frac{M}{P}\right)}}, \underset{(+)}{\left(\frac{M}{P}\right)^{\circ}}, \underset{(-)}{\widehat{N}}\right]$$

如果 $|a^{d'}/P|$ 不再大于 $|a^{d}/P|$，则对给定的 r 与 γ，这些函数也有如下的性质：

$$\tilde{\upsilon} \leq \upsilon'(\tilde{\upsilon}, \upsilon^{\circ}, \widehat{N}) \leq \upsilon^{\circ} \text{ 且}$$

$$\widetilde{\left(\frac{M}{P}\right)} \leq \left(\frac{M}{P}\right)' \left[\widetilde{\left(\frac{M}{P}\right)}, \left(\frac{M}{P}\right)^{\circ}, \widehat{N}\right] \leq \left(\frac{M}{P}\right)^{\circ}$$

同样，假定是线性调整，则平均交易次数的实际合意变化率和总货币持有量是：

$$\frac{d\upsilon}{dt} = \lambda'_{\upsilon}(\upsilon' - \upsilon) \text{ 且} \tag{3.33}$$

$$\frac{1}{P}\left(\frac{dM}{dt}\right)^{d'} \equiv \frac{m^{d'}}{P} = \lambda'_{m}\left[\left(\frac{M}{P}\right)' - \frac{M}{P}\right]$$

$$= \frac{m^{d'}}{P}\left(\underset{(+)}{|a^{d'}/P|}, \underset{(+)}{|a^{d}/P|}, \underset{(-)}{r}, \underset{(+)}{\gamma}, \underset{(-)}{\frac{M}{P}}\right) \tag{3.34}$$

式中 $|a^{d}/P|$ 指预期 $\widehat{N}$ 年后的储蓄流量的量值。

144 同样，对居民户来说，最优生命计划周期的行为要求在 N 年时耗尽资产。但是，有关利润预期、交易次数的实际目标和货币余额的新假设意味着需要修正一生非工资财富资源 Ω_0 的表达式。具体说，现在有：

$$\Omega_0 \equiv \frac{A(0)}{P} - \left[r\left(\frac{M}{P}\right)' + \gamma\upsilon'\right]\int_0^{\widehat{N}} e^{-rt}\,dt$$

$$-\left[r\left(\frac{M}{P}\right)^{\circ}+\gamma v^{\circ}\right]\int_{\hat{N}}^{N}\mathrm{e}^{-rt}\,\mathrm{d}t-\tau\int_{0}^{N}\mathrm{e}^{-rt}\,\mathrm{d}t\ ,$$

式中：

$$\frac{A(0)}{P}\equiv\frac{M(0)}{P}+\frac{P_e}{P}E(0)+\frac{P_b}{P}B(0)$$

$$\equiv\frac{M(0)}{P}+\pi(0)\int_{0}^{\hat{N}}\mathrm{e}^{-rt}\,\mathrm{d}t+\pi^{*}\int_{\hat{N}}^{\infty}\mathrm{e}^{-rt}\,\mathrm{d}t+\frac{i(0)/P}{r}$$

资产耗尽条件现在可以写成：

$$\Omega'_0\equiv\Omega_0+\frac{W}{P}l\int_{0}^{\hat{N}}\mathrm{e}^{-rt}\,\mathrm{d}t=\int_{0}^{N}c^{d'}(t)\mathrm{e}^{-rt}\,\mathrm{d}t$$

$$-\frac{W}{P}\int_{\hat{N}}^{N'}l^{s'}(t)\mathrm{e}^{-rt}\,\mathrm{d}t \qquad (3.35)$$

条件式(3.35)说明，一生非工资收入的现值加上到 $\hat{N}$ 年时的工资收入(在此是外生的)的现值，必然等于一生消费的现值减去从 $\hat{N}$ 年到 N' 年工资收入的现值。

在 $\hat{N}$ 、N' 与 N 值以及方程式(3.35)资产耗尽条件给定条件下，U 的最大化意味着 $c^{d'}$ 的现期水平是由如下形式的函数决定的：[①]

$$c^{d'}=c^{d'}\underset{(+)}{(\Omega'_0},\underset{(+)}{W/P},\underset{(?)}{r}) \qquad (3.36)$$

实际需求函数方程式(3.36)和理论需求函数方程式(3.14)的重要区别是，$c^{d'}$ 是由就业水平 l 决定的，l 是通过 Ω'_0 进入方程式的。把方程式(3.36)中现期 $c^{d'}$ 最优值代入方程式(3.31)，得到在 145
工作居民户现期实际储蓄需求的如下表达式：

① 同样，我们假定不等式 $[c^{d'}(t),M(t),E(t),B(t)]\geq 0$ 约束条件是无效的，只研究 $c^{d'}$ 的内解。

$$\frac{a^{d'}}{P}=\frac{a^{d'}}{P}\Big(\underset{(-)}{\Omega'_0},\underset{(-)}{\frac{W}{P}},\underset{(?)}{r},\frac{W}{P}l+\pi+\underset{(+)}{\frac{i}{P}}-\tau-\gamma v\Big) \tag{3.37}$$

正如上面本章第二节第三条所述，超额劳动供给的存在对已退休居民户来说没有什么影响，他们的消费与储蓄需求仍然仅仅取决于 Ω_0、r 与 $\pi+i/P-\tau-\gamma v$。因此，不用改变总量实际消费与储蓄需求的函数形式，就能涵盖已退休居民户的消费与储蓄。

方程式(3.34)说明了货币的实际流量需求是 $|a^{d'}/P|$、$|a^{d}/P|$、r、γ 与 M/P 的函数。Ω_0、r 与 $\pi+i/P-\tau-\gamma v$ 的变化涉及来自居民户对 $|a^{d'}/P|$ 和 $|a^{d}/P|$ 的互相抵消性影响，一般说来是来自储蓄为正的在工作居民户和来自储蓄为负的已退休居民户。我们再次忽略这些不明确的净效应。但是，像上文第二章第二节第三条 W/P 的增加一样，$(W/P)l$ 的增加会增加在工作居民户已计划的退休后消费，所以会提高他们当前的储蓄水平。[①]因此，由于现期储蓄对在工作居民户来说一般是正的，$(W/P)l$ 的增加会增加 $|a^{d'}/P|$。代入方程式(3.34)，我们得到：

$$\frac{m^{d'}}{P}=\frac{m^{d'}}{P}\Big(\underset{(+)}{\frac{W}{P}l},\underset{(-)}{r},\underset{(+)}{\gamma},\underset{(-)}{\frac{M}{P}}\Big) \tag{3.38}$$

最后，正如方程式(3.32)所示，对收益性资产 $f^{d'}/P$ 真正的实际流量需求是 $a^{d'}/P$ 和 $m^{d'}/P$ 之间的差额。因此从(3.37)方程式减去(3.38)方程式，我们得到：

$$\frac{f^{d'}}{P}=\frac{f^{d'}}{P}\Big(\underset{(-)}{\Omega'_0},\underset{(?)}{\frac{W}{P}l},\underset{(+)}{r},\underset{(+)}{\frac{M}{P}},\pi+\underset{(+)}{\frac{i}{P}}-\tau-\underset{(-)}{\gamma v},\gamma\Big) \tag{3.39}$$

① 给定 $(W/P)l$，W/P 的增加会减少 $|a^{d'}/P|$，但会增加未来的 $|a^{d}/P|$。对 $m^{d'}/P$ 的净效应是模糊的，我们没有将 W/P 作为独立的自变量包含在方程式(3.38)内。

$(W/P)l$ 变化影响的净效应是模糊的。和前文一样，我们假定 r 变化对 $m^{d'}/P$ 的影响净超过 r 变化对 $a^{d'}/P$ 的模糊影响。其他变量影响的方向是显而易见的。

数学注释

$c^{d'}(t)$ 最优值的内解满足下述条件： 146

$$\frac{\delta u}{\delta c^{d'}(t)}=\frac{\lambda(t)}{1+[r/2v'(t)]}\text{，当 } 0\le t\le \hat{N} \text{ 时，}$$

$$\frac{\delta u}{\delta c^{d'}(t)}=\frac{\lambda(t)}{1+[r/2v^{\circ}(t)]}\text{，当 } \hat{N}< t\le N' \text{ 时，}$$

$$\frac{\delta u}{\delta c^{d'}(t)}=\frac{\lambda(t)}{1-[r/2v^{\circ}(t)]}\text{，当 } N'\le t\le N \text{ 时，}$$

$$\frac{\delta u}{\delta l^{s'}(t)}=\frac{-\lambda(t)}{1+[r/2v^{\circ}(t)]}\cdot\frac{W}{P}\text{，当 } \hat{N}< t\le N' \text{ 时，}$$

$$\frac{\mathrm{d}\lambda}{\mathrm{d}t}=\frac{-\lambda(t)}{1+[r/2v^{\circ}(t)]}\cdot r\text{，当 } 0\le t\le \hat{N} \text{ 时，和}$$

$$\frac{\mathrm{d}\lambda}{\mathrm{d}t}=\frac{-\lambda(t)}{1+[r/2v^{\circ}(t)]}\cdot r\text{，当 } \hat{N}< t\le N' \text{ 时，且}$$

$$\frac{\mathrm{d}\lambda}{\mathrm{d}t}=\frac{-\lambda(t)}{1-[r/2v^{\circ}(t)]}\cdot r\text{，当 } N'\le t\le N \text{ 时，}$$

假定 $\hat{N}\le N'$，当 $0\le t\le \hat{N}$ 时，$a^{d'}(t)\ge 0$；当 $\hat{N}< t\le \hat{N}'$ 时，$a^{d}(t)\ge 0$ 以及当 $N'< t\le N$ 时，$a^{d}(t)\le 0$。常数 $\lambda(0)$ 的确定要满足方程式(3. 35)。

三、总量超额供给下的产出、就业和收益率的决定

假设现有的工资一价格向量意味着劳动与商品市场存在超额

供给，本部分考察产出水平、就业水平与收益率的决定。如第二章所述，一定范围的工资一价格向量可以有这样的含意，包括向量 $[(W/P)^*, P_1]$ 在内，此处 $P_1 > P^*$。这是第二章用过的例子。这部分不会集中分析某个特定的工资一价格向量，而是全神贯注研究数量的决定。的确，我们在整个讨论过程中把 W 与 P 视为固定不变的。

147 和第二章一样，在劳动与商品都有超额供给的情况下，产出与就业是由各个市场的实际需求决定的，亦即：

$$l = l^{d'}(\underset{(+)}{y}, \underset{(-)}{g}, \underset{(-)}{K}) < l^s(\Omega_0, W/P, r) \text{ 且} \tag{3.40}$$

$$y = k^{d'}(\underset{(+)}{y}, \underset{(-)}{g}, \underset{(-)}{r}, \underset{(+)}{\frac{W}{P}}, \underset{(-)}{K}) + c^{d'}\left(\underset{(+)}{\Omega'_0}, \underset{(+)}{\frac{W}{P}}, \underset{(?)}{r}\right) + \gamma v + g^d < y^s\left(\frac{W}{P}, g, K\right) \tag{3.41}$$

和上文关于厂商与居民户行为的讨论保持一致，我们假定金融资产市场总是出清的。在收益性资产实际需求和股票实际供给给定的条件下，市场出清条件是：

$$\frac{f^{d'}}{P}\left(\underset{(-)}{\Omega'_0}, \underset{(?)}{\frac{W}{P}l}, \underset{(+)}{r}, \underset{(+)}{\frac{M}{P}}, \underset{(+)}{\pi + \frac{i}{P} - \tau - \gamma v}, \underset{(-)}{\gamma}\right) = k^{d'}(\underset{(+)}{y}, \underset{(-)}{g}, \underset{(-)}{r}, \underset{(+)}{\frac{W}{P}}, \underset{(-)}{K}) + \frac{P_b}{P}b^s = \frac{f}{P} \tag{3.42}$$

为了简化标记符号，我们记总量实际商品需求为 $y^{d'}$，亦即 $y^{d'} = k^{d'} + c^{d'} + \gamma v + g^d$；我们记总量实际收益性资产供给为 $f^{s'}/P$，亦即 $f^{s'}/P \equiv k^{d'} + P_b b^s/P$。

给定了各种外生的预定变量 W、P、g^d、τ、$P_b b^s/P$、K、E、M、B、i、γ 与 v，以及 Ω'_0 和 π 的定义，(3.40—3.42)条件式

组成一个包括三个方程式的系统，涉及三个内生变量 l 、y 与 r 。对给定的 K ，条件(3.40)提供了一个 l 与 y 之间的简单关系式，注意到这一点有利于分析 l 、y 与 r 的决定。将这一简单的关系式代入条件(3.41)与(3.42)，系统缩减为一组两个方程式，只涉及 y 与 r 。用方程式(3.35)和关系式 $\pi = y - (W/P)l$ 代替 Ω'_0 和 π ，舍去外生变量，我们得到这两个方程的简化表达式：

$$y = y^{d'}(\underset{(+)}{y}, \underset{(-)}{r}) \tag{3.43}$$

$$\frac{f^{d'}}{P}(\underset{(?)}{y}, \underset{(+)}{r}) = \frac{f^{s'}}{P}(\underset{(+)}{y}, \underset{(-)}{r}) \tag{3.44}$$

这里，新的主要考虑涉及 y 的变化对 $y^{d'}$ 与 $f^{d'}/P$ 的影响。按 148
照方程式(3.35)的界定，考察 y 的增加对 Ω'_0 的影响。Ω'_0 的表达式涉及从 0 年到 $\widehat{N}$ 年经过贴现的工资收入和利润收入之和。如果给定了 $y = \pi + (W/P)l$ ，则 y 对 Ω'_0 的边际影响因此是正的，并可以表示为：

$$\frac{\delta \Omega'_0}{\delta y} = \int_0^{\widehat{N}} \mathrm{e}^{-rt}\,\mathrm{d}t$$

只要 y 的增加必须有 $(W/P)l$ 的增加，y 的增加也会增加 $(M/P)'$ 与 v' 。这些变化可能很小，是对 y 增加正向影响 Ω'_0 的一种抵消。在 r 给定条件下，由于 y 的增加会增加 Ω'_0，因此也会增加 $c^{d'}$ 。而且，给定 r ，在 y 的增加会提高 $y^{d'}$ 的全部影响中，也包括 y 的增加会提高 $k^{d'}$ 的影响。

只要 $c^{d'}$ 的上升小于和 y 一一对应的水平，y 的增加也会提高 $a^{d'}/P$ 水平。但是，只要 y 的增加包含 $(W/P)l$ 的增加，则 $m^{d'}/P$ 也会增加。因此，y 变化对 $f^{d'}/P$ 的整个影响是不明确的。

和理论需求函数类似的是，对条件式（3.41－3.42）所示 Ω'_0 的给定值来说，r 变化对 $y^{d'}$ 与 $f^{d'}/P$ 的影响涉及替代效应与财富效应，且增加的财富效应涉及 Ω'_0 与 r 之间的反比关系。和前文一样，假设替代效应超过模糊的净财富效应，在给定 y 情况下，r 的增加会减少 $c^{d'}$ 并增加 $a^{d'}/P$ 。因此，r 的增加会减少 $y^{d'}$ 并增加 $f^{d'}/P$ 。

同样，整个经济体的预算约束是有趣的。合并暂时性的居民户预算约束，

$$c^{d'}+\gamma v+\frac{f^{d'}}{P}+\frac{m^{d'}}{P}+\tau=\frac{W}{P}l+\pi+\frac{i}{P}$$

厂商的融资约束，

$$k^{d'}=\frac{P_e}{P}e^{s'}$$

政府的预算约束，

$$\tau=g^d+\frac{i}{P}-\frac{P_b}{P}b^s-\frac{m^s}{P}$$

和利润的定义，

$$\pi=y-\frac{W}{P}l^{d'}\ ,$$

149 我们得到：

$$(y^{d'}-y)+\frac{W}{P}(l^{d'}-l)+\frac{1}{P}(f^{d'}-f^{s'})+\frac{1}{P}(m^{d'}-m^s)=0 \tag{3.45}$$

假定满足了方程式（3.40）的 $l^{d'}=l$ ，则方程式（3.45）意味着满足方程式（3.43－3.44）的 y 与 r 组合也满足：

$$\frac{m^{d'}}{P}\underset{(+)}{(y},\underset{(-)}{r)}=\frac{m^s}{P} \tag{3.46}$$

从方程式(3.38)知,给定 r ,我们将 $m^{d'}/P$ 写成 y 的增函数,因为 $(W/P)l$ 的增加意味着 y 的增加。

图 3.7 是方程式(3.43)、(3.44)与(3.46)的图形表述。图形轨迹两边的(>,<)符号有通常的意义,用以辨别轨迹所划分区间的性质。标有 $y^{d'}=y$ 的轨迹描绘了在 W 、P 和其他外生预定变量值给定条件下,符合(3.43)方程式的 y 与 r 值的各种组合。[①]为了确定这一轨迹的斜率,考虑如下的思想实验。假定最初方程式 150
(3.43)是满足的,但然后是 r 增加了,结果将是 $y^{d'}$ 减少,造成产出

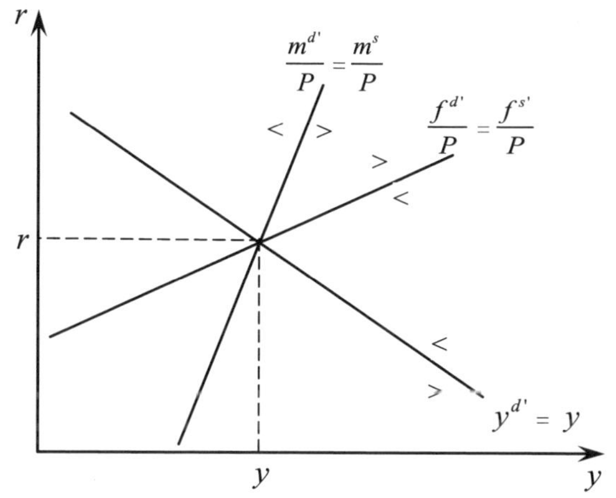

图 3.7　存在商品与劳动超额供给下的产出和收益率

① 这一轨迹对应于传统的 $I-S$ 曲线。为证实这种一致性,注意如果 $l=l^{d'}$,居民户的预算约束方程和利润的定义意味着 $y-c^{d'}-\gamma v=a^{d'}/P+\tau-i/P$ 。因此,方程式(3.43)等同于条件式 $a^{d'}/P+\tau=k^{d'}+g^d+i/P$ 。

超过实际商品需求。y 有什么样的变化才能恢复 $y^{d'}$ 与 y 之间的相等呢？y 的足够减少会将 y 降低到 $y^{d'}$，除非减少 y 对 $y^{d'}$ 的影响——通过 y 影响 $k^{d'}$ 与 $c^{d'}$ 实现——大于或等于一对一的比例。在接下来的分析中，我们假定 $\delta y^{d'}/\delta y<1$。[①]这一假设确保了 $y^{d'}=y$ 的轨迹是向下方倾斜的。[②]

标有 $f^{d'}/P=f^{s'}/P$ 的轨迹描绘了符合方程式(3.44)金融资产市场出清条件的 y 与 r 值的各种组合。为了确定这一轨迹的斜率，考虑另外一个思想实验。假定方程式(3.44)最初是满足的，但然后是 y 增加了，结果将是 $f^{s'}/P$ 增加与 $f^{d'}/P$ 的不明确变动。如果 $f^{s'}/P$ 的增加是主要的，则会要求 r 上升以促使 $f^{d'}/P$ 的增加和 $f^{s'}/P$ 的减少。因此，收益性资产市场的出清轨迹是向右上方倾斜的。

为便于分析，图 3.7 也包括标有 $m^{d'}/P=m^{s}/P$ 的轨迹。这条轨迹描绘了符合货币余额实际流量需求和流量供给相等条件的 y 与 r 值的各种组合。由于 r 的增加要求 y 的增加才能保持 $m^{d'}/P$ 不变，所以这条轨迹向右上方倾斜。整个经济体的预算约束(3.45)方程式也意味着，$m^{d'}/P=m^{s}/P$ 轨迹一定穿过另外两条轨迹的交点，或者处在 $y^{d'}>y$ 与 $f^{d'}/P<f^{s'}/P$ 区间，或者处在 $y^{d'}<y$ 与

① y 对 $k^{d'}$ 与 $c^{d'}$ 两者的边际影响都是 $\widehat{N}$ 的增函数。一个足够小的 $\widehat{N}$ 值能确保 $\delta y^{d'}/\delta y<1$。

② 向上倾斜的 $y^{d'}=y^{s}$ 轨迹也许会导致动态稳定性问题。这要看 $f^{d'}/P=f^{s'}/P$ 的具体内容和动态调整的具体形式。比如，如果 $y^{d'}=y$ 轨迹的斜率小于 $f^{d'}/P=f^{s'}/P$ 轨迹的斜率，那么动态系统 $\mathrm{d}y/\mathrm{d}t=\lambda_y(y^{d'}-y)$ 和 $\mathrm{d}r/\mathrm{d}t=\lambda_r(f^{s'}/P-f^{d'}/P)$ 是动态稳定的。

$f^{d'}/P > f^{s'}/P$ 区间。因此，$m^{d'}/P = m^{s}/P$ 轨迹一定比 $f^{d'}/P = f^{s'}/P$ 轨迹更陡峭。[①] 151

三条轨迹的交点标示出唯一的、同时符合方程式(3.43)、(3.44)与(3.46)的 y 与 r 值的组合。在 y 与 r 这一组合点，产出将等于总量实际商品需求，金融资产市场将是出清的。货币余额的实际流量需求也将等于流量供给。正如我们上面解释的，根据方程式(3.40)，只要把 y 值代入实际劳动需求函数，就能确定就业水平。最后，通过把 y 与 r 值代入方程式(3.29)与(3.41)的 $k^{d'}$ 函数，我们就能确定投资量。

四、总量超额供给下的比较静态分析

在这一部分，比较静态分析研究外生干扰对满足条件式(3.43)、(3.44)与(3.46)的内生变量值的影响。在此我们将集中精力讨论财政政策与货币政策变化对 y 与 r 的影响。注意，图 3.7 为现在的分析提供了图解框架，和描述一般市场出清情况的图 3.1 是对应的，只不过横轴现在度量的是 y 而不是 P 。因此，现在的分析形式和上文讨论的一般市场出清条件下的比较静态分析形式极其相似。

首先，考虑向扩张性财政政策的转变，包括减少 τ 并相应地增加 $P_b b^s/P$ 。这种干扰的初始影响将是增加 Ω'_0 并使得 $y^{d'} = y$ 轨

① 虽然 $m^{d'}/P = m^{s}/P$ 轨迹和对应于 $(M/P)'$ 等于 M/P 的传统 $L-M$ 曲线有相同的斜率，但只要 $m^{s}/P \neq 0$，这些轨迹在位置上是有区别的。但是，方程式(3.33)中的 λ'_m 值越大，这些轨迹的位置差别就越小。同样，随着 λ'_m 变得越来越大，轨迹 $f^{d'}/P = f^{s'}/P$ 会趋向和轨迹 $m^{d'}/P = m^{s}/P$ 重合。

迹向右移动，①结果是保持 $m^{d'}/P=m^{s}/P$ 轨迹不变，并使得 $f^{d'}/P=f^{s'}/P$ 轨迹总的说来向左移动。这些变化的结果是三条轨迹现在
152 在更高水平的 y 与 r 上相交。更高的 r 反映了债券供给的增加，这是平衡税收收益的减少所要求的。这种更高水平的 r 一般会抵消 τ 的减少对 $y^{d'}$ 的刺激，因而会减缓 y 的净增加。$m^{d'}/P=m^{s}/P$ 轨迹倾斜得越陡峭，r 上升得就越多，y 增加的就越少。

如果 r 是固定不变的，y 就由类似于第二章第二节分析的乘数过程的结果决定。具体说，在现在情况下，总需求乘数将等于 $1/(1-\delta y^{d'}/\delta y)$。但是，因为 r 增加了，y 的净变化小于总需求乘数给出的量。具体说，y 的净增加可能大于或小于 τ 的减少，亦即净需求乘数可能大于或小于一。

在 g^{d} 与 γv 不变情况下，由于 y 的增加，$c^{d'}$ 加 $k^{d'}$ 的和也一定增加。但由于 r 也增加了，$c^{d'}$ 与 $k^{d'}$ 增加的相对量是不明确的，它们其中之一甚至可能是下降的。最后，根据方程式(3.40)，给定了 g 和 K，y 的增加意味着 $l^{d'}$ 与 l 的增加。

r 上升有削弱扩张性财政政策对 y 影响的趋势，这是所谓"财政观点"主张的基础。这一主张常常发生在公共讨论中，认为积极的财政政策单独不能引起总量商品需求和产出的增加(即使商品市场存在超额供给)，因为为减税或增加政府支出进行融资都会迫使收益率上升，结果会抵消财政政策对总量商品需求明显的正向

① 和一般市场出清情况相同，现在分析财政政策也假设代表性居民户不考虑 $P_b b^s/P$ 的增加对未来利息支付与税收的影响。如果代表性居民户没有充分考虑这些影响，其对未来税收资本化的计划期是无限的，"扩张性"财政政策就不会影响 Ω'_0，因此也不会对 y 与 r 产生影响。

影响。从图 3.7 可以清楚看出，$m^{d'}/P=m^s/P$ 轨迹必须是垂直的，这一主张才是有效的。换言之，偏导数 $\delta(m^{d'}/P)/\delta r$ 必须是零，r 的上升才不会刺激财富从货币余额转换成收益性资产。因此，在我们的模型中，r 不可能上升到足以完全抵消积极财政政策对 y 的影响。值得一提的是类似的考虑也出现在一般市场出清的背景。在图 3.1 中，如果 $m^{d'}/P=m^s/P$ 轨迹是垂直的，反映了 $\delta(m^{d'}/P)/\delta r=0$，那么扩张性财政政策也不会影响 P^* 。

上面的分析只探讨了流量最初变化的初始影响。随着时间的推移，这种初始变化引发的 B 、i 与 v' 的增加也会变得重要起来。同样，对这些变化影响的分析和一般市场出清背景中的分析是对应的，读者自己可以推导其详细内容。注意图 3.3 描述了 τ 、P^* 与 r^* 的时间路径，仍然适用，但用 y 与 r 代替了 P^* 与 r^* 。

其次，考虑向扩张性货币政策的转变，包括增加 m^s/P 并相应 153
地减少 $P_b b^s/P$ 。这种干扰的初始影响将会使得 $f^{d'}/P=f^{s'}/P$ 轨迹向右移动，使得 $m^{d'}/P=m^s/P$ 轨迹向右移动并保持 $y^{d'}=y$ 轨迹不动。[①]移动的结果是这些轨迹现在在更高水平的 y 与更低水平的 r 相交。在这种情况下，$P_b b^s/P$ 的减少会抑制 r 的上升，而这反过来会增加 $y^{d'}$ 并导致 y 的上升。同样，因为 y 业已上升，$c^{d'}$ 加 $k^{d'}$ 的和必然增加。而且，与扩张性财政政策情况相反，因为 r 业已下降，我们能够肯定 $k^{d'}$ 与 $c^{d'}$ 已经增加。随着时间的推移，和一般市场出清情况相同，这些移动导致的 M 增加和 B 、i 与 v' 的减

① 同样，这一结果是以这样的假设为基础的，即代表性居民户不考虑 $P_b b^s/P$ 变化对 τ 未来值的影响。

少都会强化这些初始影响。下文第六章第一节分析 M 与 B 的具体时间路径必然包含的 y 与 r 时间路径的确切形式。

最后，与上面讨论的极端的“财政观点”主张相反的情况是“流动性陷阱”。[①] 在流动性陷阱中，偏导数 $\delta(m^{d'}/P)/\delta r$ 非常大，以致 $m^{d'}/P=m^{s}/P$ 轨迹是水平状的。在这种假设的情境下，货币政策的变动不会影响 r，y 的变动仅仅是源自 M、B 与 i 随时间变化对 Ω'_0 的影响。

① 凯恩斯 1936 年出版的《就业、利息和货币通论》一书提及的流动性陷阱是一种可能的理论假设，但经验证据已经拒绝了这一假设。参阅莱德勒(Laidler, D.)1969 年出版的《货币需求：理论和证据》一书，也可参阅下文第六章第三节第三条对货币投机需求的讨论。

第四章　通货膨胀与收益率 154

本章把价格与工资非零变化率预期引入分析框架，集中讨论这些预期的一个重要结果——名义收益率与实际收益率之间的差异——第一节解释这两种收益率概念；第二节分析通货膨胀或通货紧缩预期如何影响厂商与居民户行为；第三节分析这些预期变化的比较静态结果；第四节对通货膨胀、预期通货膨胀与收益率之间的相互作用展开动态分析。

第一节　收益率与价格和工资的预期变化率

第三章我们分析了符合一般市场出清条件的内生变量取值的决定——包括产出、就业、工资率、商品价格与收益率。分析聚焦在各种外生干扰，这些干扰会改变一般市场出清的工资与价格向量，因而会导致实际工资与价格发生相应的变化。因此，虽然存在这些外生干扰，第三章的分析和第一二章的分析一样，假设 P 、W 与 r 不随时间变动，厂商与居民户试图最大化他们的利润和效用。

特别地，厂商与居民户制定的计划把 P 与 W 当作常量，名义收益率和实际收益率似乎是相等的。如果 i/B 与 P_b 是常量，债券

的预期收益率是 $r=r_b=i/P_bB$；如果 $P\pi/E$ 与 P_e 是常量，股票的预期收益率是 $r=r_e=P\pi/P_eE$。变量 r 同时表示收益性资产预期实际的和预期名义的收益率。本章的主要目的是放松厂商与居民户认为 P 和 W 不随时间变化，名义收益率和实际收益率是相等的这一假设。为方便讨论，令小写字母 r 现在只表示实际收益率，大写字母 R 表示名义收益率。

首先考察收益性资产的预期名义收益率 R_b 与 R_e 的表达式。变量 R_b[R_e]是一种隐含的贴现率，在此贴现率水平，预期每张债券未来名义利息支付流[每股名义股息支付流]的现值等于当前的
155 名义资产价格 $P_b(0)$[$P_e(0)$]。如果代表性居民户认为股票和债券是完全替代性的资产，一定有 $R_b = R_e = R$。我们仍然假设代表性居民户预期 π/E 与 R 不随时间变化，但假设他预期 P 会以固定比例 ρ 随时间变化。因此，代表性居民户预期价格的时间路径将是：

$$P(t)=P(0)\mathrm{e}^{\rho t}$$

在这些条件下，收益性资产预期名义收益率满足下面两个关系式：

$$P_b(0)\equiv\frac{i}{B}\int_0^{\infty}\mathrm{e}^{-Rt}\,\mathrm{d}t \text{ 和}$$

$$P_e(0)\equiv\frac{\pi}{E}\int_0^{\infty}P(t)\mathrm{e}^{-Rt}\,\mathrm{d}t$$

解这两个关系式得：

$$R\equiv\frac{i}{P_b(0)B}\equiv\frac{P(0)\pi}{P_e(0)E}+\rho$$

R 的表达式意味着，如果 π/E 与 R 预期不变，代表性居民户预期 P_b 不随时间变化，预期股票价格变化的比例等于 ρ。因此，

i/P_bB 仍然表示债券的名义收益率，但 $P\pi/P_eE$ 不再表示股票的名义收益率。因为每股实际股息 π/E 是恒久不变的，每股名义股息随商品价格上升。股票名义收益率等于 $P\pi/P_eE$ 加预期资本利得率，后者等于预期商品价格增长率。

现在考察收益性资产预期实际收益率 r_b 与 r_e 的表达式。变量 r_b[r_e] 表示一种隐含的贴现率，在此贴现率水平，预期每张债券未来实际利息支付流[每股名义股息支付]的现值等于当前实际资产的价格 $P_b(0)/P(0)$[$P_e(0)/P(0)$]。股票和债券之间的完全替代性意味着 $r_b=r_e=r$。给定 π/E、r 和 ρ 预期恒定不变，r 满足 156
下述两个关系式：

$$\frac{P_b(0)}{P(0)}\equiv\frac{i}{B}\int_0^{\infty}\frac{1}{P(t)}\mathrm{e}^{-rt}\,\mathrm{d}t$$

$$\frac{P_e(0)}{P(0)}\equiv\frac{\pi}{E}\int_0^{\infty}\mathrm{e}^{-rt}\,\mathrm{d}t$$

解这两个关系式得：

$$r\equiv\frac{i}{P_b(0)B}-\rho\equiv\frac{P(0)\pi}{P_e(0)E}\equiv R-\rho$$

预期实际收益率等于预期名义收益率减预期通货膨胀率。$P\pi/P_eE$ 现在表示股票的实际收益率。但是，由于每张债券的名义利息支付额 i/B 是恒定不变的，实际利息支付额随商品价格上升下降。因此，债券的预期实际收益率等于 i/P_bB 减预期通货膨胀率。①

① 注意，虽然 ρ 不是一个能够直接观察的变量，但我们能够以这样方式推算其值，即从名义收益率 $R\equiv i/P_bB$ 减去实际收益率 $\mathrm{r}\equiv P\pi/P_eE$。实际上，除了价格变化预期外，股票与债券收益率之差还涉及其他的考虑，比如对每股未来实际利润与风险因素的预期。

最后，考察货币的收益率。在第一、二、三章，货币的预期实际收益率和名义收益率都是零。在本章，我们仍然假设货币的名义收益率等于零。不过，这一假设现在意味着货币的预期实际收益率是 $-\rho$。

第二节　预期价格变化和厂商与居民户的行为

这一节分析通货膨胀和通货紧缩预期如何影响厂商与居民户的行为。分析表明，给定了厂商不承担交易成本，从而不持有货币的表达式，厂商的行为就不受价格变化预期的影响。换言之，第三章的(3.1—3.4)和(3.28—3.30)方程式依然用表示实际收益率的变量 r，分别在市场出清和总量超额供给条件下描绘了劳动需求、产出供给、投资需求与股票供给。相反，现在的分析表明通货膨胀与通货紧缩预期确实对居民户行为有重大影响。这些影响中最重要的方面涉及居民户对实际财富的估价，居民户对货币与金融资产之间收益率差异的估价。最后，政府行为仍然受政府预算约束的限制，方程式(3.19)在第三章已有详细说明。

为了简洁起见，我们将考察限制在一般市场出清条件下发生交换的分析框架。在超额供给或超额需求条件下，对居民户行为
157 暗含的修正基本是类似的。一般市场出清情况的分析应该能够使读者推知非市场出清条件下的各种结论。

一、厂商的行为

在第三章，代表性厂商的目标是最大化它的股票市场价格。现在，虽然单个厂商与居民户仍然认为 P 为外生变量，但他们不一定预期 P 是常量，不随时间推移变化。因此，现在用实际值详细说明厂商的目标是有益的，亦即厂商的目标是最大化比率 P_e/P 。给定了实际收益率 r 的概念，追求 P_e/P 最大化等于追求 π/Er 最大化。因为像第三章一样，代表性厂商认为 r 是外生的，最大化 P_e/P 等于最大化每股实际利润 π/E 。

如果实际利润的概念 $\pi=y-(W/P)l$ 和第三章假设的生产函数 $y=\Phi(l,g,K)$ 给定，在 K 与 E 保持不变情况下，每股短期实际利润最大化意味着和第三章推导的结论有同样的劳动需求和产出供给行为。具体说，在一般市场出清条件下，我们有：

$$l^d=l^d(\underset{(-)}{\frac{W}{P}})\tag{3.1}$$

$$y^s=y^s(\underset{(-)}{\frac{W}{P}},\underset{(+)}{g},\underset{(+)}{K})\tag{3.2}$$

再看长期情况，π/E 最大化涉及为 K 与 E 选择最优时间路径。如果代表性的厂商认为 r 不随时间变化，在第三章假设的调整成本给定情况下，最优投资需求与股票供给行为也一如第三章推导的结论。具体说，在一般市场出清条件下，我们有：

$$k^d=\frac{P_e}{P}e^s=k^d(\underset{(-)}{r},\underset{(-)}{K})\tag{3.3,3.4}$$

总而言之，厂商行为继续由预定实际存量 K 、实际交换率 W/P 和实际收益率 r 决定。在这一模型中，预期价格变化率并不

158 影响厂商的行为。①

这种不受预期价格变化率影响的独立性的关键，是厂商在支付工资或股息、销售商品或股票或者在购买新的资本品时不发生交易成本，因此没有动机持有货币这一假设。由于厂商不持有货币，货币实际价值的预期变化就由 ρ 值决定，对厂商行为没有影响。反之，如果厂商确实持有货币，则预期价格变化率就会影响它们的行为。不过，这种影响的性质将非常类似于下面分析的 ρ 对居民户行为的影响。因此，为简单起见，我们继续假设厂商不持有货币。

二、居民户的行为：最优交易次数与货币持有量

居民户的目标仍然是追求效用最大化，表述为：

$$U=\int_0^N u[\underset{(+)}{c^{d'}(t)},\underset{(-)}{l^s(t)}]\mathrm{d}t$$

预期 P 与 P_e 随时间变化的一个必然结果是，代表性居民户储蓄和其实际资产持有量预期变化率之间产生了分歧。同样，储蓄被定义为资产流量的名义价值 $a\equiv m+P_e e+P_b b$ ，所以和第三章一样，在工作居民户计划储蓄实际量是：

$$\frac{a^d}{P}=\frac{W}{P}l^s+\pi+\frac{i}{P}-\tau-c^d-\gamma v \tag{3.5}$$

实际资产持有量预期变化率我们记为：

---

① 如果我们没有假设 $\Phi_{lK}=0$，则最优资本存量 K^o 将取决于 W/P 。在此情况下，K 的最优调整决定 k^d ，同时涉及 W/P 的当前值和预期未来值。然而，如果代表性厂商预期 W 与 P 的相对变化率和商品价格变化率 ρ 无关，则厂商的行为仍然不受 ρ 的影响。

$$\left[\frac{\mathrm{d}(A/P)}{\mathrm{d}t}\right]^{d}\equiv\left(\frac{a}{P}\right)^{d}$$

现在包括实际储蓄额加上由 P 与 P_e 的预期变化引起的现有资产持有量实际值的预期变化。

给定了货币余额 M 的名义存量，其实际价值的预期变化率 159
$\mathrm{d}(M/P)/\mathrm{d}t$ 是由 $\rho M/P$ 给出。因此，当 ρ 是正的时，货币持有量实际价值的预期贬值给实际资产持有量的预期变化增加了一个负项。同样，给定了债券的名义存量 $P_bB=i/(r+\rho)$ ，其实际价值的预期变化率 $\mathrm{d}(P_bB/P)/\mathrm{d}t$ 由 $-\rho(P_bB/P)$ 给出。最后，给定了股票实际存量 $P_eE/P=\pi/r$ ，其实际价值的预期变化是零，因为人们预期 P 与 P_e 以相同的速度 ρ 变化。因此，实际资产持有量的预期变化率是[①]：

$$\left(\frac{\mathrm{d}(A/P)}{\mathrm{d}t}\right)^{d}\equiv\left(\frac{a}{P}\right)^{d}=\frac{a^{d}}{P}-\rho\left(\frac{M}{P}+\frac{P_bB}{P}\right)$$

$$=\frac{W}{P}l^{s}+r\left(\frac{A}{P}-\frac{M}{P}\right)-\rho\frac{M}{P}-\tau-c^{d}-\gamma v \quad (4.1)$$

实际资产持有量的预期变化率可以用于表示股票、债券或者货币的积累。但是，就每一种这样的资产来说，实际持有量的预期变化现在等于名义流量实际值加上价格变化对现有名义持有量实际值的预期影响的和。给定了下述定义：

---

① 一种替代的方法是把储蓄重新定义为现有资产持有量实际价值的净变化。具体说，如果代表性居民户预期 π/E 、r 与 ρ 不随时间变化，这种方法将把预期可支配收入界定为 $\frac{W}{P}l^{s}+\pi+\frac{i}{P}-\tau-\rho\left(\frac{M}{P}+\frac{P_bB}{P}\right)$ ，并将计划储蓄的实际量解释为 $(a/P)^{d}$ ，而不是 a^{d}/P 。这些替代性的定义不会改变后续分析的任何实质性结论。

$$\left(\frac{P_b}{P}b\right)^d \equiv \frac{P_b}{P}b^d - \rho\frac{P_bB}{P},$$

$$\left(\frac{m}{P}\right)^d \equiv \frac{m^d}{P} - \rho\frac{M}{P},$$

$$\frac{f^d}{P} \equiv \frac{P_e}{P}e^d + \frac{P_b}{P}b^d,$$

我们有：

$$\left(\frac{a}{P}\right)^d = \frac{P_e}{P}e^d + \left(\frac{P_b}{P}b\right)^d + \left(\frac{m}{P}\right)^d = \frac{f^d}{P} + \frac{m^d}{P} - \rho\left(\frac{M}{P} + \frac{P_bB}{P}\right) \tag{4.2}$$

160 方程式(4.1)与(4.2)是对方程式(3.5)与(3.6)的一种概括，当 $\rho=0$ 时两种公式表述是等价的。

和第三章一样，居民户积累的储蓄最初是货币，然后定期购买收益性资产。在这种模式下，代表性在工作居民户平均实际货币余额依然等于 $(a^d/P)/2\upsilon$，这里 υ 表示交易次数。[①]不过，如果人们预期价格是成比例地以 ρ 比例变化，则持有货币放弃的实际收入现在是：

$$(r+\rho)\frac{a^d/P}{2\upsilon} = R\frac{a^d/P}{2\upsilon}$$

持有货币发生的机会成本，等于收益性资产预期实际收益率 r 和货币预期实际收益率 $-\rho$ 之差额。这一成本也可以等价地表示成，收益性资产预期名义收益率 R 和货币零名义收益率之差

① 把平均实际货币余额计算成 $(a^d/P)/2\upsilon$，是忽略了通货膨胀对在 $1/\upsilon$ 年积累的货币实际价值的影响。按持有货币放弃的收入计算，这一近似值类似于忽略了 $1/\upsilon$ 间隔期的复合利息。只要 $(r+\rho)/\upsilon$ 远远小于 1，总的近似值是令人满意的。

额。因此，给定了 a^d/P，现在选择的目标值 υ° 要使这一和最小化：

$$(r+\rho)\,\frac{a^d/P}{2\upsilon}+\gamma\upsilon\ ,$$

该式要求令：

$$\upsilon^\circ=\left[\frac{(r+\rho)a^d/P}{2\gamma}\right]^{1/2} \tag{4.3}$$

目标平均实际货币余额是：

$$\left(\frac{M}{P}\right)^\circ=\left[\frac{\gamma a^d/P}{2(r+\rho)}\right]^{1/2} \tag{4.4}$$

方程式(4.3)与(4.4)对应方程式(3.7)与(3.8)，不同的是现在 $(r+\rho)$ 代替了 r。[①]

同样，已退休居民户选择 υ° 与 $(M/P)^\circ$ 和在工作居民户的选 161
择是对应的，但对已成为负的 a^d/P 来说，现在由其绝对值代替。因此，将在工作居民户和已退休居民户算在一起，总量最优交易次数和总量最优货币持有函数的形式是：

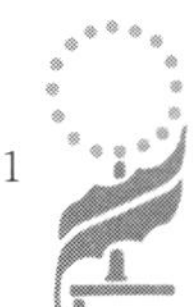

$$\upsilon^\circ=\upsilon^\circ(\underset{(+)}{|a^d/P|},\underset{(+)}{r}+\underset{(-)}{\rho},\gamma) \tag{4.5}$$

$$\left(\frac{M}{P}\right)^\circ=\left(\frac{M}{P}\right)^\circ(\underset{(+)}{|a^d/P|},\underset{(-)}{r}+\underset{(+)}{\rho},\gamma) \tag{4.6}$$

同样，式中 $|a^d/P|$ 表示总储蓄流量绝对值。方程式(4.5)与

---

① 方程式(4.4)表达式说明，$(M/P)^\circ$ 只取决于名义收益率 $r+\rho=R$。这要求假设交易成本只发生在收益性资产的买卖过程。反之，如果交易成本发生在商品的购买过程，且商品是可贮存的，那么 $(M/P)^\circ$ 也会单独取决于 ρ。如果忽略保管费用，ρ 就是货币收益率与商品收益率之差。对这种背景下商品存货的细致详尽考察，参阅费吉(Feige，E. L.)与帕金(Parkin，M.)1971 年 6 月刊载于《美国经济评论》的“货币、债券、商品存货与资本的最优数量”一文，和桑托梅罗(Santomero，A. M.)1974 年 3 月刊载于《金融杂志》的“居民户货币需求模型”一文。

(4.6)对应方程式(3.9)与(3.10),所不同的是现在$(r+\rho)$代替了r。

我们再次假设平均v向v°平均值的合意调整对应于方程式(3.11)给出的简单的逐渐一调整关系。对货币余额的流量需求,我们再次假设在总量上,现有实际货币持有量向$(M/P)^{\circ}$的合意调整也遵循线性逐渐调整关系。但是,正如上面指出的,实际货币持有量的预期变化现在既包括价格变化对现有名义货币持有量实际价值的预期影响,也包括名义货币流量实际价值。换言之,我们有:

$$\left[\frac{\mathrm{d}(M/P)}{\mathrm{d}t}\right]^{d}\equiv\left(\frac{m}{P}\right)^{d}=\frac{m^{d}}{P}-\rho\frac{M}{P}$$

因此,假设:

$$\left(\frac{m}{P}\right)^{d}=\lambda_{m}\left[\left(\frac{M}{P}\right)^{\circ}-\frac{M}{P}\right]=\left(\frac{m}{P}\right)^{d}\left(\underset{(+)}{|a^{d}/P|},\underset{(-)}{r+\rho},\underset{(+)}{\gamma},\underset{(-)}{\frac{M}{P}}\right)\tag{4.7}$$

也意味着:

$$\frac{m^{d}}{P}=\lambda_{m}\left[\left(\frac{M}{P}\right)^{\circ}-\frac{M}{P}\right]+\rho\frac{M}{P}$$

现在,当$\rho=0$时,方程式(3.12)表现为方程式(4.7)的特例。

162 三、居民户的行为:劳动供给、消费需求与储蓄

考察了随时间过去的P预期变化对居民户给定储蓄流量最优安排的影响后,现在我们考察这类预期对劳动、消费与储蓄最优流量最初选择的影响。同样,最优行为意味在N时(年)耗尽资产持有量。现在,方程式(4.1)的实际资产持有量预期变化率表达式是有关A/P的一阶微分方程。求解该方程式就能确定任何时间点的计划实际资产持有量。具体说,假设代表性居民户认为r、

ρ、W/P 与 τ 不随时间变化，[①]并把 $(M/P)^{\circ}$ 与 υ° 当做不随时间变化的常量，认为 M/P 与 υ 在所有未来时间都等于 $(M/P)^{\circ}$ 与 υ°，则在 N（时）年实际资产持有量的解是：

$$\frac{A}{P}(N)=\frac{A}{P}(0)\mathrm{e}^{rN}+\frac{W}{P}\int_{0}^{N'}l^{s}(t)\ \mathrm{e}^{r(N-t)}\,\mathrm{d}t$$

$$-\int_{0}^{N}\left[\tau+c^{d}(t)+(r+\rho)\left(\frac{M}{P}\right)^{\circ}+\gamma\upsilon^{\circ}\right]\mathrm{e}^{r(N-t)}\,\mathrm{d}t$$

假设代表性居民户认为 W/P 不随时间变化，这意味着他预期工资的成比例变化率 $(1/W)(\mathrm{d}W/\mathrm{d}t)$ 等于价格的成比例变化率 ρ。

像第三章一样，现在给上面的表达式 $(A/P)(N)$ 通乘以 e^{-rN}，就可以把资产耗尽条件 $(A/P)(N)=0$ 表示成现值形式。重新整理各项后得：

$$\Omega_{0}\equiv\frac{A}{P}(0)-\left[\tau+(r+\rho)\left(\frac{M}{P}\right)^{\circ}+\gamma\upsilon^{\circ}\right]\int_{0}^{N}\mathrm{e}^{-rt}\,\mathrm{d}t$$

$$=\int_{0}^{N}c^{d}(t)\mathrm{e}^{-rt}\,\mathrm{d}t-\frac{W}{P}\int_{0}^{N'}l^{s}(t)\ \mathrm{e}^{-rt}\,\mathrm{d}t \tag{4.8}$$

式中 $\frac{A}{P}(0)\equiv\frac{M}{P}(0)+\frac{P_{e}}{P}E(0)+\frac{P_{b}B}{P}(0)$ 163

$$\equiv\frac{M}{P}(0)+\pi(0)/r+\frac{i}{P}(0)/R$$

方程式(4.8)是对第三章资产耗尽条件方程式(3.13)的一个

① 在假设代表性居民户预期 τ 不随时间变化时，我们是在假设代表性居民户并没有考虑价格水平预期变化对政府预算约束的影响。具体说，代表性居民户忽略了这一事实，即给定了 B 与 i，P 的上升会降低 i/P；给定了 g^{d}、m^{s}/P 与 $P_{b}b^{s}/P$，i/P 的降低意味着 τ 的减少。这种对居民户行为的处理和第三章第三节第三部分的表述是一致的，当时我们假设代表性居民户忽略现期政府借贷对未来税收的可能影响。

概括。现在，当 $\rho=0$ 时，方程式(3.13)表现为方程式(4.8)的一个特例。

这里最引人关注的现象是 ρ 的水平对一生非工资财富 Ω_0 现值的影响。考虑两种的单独情况是有用的：其中一种是实际收益率 r 保持不变，于是名义收益率 R 随 ρ 的上升而上升；另外一种是名义收益率 R 保持不变，于是实际收益率 r 随 ρ 的上升而下降。如果 r 保持不变，则 ρ 的上升从而 R 的上升对 Ω_0 有两种影响。首先，ρ 与 R 的上升会抑制债券未清偿存量价值的增加，因此一般会降低 Ω_0。[①] 其次，ρ 与 R 的上升会增加平均实际货币余额的机会成本，减少最优实际货币余额，并增加最优交易次数。第二种影响也涉及 ρ 与 Ω_0 之间纯粹的反比关系，因为从方程式(4.3)与(4.4)知，两者之和 $(r+\rho)(M/P)^{\circ}+\gamma v^{\circ}$ 对 $r+\rho$ 的弹性是正的，等于二分之一。因此，给定 r，通过这两种影响，ρ 的增加意味着 Ω_0 减少。按方程式(4.8)给出的关系，如果 r 保持不变，Ω_0 与 ρ 之间的确切关系可通过求 Ω_0 对 ρ 的偏导数得到，即：

$$\frac{\delta\Omega_0}{\delta\rho}\Big|_{\mathrm{d}r=0}=\frac{i/P}{(r+\rho)^2}-\left(\frac{M}{P}\right)^{\circ}\int_0^N \mathrm{e}^{-rt}\,\mathrm{d}t<0 \qquad (4.8.1)$$

同样，在另一种情况下，R 保持不变，ρ 的上升与随之发生的 r 下降对 Ω_0 也有两种影响。首先，ρ 的上升与 r 的下降会增加未清偿股票存量的价值。其次，ρ 的上升与 r 的下降会增加负债项的现值，包括税收、持有货币放弃的收入与交易成本。在 R 不变情况下，待折现的支付流 $R(M/P)^{\circ}$ 与 γv° 都是不变的。因此，第一种

① 如果代表性居民户考虑到更高水平的 ρ 会减少税收的实际值，而税收又是为未来支付更低实际利息提供资金所需要的，这种对 Ω_0 的影响就会被抵消。

影响一般是增加 Ω_0，第二种影响一般是减少 Ω_0，净结果是由 π 相对于 $\tau+R(M/P)^\circ+\gamma v^\circ$ 和的大小与 N 的大小决定。π 越大，第一种影响越大；$\tau+R(M/P)^\circ+\gamma v^\circ$ 或者 N 越大，第二种影响越大。

由于 π 转化成资本的时间是无限的，而 N 的时间是有限的，
所以如果 π 大于 $\tau+R(M/P)^\circ+\gamma v^\circ$ 或者较之于 $\tau+R(M/P)^\circ+$ 164
γv° 小不了多少，第一种影响将会大一些。按方程式(4.8)给出的关系式，如果 $R=r+\rho$ 保持不变，Ω_0 与 ρ 之间的确切关系可通过求 Ω_0 对 ρ 的导数得到，即：

$$\frac{\delta\Omega_0}{\delta\rho}\Big|_{dR=0}=\frac{\pi}{r^2}-\left[\tau+R(M/P)^\circ+\gamma v^\circ\right]\int_0^N t\mathrm{e}^{-rt}\,\mathrm{d}t \gtreqless 0 \tag{4.8.2}$$

给定了资产耗尽条件、方程式(4.8)规定的 Ω_0 和 N' 与 N 的值，U 的最大化意味着方程式(3.14)与(3.15)形式的函数极其近似地决定了 c^d 与 l^s 的当前水平。为方便起见，我们将这些函数重新写成：

$$c^d=c^d(\underset{(+)}{\Omega_0},\underset{(+)}{W/P},\underset{(?)}{r}) \tag{4.9}$$

$$l^s=l^s(\underset{(-)}{\Omega_0},\underset{(+)}{W/P},\underset{(?)}{r}) \tag{4.10}$$

方程式(4.9)与(4.10)的近似性质，是他们忽略了 ρ 对当前支出和未来支出进行选择的直接替代效应。[①]

---

①　因为储蓄的每一美元或动用储蓄的每一美元都要以货币余额的形式持有一段时间，所以给定了 r，会产生 ρ 对 c^d 与 l^s 时间路径的替代效应。因此，给定了 Ω_0 与 W/P，像 r 的变化一样，ρ 的变化会涉及现期与未来支出差额的替代效应。从形式上看，在第三章第二节第三条的数学注释中，$r/2v^\circ(t)$ 项是从平均货币余额放弃的利息推导出来的，一定被 $(r+\rho)/2v^\circ(t)$ 所代替。但是，由于该项是以 $1\pm(r+\rho)/2v^\circ(t)$ 计入公式，如果 $(r+\rho)/2v^\circ(t)$ 远远小于 1，则其影响是可以忽略的。要忽略往返金融资产市场旅行期间的复合利息，$(r+\rho)/2v^\circ(t)$ 远远小于 1 是一个我们认为有效的必要条件。

将方程式(4.9)与(4.10) c^d 与 l^s 的最优值代入方程式(3.5)与(4.1),得到在工作居民户资产积累与储蓄的如下表达式:

$$\left(\frac{a}{P}\right)^d=\frac{a^d}{P}\Big(\underset{(-)}{\Omega_0},\underset{(+)}{\frac{W}{P}},\underset{(?)}{r}\ ,\underset{(+)}{\pi+\frac{i}{P}}-\tau-\gamma v\Big)-\rho\Big(\frac{M}{P}+\frac{P_bB}{P}\Big)$$

(4.11)

方程式(4.11)是方程式(3.16)的拓展。和前文各章一样,忽略 W/P 的影响。方程式(4.9)与(4.11)也适用于已退休居民户。
165 因此,总量 c^d 、l^s 与 $(a/P)^d$ 函数和方程式(4.9—4.11)给出的函数有相同的形式,此处 Ω_0、$\pi+i/P-\tau-\gamma v$ 与 $\rho(M/P+P_bB/P)$ 解释为总量。

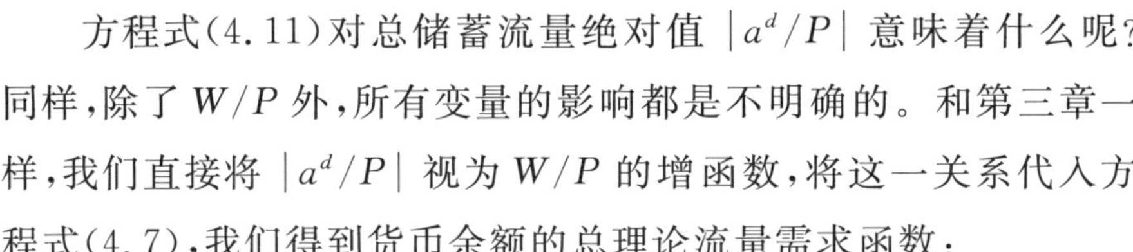

方程式(4.11)对总储蓄流量绝对值 $|a^d/P|$ 意味着什么呢?同样,除了 W/P 外,所有变量的影响都是不明确的。和第三章一样,我们直接将 $|a^d/P|$ 视为 W/P 的增函数,将这一关系代入方程式(4.7),我们得到货币余额的总理论流量需求函数:

$$\frac{m^d}{P}=\left(\frac{m}{P}\right)^d(\underset{(+)}{W/P},\underset{(-)}{r+\rho},\underset{(+)}{\gamma},\underset{(-)}{M/P})+\rho\frac{M}{P}\qquad(4.12)$$

最后,正如方程式(4.2)所说明的,对收益性资产实际理论流量需求由下式给出:

$$\frac{f^d}{P}\equiv\frac{P_e}{P}e^d+\frac{P_b}{P}b^d\equiv\frac{a^d}{P}-\frac{m^d}{P}$$

因此从方程式(4.11)的 a^d/P 函数中减去方程式(4.12)的 m^d/P ,我们得到:

$$\frac{f^d}{P}=\frac{f^d}{P}\Big(\underset{(-)}{\Omega_0},\underset{(?)}{\frac{W}{P}},\underset{(?)}{r}\ ,\underset{(+)}{r+\rho},\underset{(+)}{\frac{M}{P}},\underset{(+)}{\pi+\frac{i}{P}-\tau-\gamma v}-\rho\frac{M}{P},\underset{(-)}{\gamma}\Big)$$

(4.13)

方程式(4.12)与(4.13)是对方程式(3.17)与(3.18)的拓展。

前面的讨论已明确地把预期通货膨胀现象引入对居民户行为的分析。在现在的分析背景,这个问题自然起源于预期价格变化率和实际价格变化率产生差异的可能结果。当然,这个问题本来也可以在第三章的分析背景提出,其中我们假设预期价格变化率是零,我们只需研究实际价格变化率不为零的各种可能结果就可以了。像方程式(3.14—3.18)和(3.36—3.39)的函数一样,方程式(4.9—4.13)的需求与供给函数也不涉及价格的实际变化率。因此,ρ 和实际价格变化率的差异对需求量与供给量没有直接的影响。但是,给定了实际计划储蓄量 a^d/P,两者的差异意味着实际资产持有量的预期变化率和其实际变化率是不同的。而且,如果股票和商品价格按预期以相同比率上升,那么 P_e/P 就是常量,

未预期的通货膨胀只会造成现有货币和债券持有量实际价值的未 166

预期变化。虽然未预期的通货膨胀并不影响当前的需求与供给,但随着时间的过去它会影响 Ω_0,也很可能影响 ρ 的公式表述,这些结果会轮番影响需求量和供给量。

第三节　预期价格变化的比较静态效应

通货膨胀或通货紧缩预期的变化被视为外生干扰,本节分析这种外生干扰如何影响和一般市场出清一致的内生变量的值。ρ 的外生变化有各种各样可能的原因。一些例子可能包括政府公布有关的经济目标,诸如影响通货膨胀的价格和工资管制等政府政策的变化,战争或和平前景的变化,汇率的变化等等。但是,总的

来说，ρ 不是一个完全的外生变量，而是和过去与现在的实际价格变化可能有某种程度的联系。本章后面的第四节考察 ρ 内生变化的作用。在本节，我们首先界定和讨论市场出清条件，这是上一节对居民户和厂商行为概括性的公式化表述必然包含的内容，然后我们将 ρ 的上升作为特定的外生干扰予以考察。

一、市场出清条件

根据上一节的分析，如果考虑了预期价格与工资的变化，则意味着劳动、商品与金融资产市场的出清条件现在必须表示成如下形式：

$$l^d\Big(\underset{(-)}{\frac{W}{P}}\Big)=l^s\left(\underset{(-)}{\Omega_0},\underset{(+)}{\frac{W}{P}},\underset{(?)}{r}\right)=l \tag{4.14}$$

$$k^d(\underset{(-)}{r},\underset{(-)}{K})+c^d\Big(\underset{(+)}{\Omega_0},\underset{(+)}{\frac{W}{P}},\underset{(?)}{r}\Big)+\gamma v+g^d=y^s\Big(\underset{(-)}{\frac{W}{P}},\underset{(+)}{g},\underset{(+)}{K}\Big)=y \tag{4.15}$$

$$\frac{f^d}{P}\left(\underset{(-)}{\Omega_0},\underset{(?)}{\frac{W}{P}},\underset{(?)}{r},\underset{(+)}{r+\rho},\underset{(+)}{\frac{M}{P}},\pi+\frac{i}{P}-\tau-\underset{(+)}{\gamma v}-\rho\underset{(-)}{\frac{M}{P}},\gamma\right)=k^d(\underset{(-)}{r},\underset{(-)}{K})+\frac{P_b}{P}b^s=\frac{f}{P} \tag{4.16}$$

167 为简化这些标记，我们仍然将总量理论商品需求记为 y^d，亦即：

$y^d\equiv k^d+c^d+\gamma v+g^d$；

记总量理论收益性资产供给为 f^s/P，亦即

$f^s/P\equiv k^d+P_bb^s/P$。

在形式上，市场出清条件(4.14)与(4.15)等同于第三章的(3.20)

与(3.21)条件。不过，r 现在表示实际收益率。更进一步说，方程式(4.8)的 Ω_0 表达式包括 ρ 的影响，因而和方程式(3.13) Ω_0 的表达式不同。此外，(4.16)市场出清条件包括 ρ 的直接影响，因而在形式上有别于对应的(3.22)市场出清条件。

为便于分析这些市场出清条件各种可能的结果，现在以 ρ 和三个交换比率 W/P 、P 与 r 概念重新写出这些条件。用方程式(4.8)代替 Ω_0，用关系式 $\pi = y^s - (W/P)l^d$ 代替 π ，舍去其他外生的预定变量，我们得到：

$$l^d(\underset{(-)}{\frac{W}{P}}) = l^s\left(\underset{(+)}{\frac{W}{P}}, \underset{(+)}{P}, \underset{(+)}{r}, \underset{(+)}{\rho}\right) = l \tag{4.17}$$

$$y^d(\underset{(+)}{\frac{W}{P}}, \underset{(-)}{P}, \underset{(-)}{r}, \underset{(-)}{\rho}) = y^s(\underset{(-)}{\frac{W}{P}}) = y \tag{4.18}$$

$$\frac{f^d}{P}(\underset{(?)}{\frac{W}{P}}, \underset{(-)}{P}, \underset{(+)}{r}, \underset{(+)}{\rho}) = \frac{f^s}{P}(\underset{(-)}{r}) = \frac{f}{P} \tag{4.19}$$

方程式(4.17—4.19)对应第三章方程式(3.23—3.25)。此外有一个小小的例外，W/P 、P 与 r 变化的影响性质在方程式(4.17—4.19)中和在方程式(3.23—3.25)中是一样的。这一例外涉及 ρ 给定条件下 P 对现有货币余额实际价值贬值率的影响。回忆(3.25)方程式有关 P 对 f^d/P 影响的讨论。P 的上升会减少 Ω_0，因此会增加 a^d/P 并趋向增加 f^d/P 。同时，P 的上升也会减少 M/P ，因此会增加 m^d/P 并趋向减少 f^d/P 。现在还有一种影响，P 的上升会减少 $\rho(M/P)$ 项，因此会减少 m^d/P 并趋向增加 f^d/P 。就方程式(3.25)来说，我们假设系数 λ_m 足够大，使得第二种影响超过第一种影响。现在，如果 λ_m 也远远大于 ρ ，则第二种

影响将仍然超过第一种影响和第三种影响的和。[①] 因此，方程式168 (4.19)继续将 P 与 f^d/P 的关系界定成反比的。

方程式(4.17—4.19)考察的全新内容是预期价格变化率 ρ 。如果 W/P 、P 与 r 给定，ρ 变化对 l^s 与 y^d 的影响方向直接涉及 r 不变时 ρ 与 Ω_0 之间的反比关系，方程式(4.81)对此已有详细说明。[②] 不过，ρ 变化对 f^d/P 的影响却涉及三个因素：ρ 与 Ω_0 之间的反比关系，ρ 与 $(M/P)^\circ$ 之间的反比关系，和 ρ 与现有货币余额实际价值贬值率之间的关系 $\rho M/P$ 。前两个关系意味着 ρ 的增加一般会增加 f^d/P ，而第三个关系意味着相反的效果。但是，如果 λ_m 也同样是远远大于 ρ ，则第二种关系的影响将超过第三种关系的影响。[③]

像第一章与第三章一样，一般市场出清条件的表达式不要求单独陈述货币余额的理论流量需求和理论流量供给之间的相等，方程式(3.26)形式的瓦尔拉斯市场法则依然适用。因此，满足方程式(4.17—4.19)的 $(W/P)^*$ 、P^* 与 r^* 组合也满足等式 $m^d/P=m^s/P=m/P$ 。考虑到关系式 $m^d/P\equiv(m/P)^d+\rho M/P$ ，货币流量等式可以表示为：

---

① 从方程式(4.7)知，第二种与第三种影响的净结果唯一地由 $(\lambda_m-\rho)M/P$ 给出。

② 如果商品是耐贮存的，则 ρ 的变化也会通过影响持有商品存货的收益而影响商品的需求。

③ 从方程式(4.4)与(4.7)知，这两种关系影响的净结果是由 $\frac{1}{2}\frac{\lambda_m}{r+\rho}\left(\frac{M}{P}\right)^\circ-\frac{M}{P}$ 给出的。

$$\frac{m^d}{P} \equiv \left(\frac{m}{P}\right)^d \left(\underset{(+)}{\frac{W}{P}}, \underset{(+)}{P}, \underset{(-)}{r+\rho}\right) + \rho \frac{M}{P} = \frac{m^s}{P} = \frac{m}{P} \tag{4.20}$$

同样，让我们考察 ρ 和实际价格变化率之间可能产生的差异，实际货币余额的实际变化率由下式给出：

$$\frac{\mathrm{d}(M/P)}{\mathrm{d}t} = \frac{m}{P} - \left(\frac{1}{P}\frac{\mathrm{d}P}{\mathrm{d}t}\right)\frac{M}{P}$$

用方程式(4.20)代替 m/P 得： 169

$$\frac{\mathrm{d}(M/P)}{\mathrm{d}t} = \left(\frac{m}{P}\right)^d + \left(\rho - \frac{1}{P}\frac{\mathrm{d}P}{\mathrm{d}t}\right)\frac{M}{P}$$

因此，虽然名义货币余额的实际变化率等于以预期通货膨胀率为基础的合意变化率，实际货币余额的实际变化率却不同于和 ρ 与 $\dot{P}/P$ 之差一致的预期变化率。同样，对实际债券持有量的变化率有：

$$\frac{\mathrm{d}(P_b B/P)}{\mathrm{d}t} = \left(\frac{P_b}{P}b\right)^d + \left(\rho - \frac{1}{P}\frac{\mathrm{d}P}{\mathrm{d}t}\right)\frac{P_b B}{P}$$

方程式(4.17—4.20)以 ρ 、W/P 、P 与实际收益率 r 表达了市场出清条件。不过，对接下来的比较静态分析来说，以名义收益率 R 表达市场出清条件也是有指导意义的。继续按方程式(4.17—4.20)推导，但进一步用关系式 $r=R-\rho$ 代替 r ，我们得到：

$$l^d\left(\underset{(-)}{\frac{W}{P}}\right) = l^s\left(\underset{(+)}{\frac{W}{P}}, \underset{(+)}{P}, \underset{(+)}{R}, \underset{(?)}{\rho}\right) = l \tag{4.21}$$

$$y^d\left(\underset{(+)}{\frac{W}{P}}, \underset{(-)}{P}, \underset{(-)}{R}, \underset{(+)}{\rho}\right) = y^s\left(\underset{(-)}{\frac{W}{P}}\right) = y \tag{4.22}$$

$$\frac{f^d}{P}\left(\underset{(?)}{\frac{W}{P}}, \underset{(-)}{P}, \underset{(+)}{R}, \underset{(-)}{\rho}\right) = \frac{f^s}{P}\left(\underset{(-)}{R}, \underset{(+)}{\rho}\right) = \frac{f}{P} \tag{4.23}$$

$$\left(\frac{m}{P}\right)^{d}\left(\underset{(+)}{\frac{W}{P}},\underset{(+)}{P},\underset{(-)}{R}\right)+\rho\frac{M}{P}=\frac{m^{s}}{P}=\frac{m}{P} \tag{4.24}$$

在方程式(4.21—4.24)中，W/P 与 P 变化的影响和在方程式(4.17—4.20)中是一样的。此外，给定了 ρ 之后，R 在方程式(4.21—4.24)中变化的影响和 r 在方程式(4.17—4.20)中变化的影响是一样的。不过，在方程式(4.21—4.24)中，ρ 变化的影响却不同于 ρ 在方程式(4.17—4.20)中变化的影响。

对给定 R 的值，ρ 变化对 l^{s} 的影响涉及两种因素：ρ 与 Ω_0 之间的关系和 ρ 与 r 之间的反比关系。正如方程式(4.8.2)揭示的，在 R 而非 r 保持不变的情况下，ρ 与 Ω_0 之间的关系是不明确的。给定了 Ω_0，r 与 l^{s} 之间的关系也是不明确的。因此，我们得出的
170 结论是在方程式(4.21)中，ρ 对 l^{s} 的全部影响是不明确的。

给定了 R，现在 ρ 变化对 y^{d} 的影响涉及三种因素：ρ 与 r 之间对 k^{d} 的反比关系，ρ 与 Ω_0 之间的关系和 ρ 与 r 之间对 c^{d} 的反比关系。第一种关系意味着 ρ 的上升会增加 y^{d}。如果这种影响绝对超过第二、第三种关系的不明确影响，ρ 的上升总的说来会增加 y^{d}。①

再来看金融资产市场，给定 R，ρ 的变化对 f^{d}/P 的影响也涉及三种因素：ρ 与 Ω_0 之间的关系；ρ 与 r 之间的反比关系，通过 r 影响 a^{d}/P；和 ρ 与现有货币余额实际价值贬值率之间的关系。注意，由于 R 是固定不变的，$(M/P)^{\circ}$ 不会随 ρ 发生变化。第三种关

① 给定 R，如果 ρ 上升增加了 Ω_0，则第二种关系会强化第一种关系。如果 π 比 $\pi+R(M/P)^{\circ}+\gamma v^{\circ}$ 之和小不了多少，结果第二种关系会强化第一种关系。如果给定 Ω_0 的值，r 影响 c^{d} 的替代效应超过财富效应，那么第三种关系也会强化第一种关系。

系意味着 ρ 与 f^d/P 是反比关系。如果这一关系的影响超过第一、第二种关系的不明确影响，ρ 的增加总的说来会减少 f^d/P 。[①] ρ 的变化对 f^s/P 的影响是通过影响 k^d 起作用的，涉及 ρ 与 r 之间的反比关系。最后，因为 ρ 只是通过 $r+\rho=R$ 和进入 $(m/P)^d$ 函数，所以如果给定了 R 的值，$(m/P)^d$ 不受 ρ 的影响。

二、比较静态分析

这里的比较静态分析把预期价格变化率的变化当作外生变量，研究它对满足市场出清条件的各种内生变量值的影响。[②] 分析的一般形式和第三章的比较静态分析极其近似。具体说，为了 171
使分析适应二维图形，我们再次采用近似法，忽略 W/P 、Ω_0 与 r 对 l^s 的影响。因此，$(W/P)^*$ 的值直接从劳动市场出清条件得出。在这样的分析背景下，我们集中讨论 ρ 变化对 P^* 、r^* 与 R^* 的影响。

图 4.1 中的实线描绘的是在 W/P 与 ρ 的值给定条件下，符合商品与金融资产市场出清的 r 与 P 不同值的各种组合，这些组合也和货币余额的理论流量需求与供给之间的相等是一致的。图 4.1 描绘的轨迹和图 3.1 对应的轨迹有着同样的斜率，关于这些

① 给定 R，如果 ρ 上升增加了 Ω_0，则第一种关系会强化第三种关系。如果 Ω_0 的值给定，r 对 a^d/P 影响的替代效应超过财富效应，那么第二种关系也会强化第三种关系。

② 在长期分析背景中将会更为有趣的另一种外生干扰，是 ρ 的变化伴随着货币存量增长率 m/M 的同样变化。如果政府将新的货币通过转移支付分配给居民户，m/M 的变化将意味着 τ 的变化是按 m/P 项变化的，且 Ω_0 有相应的变化。因此，这种对 Ω_0 的附加影响，不会改变下文有关 ρ 变化影响的讨论所得出的定性结论。我们将这种结论的证明作为练习留给读者。

斜率的讨论不再赘述。图 4.1 中的虚线描绘了 ρ 外生增加的各种影响。

为分析这些影响，首先考察方程式(4.15)与(4.18)所描述的 $y^d = y^s$ 轨迹。ρ 的增加会抑制 c^d，因此会减少 y^d 并使得这一轨迹向下移动。这种移动反映了 ρ 与 Ω_0 之间的反比关系。其次，考察方程式(4.16)与(4.19)描述的 $f^d/P = f^s/P$ 轨迹。ρ 的增加会增
172 加 f^d/P，因此也会使这一轨迹向下移动。这种移动主要反映了随着 ρ 增加的替代效应，即人们会减少货币持有量，增加收益性资产持有量。毫无疑问，新的一般市场出清情形必然有更低的实际收益率。

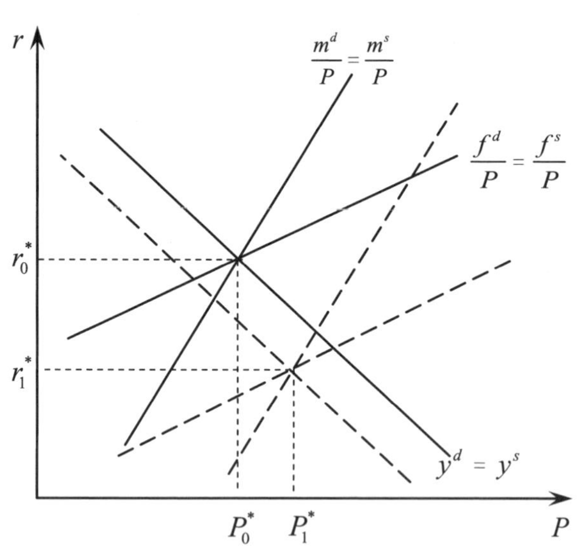

图 4.1　预期价格变化率外生增加对 r^* 与 P^* 的影响

图 4.1 的结构也表明，新的一般市场出清情形也有更高的价格水平。这种结果对应的假设是，$f^d/P = f^s/P$ 轨迹向下移动的

程度要大于 $y^d = y^s$ 轨迹向下移动的程度。换言之，ρ 的增加会提高 P^* ，因而降低 M/P^* 与 i/P^* 的结论有赖于这样的假设，随着 ρ 的增加，人们从减少货币持有量转向更多收益性资产持有量的替代效应，较之于 ρ 与 Ω_0 之间的反比关系对消费需求的影响，是一个更重要的影响力。

现在考察方程式(4.20)描述的 $m^d/P = m^s/P$ 轨迹。ρ 的增加会抑制 $(m/P)^d$ 上升，但会增加 $\rho M/P$ 。不过，如果系数 λ_m 远大于 ρ ，则第一种影响会占优势，所以 m^d/P 下降。结果是这一轨迹向右移动，和轨迹 $y^d = y^s$ 与轨迹 $f^d/P = f^s/P$ 右移的交点重合。

由于 ρ 的增加会降低 r^* ，也会提高 k^* 。l^s 保持不变的假设意味着 ρ 的增加必然会抑制 c^* 。对应的 c^d 下降主要反映了 Ω_0 的减少，Ω_0 的减少既是 ρ 增加，也是 P^* 随之上升的结果。①

我们也要考察 ρ 变化对符合一般市场出清的名义收益率 R^* 的影响。这些影响特别重要，因为在长期，R^* 的水平决定 γv 的水平，因此决定了用于提供交易服务的资源量。图 4.2 中的实线描述了在 W/P 与 ρ 值给定的条件下，符合商品和金融资产市场出清的 R 与 P 值的各种组合，这些组合和货币余额的理论流量需求与理论供给之间相等是一致的。在 ρ 等于零的情况下，图 4.2 描绘的实线等同于图 4.1 描绘的实线。同样，图 4.2 中的虚线描述了 ρ 的外生增加的各种影响。

为了分析这些影响，首先考察方程式(4.15)与(4.22)描绘的 173

① 由于 c^d 总的来说是下降的，给定 W/P 的初始值，推断人们想要的闲暇也会减少从而 l^s 会增加是合理的。因此，在更完整的分析中，ρ 的上升一般会提高 l 与 y 并减少 W/P 。

$y^d = y^s$ 轨迹。给定 R，ρ 的增加会增加 y^d 并使轨迹向上移动。其次考察方程式(4.16)与(4.23)描绘的 $f^d/P = f^s/P$ 轨迹。给定 R，ρ 的增加会减少 f^d/P 增加 f^s/P，因此会使轨迹也向上移动。毫无疑问，新的一般市场出清情形有更高的名义收益率。此外，为了和图 4.1 结构使用的假设保持一致，图 4.2 描述的新的市场出清情形有更高的价格水平。现在，这一假设意味着在 (P,R) 平面空间，$y^d = y^s$ 轨迹向上移动的程度要大于 $f^d/P = f^s/P$ 轨迹向上移动的程度。最后，ρ 的增加会增加 $\rho M/P$，因此使得方程式(4.24)描绘的 $m^d/P = m^s/P$ 轨迹向左移动。

虽然图 4.2 表明 ρ 的增加会增加 R^*，但图 4.1 表明 ρ 的增加也会降低 r^*。因此，由此导致的 R^* 增加小于 ρ 的增加，因为 $\rho = R -$
174 r，通货膨胀预期的增加必然会扩大符合一般市场出清条件的预期实际收益率和预期名义收益率的差额。扩大的差额涉及某种程度的更高名义收益率和某种程度的更低实际收益率。一方面，R^* 的增加对再度出清商品与金融资产市场是必要的，因为在 R^* 的初始值，ρ 的增加会通过增加 y^d 造成商品的超额需求，通过降低 f^d/P 与增加 f^s/P 造成金融资产的超额供给。另一方面，r^* 的降低是必要的，因为在 r^* 的初始值，ρ 的增加会通过降低 c^d 造成商品的超额供给，通过提高 f^d/P 造成金融资产的超额需求。①②

① 在 1965 年 2 月刊载于《政治经济学杂志》的“对宏观经济均衡解释的一个谬误”一文中，蒙代尔(Mundell，R. A.)展开的分析得出了相同的结论，虽然他的分析并没有考虑图 4.1 所描述的 ρ 对 $y^d = y^s$ 轨迹的直接影响。

② 现在的分析保持 K 不变，因此研究的只是短期，卡尔尼(Karni，E.)在 1972 年 3/4 月刊载于《政治经济学杂志》的“通货膨胀与实际利息率：一个长期分析”一文中，讨论了和 K 的利息率诱导性变化联系的 ρ 变化一些长期的可能结果。

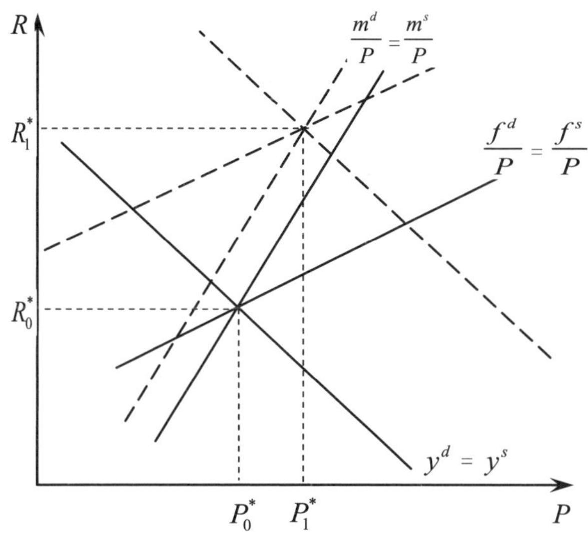

图 4.2　预期价格变化率外生增加对 R^* 与 P^* 的影响

正如方程式(4.3)说明的，由于 ρ 的上升会引起 R^* 的上升，它也会引起目标交易次数 υ° 的增加。最初，实际交易次数是预定的。但随着时间的过去，随着居民户将 υ 调向更高的 υ°，他们对交易服务的需求 $\gamma\upsilon$ 也会增加。和第三章第三节第三条讨论的一样，随时间增加的 $\gamma\upsilon$ 会提高 r^* 与 P^*，并减少 k^* 与 c^*。在总产出 y^* 给定的情况下，r^* 与 P^* 的提高对减少 k^* 与 c^* 是必要的，从而能够满足对金融服务的更多需求。因此，ρ 增加对 $\gamma\upsilon$ 的长期影响一般是同时强化 P^* 与 R^* 的初始上升和 c^* 的初始减少。但是，随时间增加的 $\gamma\upsilon$ 一般趋向抵消 r^* 的初始下降与 k^* 的初始上升。[①] 换言之，如果忽略 ρ 对 $\gamma\upsilon$ 的长期影响，我们得出的结论是，ρ 175

① 在完整的长期分析中，r 有可能回复到其初始值。当 $\upsilon=\upsilon^{\circ}$ 时，$\gamma\upsilon$ 的增加会大致冲抵由 $\gamma\upsilon^{\circ}$ 增加引起的 c^d 减少以及对应的 Ω_0 的下降。正像上面注释 14 说明的，如

的增加会造成从现期消费转向物质资本积累的一对一的替代效应。但是，由此引起 $\gamma \nu$ 的随时间增加意味着，ρ 的增加造成用于消费与投资的总产出减少。因此，任何投资的净增加对应的都必然是多于一对一的现期消费减少。[①]

数学注释

在 W/P 给定条件下，我们可以通过求解下述方程组确定 ρ 的变化对 P^* 与 r^* 的影响，这些方程组是通过求(4.18)与(4.19)方程式的导数得到的：

$$\begin{pmatrix} \dfrac{\delta y^d}{\delta P} & \dfrac{\delta y^d}{\delta r} \\ \dfrac{\delta(f^d/P)}{\delta P} & \dfrac{\delta(f^d/P)}{\delta r} - \dfrac{\delta(f^s/P)}{\delta r} \end{pmatrix} \begin{pmatrix} \dfrac{\mathrm{d}P^*}{\mathrm{d}\rho} \\ \dfrac{\mathrm{d}r^*}{\mathrm{d}\rho} \end{pmatrix} = \begin{pmatrix} -\dfrac{\delta y^d}{\delta \rho} \\ -\dfrac{\delta(f^d/P)}{\mathrm{d}\rho} \end{pmatrix}$$

果 ρ 的增加伴随着货币存量增长率 m/M 的同样变化，新发行货币以转移支付方式分给居民户，那么 τ 的隐含减少就会抵消 $\rho(M/P)^{\circ}$ 的增加并保持 Ω_0 数量的不变。如果税收是政府为未来支付实际利息提供资金征缴的，居民户又考虑到(无限期生命计划周期)更高的未来价格削减税收的影响，那么 ρ 减少政府债券实际价值的结果就不会影响 Ω_0。最后，持有货币放弃的实际利息 $r(M/P)^{\circ}$ 随 ρ 的增加减少，意味着 Ω_0 的增加。在无限期的生命计划周期情况下，最后一种影响意味着 Ω_0 有赖于 $M/P-(M/P)^{\circ}$，即实际余额相对于理论的实际余额的关系，而不是 M/P 本身。在这种情况下，ρ 增加的长期影响可以用图形表述，在图 4.1 中表现为 $y^d = y^s$ 轨迹向右移动，和另外两条轨迹在初始实际利率 r_0^*、更高价格水平 P_1^* 组合点相交。(这一分析忽略任何引致的劳动供给变化)。在 ρ 增加的长期分析中，资本积累不会受到影响，名义利率将会随 ρ 一对一地上升，唯一的实际结果是一部分产出从消费转向金融服务。

① 如果企业承担交易成本，为减少提供交易服务使用的劳动量而持有货币，也会得到同样的结论。在这种情况下，实际货币持有量的减少意味着把劳动从消费与投资品的生产中转移走了。对这种情况的分析，参见斯达因(Stein, J.)1971 年出版的《货币和生产能力的增长》第一章，和巴罗与桑托梅洛(Santomero, A. M.)1974 年 3 月刊载于《金融杂志》的“居民户货币需求模型”一文。

解为：

$$\frac{\mathrm{d}P^*}{\mathrm{d}\rho}=\begin{pmatrix} -\dfrac{\delta y^d}{\delta\rho} & \dfrac{\delta y^d}{\delta r} \\ -\dfrac{\delta(f^d/P)}{\delta\rho} & \dfrac{\delta(f^d/P)}{\delta r}-\dfrac{\delta(f^s/P)}{\delta r} \end{pmatrix}$$

$$\div\begin{pmatrix} \dfrac{\delta y^d}{\delta P} & \dfrac{\delta y^d}{\delta r} \\ \dfrac{\delta(f^d/P)}{\delta P} & \dfrac{\delta(f^d/P)}{\delta r}-\dfrac{\delta(f^s/P)}{\delta r} \end{pmatrix}$$

如果分子是负的，则解是正的，且： 176

$$\frac{\mathrm{d}r^*}{\mathrm{d}\rho}=\begin{pmatrix} \dfrac{\delta y^d}{\delta P} & -\dfrac{\delta y^d}{\delta\rho} \\ \dfrac{\delta(f^d/P)}{\delta P} & -\dfrac{\delta(f^d/P)}{\delta\rho} \end{pmatrix}\div\begin{pmatrix} \dfrac{\delta y^d}{\delta P} & \dfrac{\delta y^d}{\delta r} \\ \dfrac{\delta(f^d/P)}{\delta P} & \dfrac{\delta(f^d/P)}{\delta r}-\dfrac{\delta(f^s/P)}{\delta r} \end{pmatrix}$$

该解毫无疑义是负的。

同样，我们通过求解下述方程组能够确定 ρ 对 P^* 与 R^* 的影响，这些方程组是通过求(4.22)与(4.23)方程式的导数得到的：

$$\begin{pmatrix} \dfrac{\delta y^d}{\delta P} & \dfrac{\delta y^d}{\delta R} \\ \dfrac{\delta(f^d/P)}{\delta P} & \dfrac{\delta(f^d/P)}{\delta r}-\dfrac{\delta(f^s/P)}{\delta R} \end{pmatrix}\begin{pmatrix} \dfrac{\mathrm{d}P^*}{\mathrm{d}\rho} \\ \dfrac{\mathrm{d}R^*}{\mathrm{d}\rho} \end{pmatrix}=\begin{pmatrix} -\dfrac{\delta y^d}{\delta\rho} \\ \dfrac{\delta(f^s/P)}{\delta\rho}-\dfrac{\delta(f^d/P)}{\mathrm{d}\rho} \end{pmatrix}$$

解为：

$$\frac{\mathrm{d}P^*}{\mathrm{d}\rho}=\begin{pmatrix} -\dfrac{\delta y^d}{\delta\rho} & \dfrac{\delta y^d}{\delta R} \\ \dfrac{\delta(f^s/P)}{\delta\rho}-\dfrac{\delta(f^d/P)}{\delta\rho} & \dfrac{\delta(f^d/P)}{\delta R}-\dfrac{\delta(f^s/P)}{\delta R} \end{pmatrix}$$

$$\div \begin{vmatrix} \dfrac{\delta y^d}{\delta P} & \dfrac{\delta y^d}{\delta R} \\ \dfrac{\delta(f^d/P)}{\delta P} & \dfrac{\delta(f^d/P)}{\delta R}-\dfrac{\delta(f^s/P)}{\delta R} \end{vmatrix}$$

如果分子是负的，则解是正的，且：

$$\frac{\mathrm{d}R^*}{\mathrm{d}\rho}=\begin{vmatrix} \dfrac{\delta y^d}{\delta P} & -\dfrac{\delta y^d}{\delta \rho} \\ \dfrac{\delta(f^d/P)}{\delta P} & \dfrac{\delta(f^s/P)}{\delta \rho}-\dfrac{\delta(f^d/P)}{\delta \rho} \end{vmatrix}$$

$$\div \begin{vmatrix} \dfrac{\delta y^d}{\delta P} & \dfrac{\delta y^d}{\delta R} \\ \dfrac{\delta(f^d/P)}{\delta P} & \dfrac{\delta(f^d/P)}{\delta R}-\dfrac{\delta(f^s/P)}{\delta R} \end{vmatrix}$$

第四节　通货膨胀、预期通货膨胀和收益率的动态分析

前一节讨论了通货膨胀预期变化的比较静态影响，通货膨胀预期被视为外生变量。两个主要的有联系的局限性大大妨碍了这种讨论。首先，将 ρ 当作完全的外生变量似乎过分苛刻。一般地说，ρ 被看作是对未来通货膨胀的预测，应该有重要的内生元素。具体说，ρ 应该和过去与现在的实际通货膨胀经验有某种程度的关系。其次，在前一节分析中，即使预期在长期中得以实现，对一般市场出清条件的满足也不可能始终是连续的。换句话说，无论是在短期还是长期，前一章的分析都不能保证随着时间的推移，价格 P 会按照 ρ 值规定的那样，跟随 P^* 的变化而变化，符合有关 P

变化的预期。

这一节将努力矫正这两方面的缺陷。首先，我们通过将 ρ 和过去的与现在的实际价格变化联系起来，详细说明一个简单的导致 ρ 内生的适应性机制。其次，我们设计一个更一般性的、将通货膨胀预期的直接影响纳入考虑的价格调整关系表达式。这一拓展的公式化表述使得预期的实现和一般市场出清条件的满足之间随时间的推移走向一致。最后，为了弄清楚这些新考察内容的可能结果，我们对向扩张性货币政策转变的影响给予动态分析。

一、适应性预期

为了说明 ρ 变量的内生过程，我们将 ρ 视为代表性厂商与代表性居民户对未来要达到的实际价格变化率形成的预测。我们假定代表性厂商或代表性居民户的预测是以实际价格变化的记录为基础的，具体说它不断调整（或修正）自己的预期以使预期和经验符合。为简单起见，我们假定这种修正机制的运行速度是有限的，形式上是线性的，亦即[①]

$$\frac{\mathrm{d}\rho}{\mathrm{d}t}=\theta\left(\frac{1}{P}\,\frac{\mathrm{d}P}{\mathrm{d}t}-\rho\right) \tag{4.25}$$

式中的 θ 系数是正的，而且为简单起见被当作常数。 178

虽然方程式(4.25)由于简单性很方便，但这种预期形成的特

① 卡甘(Cagan, P.)在 1956 年辑录于《货币数量理论研究》一书的“恶性通货膨胀的货币动态机制”论文中，提出了一个早期的线性适应性预期假设的公式及应用。卡甘的分析表明，将方程式(4.25)作为微分方程求解的结果是，ρ 是所有 $\dot{P}/P$ 现在和过去值的加权平均值。在本文的分析背景，也可参见阿莱斯(Allais, M.)1966 年 12 月刊载于《美国经济评论》的“货币数量论的重新表述”一文。

定模型缺乏普遍性。首先，它忽视了上一节提及的 ρ 外生变化的所有原因。其次，即使代表性的厂商与居民户认为通货膨胀的产生过程不受其他经济现象影响，方程式(4.25)也只是在非常特殊的条件下表示一种最优的通货膨胀率预报器。①② 不过，方程式(4.25)的线性形式对接下来的任何讨论不都是必要的。

二、存在预期价格变化的价格调整关系

第一、二章分析采用了价格制定机构的概念。它的工作是要找到符合一般市场出清条件的价格水平 P^* 。我们假设价格制定机构知道商品需求与供给函数偏导数的正负，因此根据其观察到的商品超额需求或超额供给来提高或降低 P 。因此，方程式(1.17)与(2.27)把价格变化率仅仅解释为商品总需求量与总供给量差额的增函数。

然而，只有当市场出清价格预期不会随时间变化时，这种调整策略似乎才是恰当的。相反，现在假设价格制定机构预期 P^* 会随时间变化，以 ρ^* 来表示这一预期变化率。则似乎可能的是，最优调整策略会考虑这种预期的变化趋势，而不会坐等它增大 P 与

① 在预期是由市场参与者能够获得的充分信息决定的‘理性预期’模式的分析背景里，萨金特(Sargent, T.)与华莱士(N. Wallace)1973 年 6 月刊载于《国际经济评论》的“理性预期和恶性通货膨胀的动态机制”一文对这一问题进行了讨论。要了解有关理性预期方法更深入的阐述，参见穆斯(Muth, J. F.)1961 年 7 月刊载于《计量经济学》的“理性预期和价格运动理论”一文，卢卡斯(Lucas, R. E.)1972 年 4 月刊载于《经济理论杂志》的“预期和货币中性”一文，和萨金特(Sargent, T.)1973 年辑录于《布鲁金斯经济活动报告》2 号的“理性预期、实际利息率和自然失业率”一文。

② 方程式(4.25)未能涵盖的实际可能性是，预期价格变化率似乎取决于其适用的时期。

P^* 之间的有限偏差。如果有了这种考虑，并假设商品理论需求与理论供给是相关的，那么将价格调整关系表示成如下形式似乎是恰当的：

$$\frac{1}{P}\frac{\mathrm{d}P}{\mathrm{d}t}=\lambda_P(y^d-y^s)+\rho^* \tag{4.26}$$

根据方程式(4.26)，价格调整是两种影响因素合力作用的结果：第一种影响力试图矫正现有 P 与 P^* 当前值的偏差；第二种影 179
响力试图预期并阻止未来 P 与 P^* 之间可能出现的任何偏差。①

最后，为了分析变量 ρ^* 的重要性，我们必须详细说明其产生的过程。一个简单而可信的公式化说明是，假设价格制定机构对 ρ^* 变化的预测是以价格变化的实际记录为基础的。特别的，为简单起见，假设方程式(4.25)规定的线性适应机制不仅产生了 ρ，也产生了 ρ^*。这一假设顺理成章的含义是 ρ^* 等于 ρ。

和 ρ^* 与 ρ 相等一起，方程式(4.26)还有两个重要涵义是特别值得注意的。首先，方程式(4.26)使得商品市场的出清和有关商品价格变化率预期的实现一致起来。在方程式(4.26)中，当且仅当 $(1/P)(\mathrm{d}P/\mathrm{d}t)$ 等于 ρ 时，y^d 才等于 y^s。因此，方程式(4.26)意味着满足一般市场出清条件的内生变量的值，也满足当前持有的价格预期变成现实。其次，方程式(4.26)揭示了价格变化预期是通过两个不同的渠道影响实际的价格变化率。第一个渠道是 ρ 对 y^d 的各种影响，这些影响在本章第二、三节已做了分析。第二

① 和方程式(4.26)类似，劳动市场的表达式是 $\frac{1}{W}\frac{\mathrm{d}W}{\mathrm{d}t}=\lambda_W(l^d-l^s)+\rho_W^*$，式中 ρ_W^* 是 W^* 的预期变化率，可能等于或不等于 ρ^*。

个渠道是对给定的 y^d 与 y^s 值，通过价格制定机构的调整策略实现的 ρ 对 $(1/P)(\mathrm{d}P/\mathrm{d}t)$ 一对一的直接影响。

三、货币政策的动态效应

第三章包含对扩张性货币政策转向的比较静态影响的分析。对给定的 ρ 值，特别是 ρ 等于零时，这一分析表明 m^s/P 的增加和对应 $P_b b^s/P$ 的减少最初会使得 $f^d/P=f^s/P$ 轨迹向右移动，从而会提高 P^* 并降低 r^* 。而且，随着时间的过去，M 在增加且 B 在减少，$y^d=y^s$ 轨迹会不断地向右移动，$f^d/P=f^s/P$ 轨迹会不断地
180 进一步向右移动。因此，随着时间的推移，P^* 会继续上升，以致代表性居民户认为政府债券利息的现值是净增加的财富，r^* 会继续下降。本部分在两个方面扩展这种分析。首先，本部分集中讨论价格与收益率随时间的实际变动，引入详尽的动态分析补充对 P^* 与 r^* 变化的比较静态分析。其次，本部分考察由 P 变化引起的 ρ 的内生变化的性质与影响，并分析 ρ 、P 、r 与 R 之间的反馈机制。① 不过，这一分析仍然抽象掉了资本存量变化的动态机制，亦即整个分析过程假定 K 的值是固定的。

把扩张性货币政策的转向分为三个阶段，能够有效的分析这种变化的动态影响。假设在外生干扰之前，一般市场出清条件是

---

① 对这些相同的研究领域，弗里德曼（Friedman，M.）1968 年辑录于《储蓄住房金融，1968 年会议论文》的“利息率水平的影响因素”一文，包含更早的、较少公式化的讨论。对这些考察经验意义的一些有趣评价，参见法恩德（Fand，D.）1972 年 3 月刊载于《意大利国家劳工银行——季度评论》的“美国的高利率与通货膨胀：原因还是结果?”一文，和卡尔（Carr，J.）与斯密斯（Smith，L. B.）1972 年 8 月刊载于《货币、信贷和银行业务杂志》的“货币供给、利率与产量曲线”一文。

满足的，ρ 等于零，所以 R 等于 r 。

第一阶段：像第三章一样，在取值总是符合金融资产市场实际出清的意义上，假设收益率的调整是瞬间发生的。相反，假设价格的调整是按照方程式(4.26)进行的。因此，给定了 P 与 ρ 的初始水平后，扩张性货币政策第一阶段是金融资产市场出清所必需的 R 与 r 的下降。因为在 P 与 ρ 给定的情况下，R 与 r 的下降会造成商品市场出现超额需求，金融资产市场的出清要求实际的而非理论的金融资产需求与供给相等。为简单起见，图 4.3 没有明确地描绘 $f^d/P=f^s/P$ 轨迹和 $f^d/P=f^s/P$ 轨迹之间的区别。正如显而易见的那样，给定这两条轨迹都有正的斜率，这种区别对目前的讨论没有明显的重要意义。图 4.3 垂直箭头说明了 R 与 r 在第一阶段从 R_0^* 向 R_1 的下降过程。

第二阶段：尽管 P 的初始水平是给定的，但在第一阶段移动到 y^d 大于 y^s 的区间引起 $(1/P)(\mathrm{d}P/\mathrm{d}t)$ 变成正的。在第二节段，随着时间的过去，正的 $(1/P)(\mathrm{d}P/\mathrm{d}t)$ 引起 P 上升。如果市场出清轨迹不再移动，而且如果 ρ 依然等于零，那么 P 的增加意味着 R 与 r 也不得不上升以保持金融资产市场的出清。在这些条件下，第二阶段必然要求给定的金融资产市场出清轨迹逐渐地向上朝
$y^d=y^s$ 轨迹移动。P 值和仍然等于 r 的 R 值将会稳定增加，渐渐接 181
近他们新的市场出清值。图 4.3 把这些新的市场出清值记为 P_1^* 与 $R_1^*=r_1^*$ 。在这种情况下，第一阶段毫无疑问是 R^* 与 r^* 产生下冲的新值。P 的调整是对商品市场超额需求的反应，收益率的调整是对金融资产市场超额需求的反应。相对于 P 的反应调整，更快的收益率的反应调整意味着 R 与 r 先是迅速下降，然后对 P

的上升做出反应，渐渐上升。

不过，回忆由于 m^s 保持为正而 b^s 保持为负，M 增加而 B 减少，$f^d/P=f^s/P$ 轨迹和 $y^d=y^s$ 轨迹都会继续地向右移动。因此，给定 ρ，P^* 会稳定增加。但是，为了简化分析，我们在此忽略 M 增加与 B 减少对 r^* 与 R^* 的影响，并假定在第二阶段 R^* 与 r^* 仍然等于 R_1^* 与 r_1^*。这种简化涉及 Ω_0 不受 i/P 影响的近似算法，亦
182 即 i/P 的现值大致等于它必然包含的应纳税额的现值，代表性居民户不认为政府债券利息的现值是财富的净增额。换言之，为简单起见，现在的分析忽略第三章政府债券的存在可能动摇货币存量变化是中性的结论。

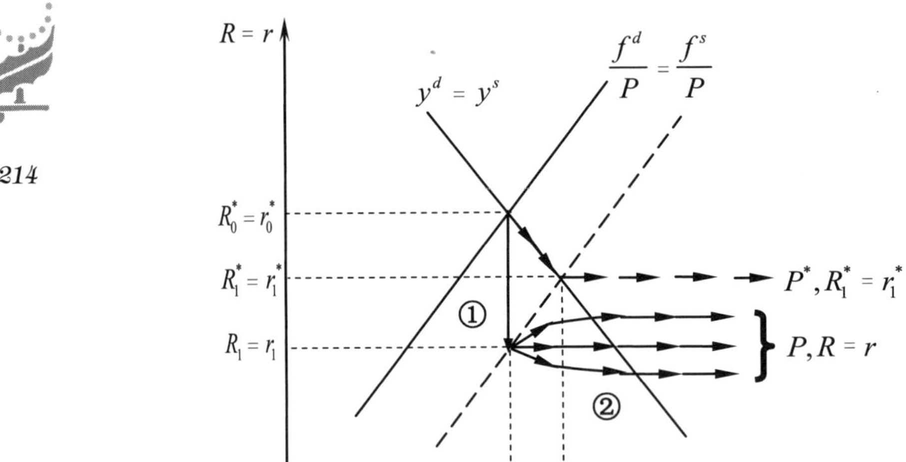

图 4.3　扩张性货币政策的动态效应：第一、二阶段

如果 $f^d/P=f^s/P$ 轨迹稳定地向右移动，则 R 与 r 在第二阶段的初始变动是两种相反影响力的净结果：第一种是 R 与 r 随 P

的上升而上升的趋势，需要沿给定的金融资产市场出清轨迹移动；第二种是 R 与 r 随 M 的增加而下降的趋势，需要金融资产市场出清轨迹向右移动。如果政府债券对财富没有影响，则这两种影响力的净结果就仅仅由 $(1/P)(\mathrm{d}P/\mathrm{d}t)$ 相对于货币扩张率 m/M 的初始大小决定。而初始 $(1/P)(\mathrm{d}P/\mathrm{d}t)$ 的大小又是由价格调整系数 λ_P 和第二阶段起点离 $y^d=y^s$ 轨迹的间距决定，如果这两者的组合足够大，则 $(1/P)(\mathrm{d}P/\mathrm{d}t)$ 一开始就比 m/M 大。在这种情况下，M/P 开始是下降的，且为了保持金融资产市场的出清，R 与 r 开始一定是上升的。但是，M/P 下降和 r 与 R 上升意味 y^d 下降，这又意味 $(1/P)(\mathrm{d}P/\mathrm{d}t)$ 下降。这种价格膨胀率的下降一直持续到 $(1/P)(\mathrm{d}P/\mathrm{d}t)$ 等于 m/M 为止，在此点 M/P 、R 与 r 不再变化。相反，如果 $(1/P)(\mathrm{d}P/\mathrm{d}t)$ 一开始比 m/M 小，则 M/P 开始是上升的，且为保持金融资产市场的出清，R 与 r 开始一定是下降的。在这种情况下，y^d 和 $(1/P)(\mathrm{d}P/\mathrm{d}t)$ 增加到 $(1/P)(\mathrm{d}P/\mathrm{d}t)$ 等于 m/M 为止，在此点 M/P 、R 与 r 再次成为常量。

不论第二阶段的起点如何，P 、R 与 r 的值最终会趋近 P 上升而 R 与 r 保持不变的时间路径。由于 P 持续上升，且根据假设 ρ 仍然等于零，在这些第二阶段路径的任何一条时间路径上，y^d 必然继续大于 y^s 。这种对商品超额需求的继续存在意味着 R 与 r 仍然低于 R^* 与 r^* 。而且，给定 $\rho=0$，这些时间路径反映了 $(1/P)(\mathrm{d}P/\mathrm{d}t)$ 是大于 ρ 的，也显示了预期永远都不会成为现实。

图 4.3 说明了第一阶段与第二阶段的各种可能性。虚线箭头描述了 P^* 与 $R^*=r^*$ 的时间路径。P^* 的值继续增加，$R^*=r^*$ 的值减少至 $R_1^*=r_1^*$，然后保持不变。正如上面已经说明的，垂直

183 的实线箭头描述了 R 与 r 第一阶段从 R_0^* 向 R_1 的下降过程，随后的三组实线箭头描述了第二阶段 P 与 $R=r$ 可能的时间路径。在最上面的路径，$(1/P)(\mathrm{d}P/\mathrm{d}t)$ 的初始值太大，不止于抵消 $f^d/P=f^s/P$ 轨迹继续向右移动的影响。因此，$R=r$ 先上升，然后趋近低于 R_1^* 但高于 R_1 的稳定值。在最下面的路径，$(1/P)(\mathrm{d}P/\mathrm{d}t)$ 的初始值太小，不足以抵消 $f^d/P=f^s/P$ 轨迹继续向右移动的影响。因此，$R=r$ 先下降，然后趋近同时低于 R_1^* 与 R_1 的稳定值。在中间的路径，$(1/P)(\mathrm{d}P/\mathrm{d}t)$ 的初始值恰好抵消 $f^d/P=f^s/P$ 轨迹继续向右移动的影响。因此，$R=r$ 保持等于 R_1 水平的稳定值。

第三阶段：尽管有正的实际价格变化率，上述第二阶段的讨论假定预期价格变化率始终等于零。第三阶段讨论预期价格变化率的引致性变化的各种影响。按照方程式(4.25)，ρ 对 $(1/P)(\mathrm{d}P/\mathrm{d}t)$ 变化的反应是逐渐适应。因此，P、R 与 r 实际上不会走完第二阶段开启的时间路径。随着时间的过去，$(1/P)(\mathrm{d}P/\mathrm{d}t)$ 的水平引起 ρ 变成正的。ρ 的这种增加以两种方式干扰 P、r 与 R 的时间路径：首先，根据方程式(4.26)，ρ 的增加会一对一地反作用于 $(1/P)(\mathrm{d}P/\mathrm{d}t)$。其次，根据本章第三节的比较静态分析，$\rho$ 的增加会移动市场出清轨迹并破坏 r 与 R 的关系。我们依次分析这两方面的考虑。

就自身而言，第一个考虑的结果将会是，这种反作用会引起 P、R 与 r 的时间路径收敛于图 4.3 中虚线箭头描述的一般市场出清路径，而非收敛于下面任何一个平行的时间路径。这种新的收敛特征不是由实际的时间路径起点和其在第二阶段的初始方向决定的，其影响机制是直截了当的。根据方程式(4.25)，ρ 的趋势

是收敛至和 $(1/P)(\mathrm{d}P/\mathrm{d}t)$ 相等。而且，根据方程式(4.26)，随着 ρ 向 $(1/P)(\mathrm{d}P/\mathrm{d}t)$ 的趋近相等，$y^d - y^s$ 会趋近于零。因此，在 ρ 同时适应 $(1/P)(\mathrm{d}P/\mathrm{d}t)$ 又一对一地反作用于 $(1/P)(\mathrm{d}P/\mathrm{d}t)$ 的情况下，P 、r 与 R 趋向的时间路径是 $(1/P)(\mathrm{d}P/\mathrm{d}t)$ 是正的且永远和商品市场出清保持一致。不仅如此，在这条时间路径上，$(1/P)(\mathrm{d}P/\mathrm{d}t)$ 将会等于 ρ，预期将会变成现实。换言之，P 、r 与 R 会收敛于动态均衡。

第二个考虑的结果是，P 、r^* 与 R^* 的时间路径发生移动。根据本章第三节的比较静态分析，ρ 的增加会使 P^* 与 R^* 上升而
使 r^* 下降。[①] 首先考察在 (P,r) 平面空间的动态变化的可能结 184
果。ρ 的增加是对正水平 $(1/P)(\mathrm{d}P/\mathrm{d}t)$ 的反应，会强化 P^* 现在的增加趋势并引起 r^* 下降。在图 4.4 中，虚线箭头描述的是考虑了 ρ 增加的 P^* 与 r^* 的时间路径。在第三阶段，如果动态变化是稳定的，则 P 与 r 的实际时间路径将收敛于 P^* 与 r^* 这一时间路径。图 4.4 中的实线箭头描述了 P 与 r 经过一、二、三阶段可能的时间路径。[②]

最后，考察在 (P,R) 平面空间的动态变化第三阶段的可能结果。ρ 的增加是对正水平 $(1/P)(\mathrm{d}P/\mathrm{d}t)$ 的反应，同样会强化 P^*
现在的增加趋势，也会使得 R^* 上升。在图 4.5 中，虚线箭头描述 185
的是考虑了 ρ 增加的 P^* 与 R^* 的时间路径。在第三阶段，如果动态变化是稳定的，则 P 与 R 的实际时间路径将会收敛于 P^* 与

---

① 不过，参见上面的 18 注释。

② 根据参数的值，P 、R 与 r 的时间路径现在可以是稳定的或不稳定的，直线的或摆动的。本节末的数学注释分析了相关的稳定条件。

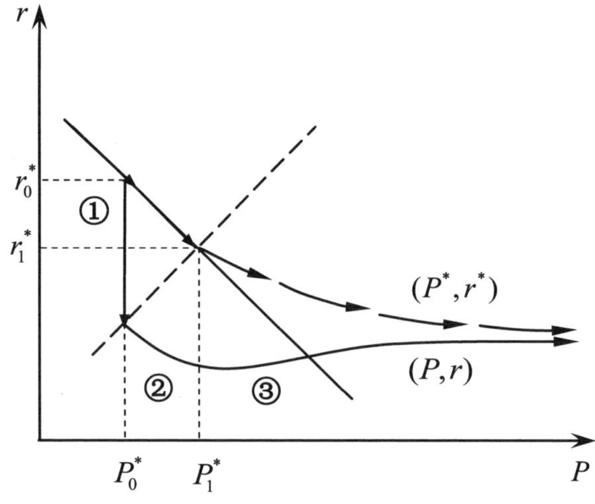

图 4.4　扩张性货币政策对 P 与 r 的动态效应:第一、二、三阶段

R^* 这一时间路径。图 4.5 中的实线箭头描述了一条 P 与 R 经过一、二、三阶段可能的时间路径。读者观察到一个重要的情况是,尽管向扩张性货币政策的转变最初在第一阶段抑制名义收益率的上升,并在第二阶段可能造成名义收益率一定时期内进一步下降,但通货膨胀预期的最终上升意味着名义收益率将在下一个时期即第三阶段将是上升的。因此,向扩张性货币政策的转变对 R 总的
186 长期影响是不明确的。在图 4.5 中,R^* 的长期水平一定高于 R_1^*,并且由于模型参数的不同,可能高于或低于 R_0^*。①②

① v^o 与 γv 的长期水平是由 R^* 的长期水平决定的。正如本章第三节第二部分在上面解释的那样,例如若果 R^* 的长期水平比 R_0^* 高,则 v^o 与 γv 在长期将高于它们的初始水平,而且随着时间的过去,γv 的增加将使 R^* 进一步上升。

② R^* 对 R_0^* 的长期关系是不明确的,因为在当前的例子,货币存量扩张是通过公开市场操作完成的。相反,如果货币扩张是通过转移支付实现的,则 R^* 的长期水平毫无疑问高于 R_0^*。

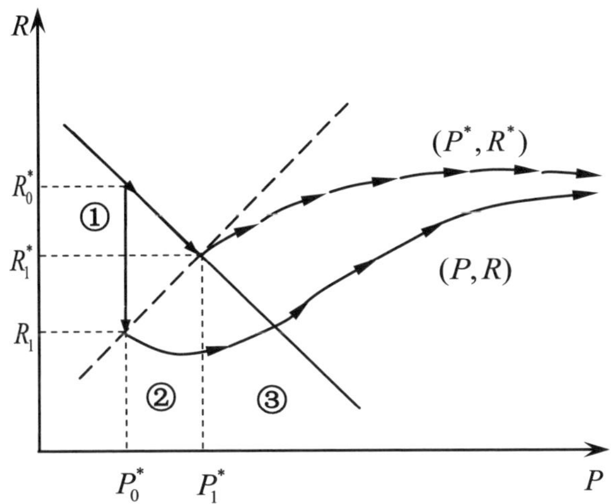

图 4.5　扩张性货币政策对 P 与 R 的动态效应：第一、二、三阶段

数学注释

给定 W/P，P、r 与 ρ 的动态变化遵循下述关系式：

$$\frac{1}{P}\frac{\mathrm{d}P}{\mathrm{d}t}=\lambda_P[y^d\underset{(-)}{(P},\underset{(-)}{r},\underset{(-)}{\rho)}-y^s]+\rho \tag{A.1}$$

$$\frac{\mathrm{d}\rho}{\mathrm{d}t}=\theta\left(\frac{1}{P}\frac{\mathrm{d}P}{\mathrm{d}t}-\rho\right) \tag{A.2}$$

$$\frac{f^d}{P}\underset{(-)}{(P},\underset{(+)}{r},\underset{(+)}{\rho)}=\frac{f^s}{P}\underset{(-)}{(r)} \tag{A.3}$$

我们可以从方程式(A.3)求解出 r，将 r 表示成 P 与 ρ 的函数。然后将解代入 y^d 函数，消掉方程式(A.1)与(A.2)中的 r，从而能将方程式(A.1)与(A.2)写成如下形式：

$$\frac{1}{P}\frac{\mathrm{d}P}{\mathrm{d}t}=\lambda_P F(P,\rho)+\rho \tag{A.4}$$

$$\frac{\mathrm{d}\rho}{\mathrm{d}t}=\theta\lambda_P F(P,\rho) \tag{A.5}$$

式中

$$\frac{\delta F}{\delta P}=\frac{\delta y^d}{\delta P}+\frac{\delta y^d}{\delta r}\frac{\delta(f^d/P)}{\delta P}\Big/\left(\frac{\delta(f^s/P)}{\delta r}-\frac{\delta(f^d/P)}{\delta r}\right)$$

该式的值毫无疑问是负的，且

$$\frac{\delta F}{\delta \rho}=\frac{\delta y^d}{\delta \rho}+\frac{\delta y^d}{\delta r}\frac{\delta(f^d/P)}{\delta \rho}\Big/\left(\frac{\delta(f^s/P)}{\delta r}-\frac{\delta(f^d/P)}{\delta r}\right)$$

187 从第四章第三节第二部分的数学注释知，如果 $\mathrm{d}P^*/\mathrm{d}\rho$ 是正的，那么该式的值是正的。P 与 ρ 时间路径的稳定性取决于特征根 ψ，其值可通过求解下面的方程确定：

$$\begin{vmatrix}\lambda_P\dfrac{\delta F}{\delta P}-\psi & \lambda_P\dfrac{\delta F}{\delta\rho}+1\\[2ex] \theta\lambda_P\dfrac{\delta F}{\delta P} & \theta\lambda_P\dfrac{\delta F}{\delta\rho}-\psi\end{vmatrix}=0$$

如果这些特征根的实数部分是负的，那么 P、r 与 ρ 的运动在局部是稳定的。稳定根的条件是：

$$\frac{\delta F}{\delta\rho}<-\frac{\delta F/\delta P}{\theta}$$

如果 $\delta F/\delta\rho$ 是正的，因为 $\delta F/\delta P$ 是负的，那么足够大的 θ 值就会产生不稳定性。注意稳定性条件不包含 λ_P。如果这些根是复数，那么 P、r 与 ρ 的运动将是摆动的。复数根的条件是：

$$-\frac{\delta F/\delta P}{\theta}-2\left(\frac{-\delta F/\delta P}{\theta\lambda_P}\right)^{\frac{1}{2}}<\frac{\delta F}{\delta\rho}<-\frac{\delta F/\delta P}{\theta}+2\left(\frac{-\delta F/\delta P}{\theta\lambda_P}\right)^{\frac{1}{2}}$$

概括起来，P、r 与 ρ 的运动可以采取四种可能的形式：

(1)直接收敛于 P^* 、r^* 与 ρ^* ，如果：

$$\frac{\delta F}{\delta\rho}<-\frac{\delta F/\delta P}{\theta}-2\left(\frac{-\delta F/\delta P}{\theta\lambda_P}\right)^{\frac{1}{2}}$$

(2)摆动式收敛于 P^* 、r^* 与 ρ^* ，如果：

$$-\frac{\delta F/\delta P}{\theta}-2\left(\frac{-\delta F/\delta P}{\theta\lambda_P}\right)^{\frac{1}{2}}<\frac{\delta F}{\delta\rho}<-\frac{\delta F/\delta P}{\theta}$$

(3)摆动式从 P^* 、r^* 与 ρ^* 发散，如果：

$$-\frac{\delta F/\delta P}{\theta}<\frac{\delta F}{\delta\rho}<-\frac{\delta F/\delta P}{\theta}+2\left(\frac{-\delta F/\delta P}{\theta\lambda_P}\right)^{\frac{1}{2}}$$ 和

(4)直接从 P^* 、r^* 与 ρ^* 发散，如果：

$$-\frac{\delta F/\delta P}{\theta}+2\left(\frac{-\delta F/\delta P}{\theta\lambda_P}\right)^{\frac{1}{2}}<\frac{\delta F}{\delta\rho}$$

188

第五章　通货膨胀与失业

本章将分析的重点转向劳动市场，详细考察工资变化率和就业水平的同时变动。第一节在前几章阐述的单一劳动市场背景里讨论工资膨胀、就业不足和失业的概念；第二节通过引入差异化的多种劳动拓展这一分析框架，得到一个内涵更丰富的关于失业与工资膨胀同时变动的模型；第三、四、五节将这一模型扩展至考察非对称的工资反应、已测定失业的逐渐调整和通货膨胀预期。

222

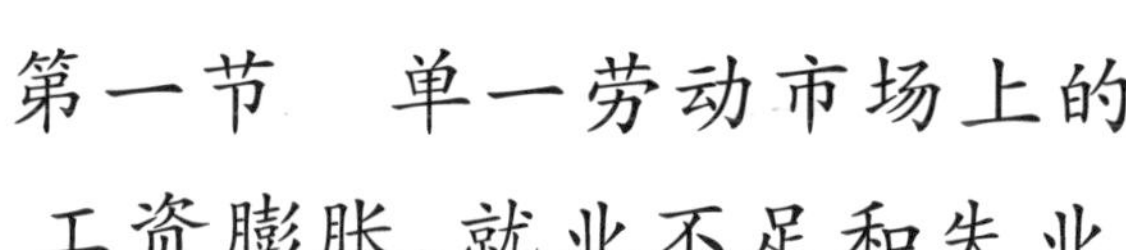

第一节　单一劳动市场上的工资膨胀、就业不足和失业

上文第二章展开的分析考察了劳动的供求量、名义工资变化率和就业水平之间的关系。让我们简要地回顾一下分析的结果。图 2.8—2.11 说明了劳动的实际市场出清轨迹，标记为 $l^{d'}=l^{s}$ 与 $l^{d}=l^{s'}$。这些轨迹将 $(M/P, W/P)$ 平面空间划分成右边的超额劳动需求区间和左边的超额劳动供给区间。在超额需求区间就业水平等于劳动供给量，而在超额供给区间就业等于劳动需求量。

图 2.9 与图 2.11 说明了等就业轨迹。最大的就业水平 l^* 和符合一般市场出清的 M/P 与 W/P 的唯一组合是重合的。对 l^*

任何方向的偏离，包括沿实际市场出清轨迹的移动，都意味着更低的就业水平。在每一点，实际就业量都等于实际供给量和需求量中那一个最小的量，亦即 $l=\min(l^{d'},l^{s'})$。读者还应该记得，如果商品市场存在超额供给，则 $l^{d'}$ 就小于 l^{d}，否则 $l^{d'}$ 就等于 l^{d}。同样，如果商品市场存在超额需求，则 $l^{s'}$ 就小于 l^{s}，否则 $l^{s'}$ 就等于 l^{s}。

图 2.10 将 $(M/P,W/P)$ 平面空间和工资与价格的动态变化 189
联系起来，工资的调整关系式被认为是：

$$\frac{1}{W}\frac{\mathrm{d}W}{\mathrm{d}t}=\lambda_W(l^{d'}-l^{s'})$$

这一调整关系式意味着名义工资率在实际市场出清轨迹的点上是不变的，在劳动超额需求区间是上涨的，并在劳动超额供给区间是下降的。

一、工资膨胀和就业不足

l^* 与 l 之间的差额表示实际就业水平低于最大就业水平的量。我们称这一差额为就业不足量。通过生产函数，现有的就业不足量对应的是产出低于最大产出水平的差额。适才概括的这些结论意味着，工资变化率和就业不足量的同时变动不必然有唯一的条件关系。由于在实际市场出清轨迹的所有点上 $(1/W)(\mathrm{d}W/\mathrm{d}t)$ 都等于零，不变的工资并不意味就业不足量是零，且正的就业不足量也不意味着工资在变化。但是，由于实际市场出清轨迹包含了一般市场出清点，零就业不足量确实意味着工资是不变的，而任何非零值的 $(1/W)(\mathrm{d}W/\mathrm{d}t)$ 都意味着正的就业不足量。

图 5.1 说明了工资变化率和就业不足量的同时变动，阴影面积表示两者各种可能的组合，这取决于 M/P 与 W/P 当前的值。只是为了方便，我们把阴影面积的边界画成线性的。

二、失业

对劳动市场条件的大多数流行讨论关注的焦点不是就业水平或就业不足水平，而是“失业”量。不幸的是，失业的概念是不明确的。在将特定的理论构架和收集失业资料使用的具体经验释义联系起来的时候，我们必须慎重。在本文分析背景中，自然出现的失
190 业的理论概念，是劳动实际供给量和就业水平之间的差额，亦即：

$$U \equiv l^{s} - l$$

式中 U 表示失业流量，以年工时计量。[①]

一般说来，这种失业的理论概念和就业不足概念是不对等的。具体说，虽然存在一般市场出清和零就业不足量意味零失业，但劳动市场的出清和零失业并不意味零就业不足量。因此，只要 l^{s} 不等于 l^{*}，U 就不等于就业不足量，因而不能用来测度增加就业的实际潜力。不过，失业成为研究焦点的一个重要原因是，它显然要比就业不足量更容易测度。

191 在这方面，我们也可以注释说我们用 U 表示的理论概念并不精确等于美国劳动统计局报告的已测定的失业统计数据。出现这种差异至少有三种可能的原因。首先，已测定的失业统计数据涉

① 用符号 U 表示失业有明显的标记法优势，尽管事实上我们已经使用这个符号表示效用。

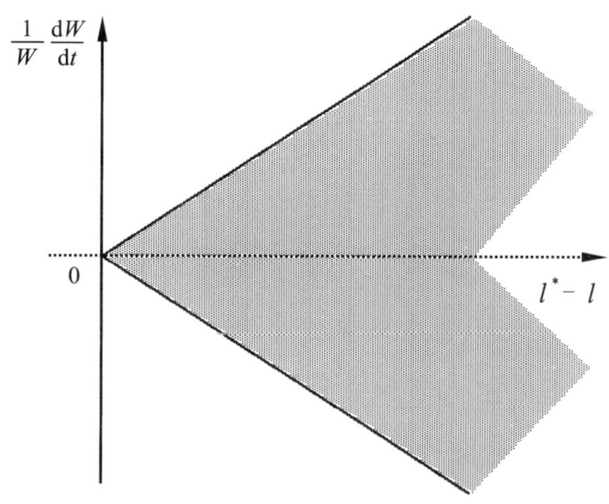

图 5.1 工资膨胀与就业不足

及劳动力存量而非工时流量。下文本章第四节讨论这两种度量标准偏离的可能性以及这种偏离的可能结果。其次，劳动统计局调查报告报道的劳工愿意提供的劳动量可能不等于劳动的实际供给量。比如在超额供给条件下，如果居民户认为实际就业和他们主动表达工作的意愿是成正比的，他们提供的劳动量就可能超过他们想得到的就业量。相反，如果找工作成本很大，对预计不会成功的就业机会，居民户可能不会自寻麻烦表示愿意工作。① 第三，已测定的失业统计数据涉及的概念比我们理论构架包含的概念更宽泛。在劳动统计局的调查报告中，单个劳工报告自己为失业者有两种可能的情形。

① 这些考虑涉及二线工人的行为和气馁工人的现象。也可参见格罗斯曼(Grossman, H. I.)1974 年 6 月刊载于《美国经济评论》的“市场失衡的数量类型”一文。

第一种可能性是，他可能愿意在该劳动市场目前受雇的人们普遍挣得的工资水平上，接受他能胜任的就业机会，但目前他找不到这样一份工作。这种情形反映了劳动市场存在超额供给。第二种可能性是，他眼前可能有多个工作虚位以待，但他不愿意接受其中任何一个机会，因为这些工作机会达不到他关于工资的主观标准，他相信有同样任职能力的人在其他地方挣的工资要高。这种情形根源于劳动供给方的不完全信息，不清楚可供他们选择的合适的工作机会。在这两种情形中，当前的分析只研究第一种，亦即集中探讨劳动市场失灵未能出清的情况，而忽略就业接受决策中涉及的信息问题。下文第七章讨论后一种情形。

图 5.2 说明了工资变化率与失业量的同时变动。在实际劳动

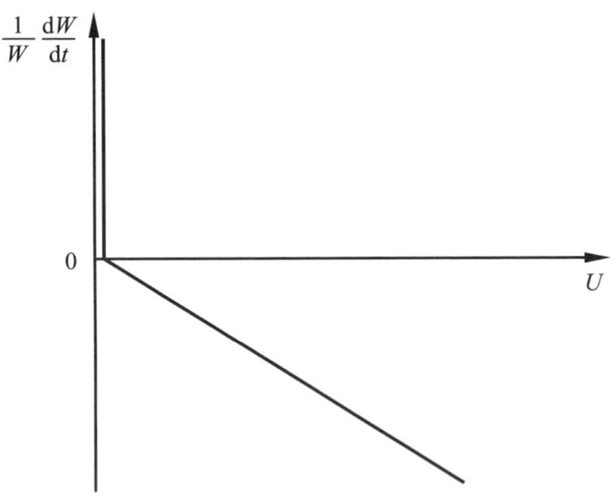

图 5.2　单一劳动市场上的工资膨胀与失业

市场出清轨迹上，$(1/W)(dW/dt)$ 与 U 均为零。在实际劳动市场出清轨迹的右边，$(1/W)(dW/dt)$ 是正的但 U 仍然为零。在实际

劳动市场出清轨迹的左边，(1/W)(dW/dt) 是负的但 U 为正。此外，在这一区间，M/P 与 W/P 的每一个组合都意味一定量的超额劳动供给，因而是一个特定的 (1/W)(dW/dt) 与 U 组合。

第二节　有多种劳动的工资膨胀和失业

前面各部分的讨论，一直是在同种劳动的单一劳动市场背景
下展开的。正如图 5.2 说明的，这一分析框架提供了一个受局限 192
的失业与工资膨胀同时变动的模型。具体说，图 5.2 把所有非负工资变化率和零失业联系起来，认为 (1/W)(dW/dt) 与 U 之间的反比关系只对负的工资变化率是成立的。这两个结论都和经验证据是截然相反的。

为了构建一个内涵丰富的失业与工资膨胀同时变动的模型，本节通过引入差异化的劳动来拓展这一分析框架。考虑一个包含 n 个劳动市场，提供 n 种不同劳动的分析框架。这些劳动的差别或者是由质量造成的，或者是由区位造成的。每一种劳动都是均质的，且每个劳动市场当前支付的工资都是统一的。我们需要分析平均工资变化率和总失业率的同时变动。这一分析要求推导每一个观测变量和总超额需求之间的关系。在 n 个劳动市场上，这
些关系的推导是通过加总每一个市场的工资变化率与超额需求之 193
间、失业与超额需求之间的结构性关系完成的。

一、平均工资膨胀率

首先考察工资变化与超额需求之间的关系。假定每一种劳动

的工资变化率是由这种劳动的超额需求率决定，亦即：

$$\frac{1}{W_{\mathrm{i}}}\frac{\mathrm{d}W_{\mathrm{i}}}{\mathrm{d}t}=\lambda_{W}\frac{l_{\mathrm{i}}^{d'}-l_{\mathrm{i}}^{s'}}{l_{\mathrm{i}}^{s'}},i\varepsilon N \tag{5.1}$$

式中的变量定义如下：

N 是所有劳动市场的集合，亦即 $N\equiv\{1,2,\cdots,n\}$ ，

W_{i} 是第 i 种劳动的工资率，

$l_{\mathrm{i}}^{d'}$ 是第 i 种劳动的需求量，

$l_{\mathrm{i}}^{s'}$ 是第 i 种劳动的供给量。

注意方程式(5.1)，为了简化后续的计算，用供给量的分数形式度量超额需求，称为劳动的超额需求率。

确定平均工资膨胀率要求加总 n 个劳动市场的(5.1)方程式。定义工资平均水平为：

$$W\equiv\frac{1}{l}\sum_{i\varepsilon N}l_{i}W_{i}\text{ ,式中 }l\equiv\sum_{i\varepsilon N}l_{i}$$

l_{i} 表示第 i 种劳动的就业量。l_{i} 保持不变，求 W 对时间的导数，得到工资平均水平的变化率：

$$\frac{\mathrm{d}W}{\mathrm{d}t}\equiv\frac{1}{l}\sum_{i\varepsilon N}l_{i}\frac{\mathrm{d}W_{\mathrm{i}}}{\mathrm{d}t}$$

关于 $\mathrm{d}W/\mathrm{d}t$ 的这种定义相当于拉斯佩耶斯指数。用这些定义加总(5.1)方程式得：

$$\frac{1}{W}\frac{\mathrm{d}W}{\mathrm{d}t}=\lambda_{W}\sum_{\mathrm{i}\varepsilon N}\frac{l_{\mathrm{i}}W_{\mathrm{i}}}{lW}\cdot\frac{l_{\mathrm{i}}^{d'}-l_{\mathrm{i}}^{s'}}{l_{\mathrm{i}}^{s'}}\equiv\lambda_{W}H \tag{5.2}$$

方程式(5.2)说明，平均货币工资的成比例变化率和劳动的加权平均超额需求率同方向变动。式中劳动的加权平均超额需求率以 H 表示，权数是每一种劳动的工资额占全部工资额的比重。

本章的分析假定 H 是外生决定的，或者由系统参数或者由政策工具决定。具体说，我们略去 W 变化对 H 的任何反作用。在 194
这一分析框架中，由外部产生的 H 循环决定了任何观察到的工资膨胀循环。

二、失业总水平

其次考察失业与超额需求之间的关系。在当前的分析背景，确定总失业率不仅涉及每一个市场超额需求与失业之间的关系，也涉及超额需求在市场间的分布结构。每一个劳动市场的劳动是均质的、工资是统一的假设意味着失业的度量是简单明确的，亦即：

$U_i = l_i^{s'} - l_i$ 和 $u_i = U_i / l_i^{s'}, i \varepsilon N$　　(5.3)

式中 U_i 表示第 i 种劳动的失业量，u_i 表示第 i 种劳动的失业率。

失业与超额需求之间的关系涉及每一个市场实际交易受限制的性质。前面我们已经假定，交换在每一个市场都是自愿的，这意味着 $l_i \leq \min(l_i^{d'}, l_i^{s'})$；每一个市场的交换都在现行工资上穷尽了所有可能的互利机会，这意味着 $l_i \geq \min(l_i^{d'}, l_i^{s'})$。合在一起，这两个假设意味着：

$l_i = \min(l_i^{d'}, l_i^{s'}), i \varepsilon N$　　(5.4)

将方程式(5.3)与(5.4)合并得

$U_i = \max(l_i^{s'} - l_i^{d'}, 0), i \varepsilon N$　　(5.5)

根据方程式(5.5)，在每一个市场，当超额需求是负的时候，失业等于超额需求的绝对量，否则失业为零。

确定总失业量要求加总 n 个劳动市场的(5.5)方程式。用 u

表示总失业率，定义为：

$$u \equiv \frac{1}{l^{s'}}\sum_{i\varepsilon N}U_i \equiv \sum_{i\varepsilon N}\frac{l_i^{s'}}{l^{s'}}u_i\text{ ，式中，}l^{s'}=\sum_{i\varepsilon N}l_i^{s'}$$

按照这个（标准）定义，u 是每一个劳动市场的加权平均失业率，权数是每一个市场劳动力占全部劳动力的比重。

195 亟待解决的问题是把 u 和前一部分介绍的劳动的加权平均超额需求率 H 联系起来。[①] 为得到理想的特性，假定在每一个市场，经过劳动力份额加权后的超额需求率是 H 的线性增函数，亦即：

$$\frac{l_i^{s'}}{l^{s'}}\cdot\frac{l_i^{d'}-l_i^{s'}}{l_i^{s'}}=F_i(H),F'_i>0,F''_i=0,i\varepsilon N \tag{5.6}$$

方程式(5.6)说明，H 增加的结果是增加每一个劳动市场的超额需求，这些结果的大小和 H 的水平是无关的。[②]

对经过劳动力份额加权后的超额需求率按递减顺序标记是方便的。具体说，第一个市场有经过劳动力份额加权后的最大超额需求率，第 n 个市场有经过劳动力份额加权后的最小超额需求率。第 n 个市场的超额需求率一般是负的。按照这种标记化的排列，标记 i 的值越小，$F_i(H)$ 的代数值就越大。而且，一旦特定市场的相对超额需求状态发生变化，其标记也会变化。

---

① 汉森(Hansen，B.)在 1970 年 2 月刊载于《经济学季刊》的“超额需求、失业、空职和工资”一文中，对接下来的研究领域也提出了一个模型。

② 方程式(5.6)一个惹争议的方面是，它将经劳动力加权的超额需求率和经工资额加权的平均超额需求率联系在一起。也许，假设 H 和 $\frac{l_iW_i}{lW}\cdot\frac{l_i^d-l_i^s}{l_i^s}$ 之间是线性关系更为合理。不过，这种替代的假设会导致 H 和工资额加权的而非劳动力加权的总失业率发生关系。这样一个替代的失业尺度是否更有用，是一个悬而未决的经验性问题。对某些有关的证据，参见佩里(Perry，G. L.)1970 年辑录于《布鲁金斯经济活动报告》3 号的“变化中的劳动市场和通货膨胀”一文。

方程式(5.6)隐含地假设 $F_i(H)$ 函数与时间无关。这一假设意味着经过劳动力份额加权后的超额需求量的分布是固定的，不随时间变化。这种固定不变的性质又意味着两种力量的均衡。

首先，正如方程式(5.1)所说明的，工资随时间的调整会不断地趋向减少超额需求的绝对量，由此降低超额需求量的离中趋势。对察觉的工资与失业率差异，工人与厂商的反应是在市场间流动，任何这种流动都会强化这种结果。其次，未预见的外生结构性干扰无形中不断地趋向增加超额需求量的离中趋势。不过，要注意 196
的是，$F_i(H)$ 函数固定不变的性质并不意味着每个特定市场超额需求的相对量是固定不变的。作为对工资调整的反应，超额需求在有些市场是下降的，而由于外生干扰超额需求在另外一些市场是增加的。换言之，各个市场超额需求的相对状况可以变化，因此可以改变用来表示特定市场的超额劳动需求的指数，但不改变 $F_i(H)$ 函数表达的超额需求的离中趋势。

将方程式(5.5)与(5.6)和 u 的定义合并，得：

$$u = \sum_{i \in N} \max[-F_i(H), 0] \tag{5.7}$$

为方便对方程式(5.7)的分析，将 n 个市场划分为两组不相交的子集。一个子集包含所有非负的超额需求市场，另外一个子集包含所有其他市场。具体地说，定义：

$N_1 \equiv \{i \in N \mid l_i^{d'} - l_i^{s'} \geq 0\}$ 和 $N_2 \equiv \{i \in N \mid l_i^{d'} - l_i^{s'} < 0\}$ 。

以 n_1 表示 N_1 集合的市场个数，n_2 表示 N_2 集合的市场个数。用这些定义和方程式(5.6)，可将方程式(5.7)改写成：

$$u = -\sum_{i \in N_2} F_i(H) \tag{5.8}$$

注意 n_2 也是 H 的函数。具体说，$n_2 = n_2(H)$，式中 $n'_2(H) < 0$。因此，方程式(5.8)是一个分段的线性函数。在每一段，u 对 H 的导数都是负的。在每一个拐点，左边的导数小于右边的导数。因此，方程式(5.8)是一个凸函数。换言之，随着 H 的增加，在所有失业为正的市场，失业下降，亦即在所有超额需求为负的市场，失业下降。而且，随着 H 的增加，这类市场的个数减少。

方程式(5.8)还有两个特征尤其值得注意。首先，u 的最小边界为零。不过，只有当 H 大到 n_2 等于零，亦即当没有市场有正的超额供给时，才会到达这一边界。其次，我们用符号 u^* 表示 H 等于零时的 u 值，由下式给出：

$$u^* = -\sum_{i \in N_2} F_i(0)\text{，式中 } n_2 = n_2(0)$$

197 一个重要的现象是 $n_2(0) > 0$ 必然包含 $u^* > 0$。换言之，如果结构性的失调是这样一种情况，$H = 0$，也就是说，如果总量超额需求为零是和一些市场有正的超额需求而另外一些市场有负的超额需求联系在一起，那么 $H = 0$ 也是和正的总量失业联系在一起。和这种正的失业量对应的是正的空缺职位数。一般的道理在于，即使每一个市场的交换都穷尽了所有的互利机会，结构性失调的存在也意味着总量就业水平低于劳动的总供给量和总需求量。最后，如果 n 非常大，我们可以近似地把(5.8)方程式视为光滑的、递减的凸性函数。具体说：

$$u = G(H),\ G'(H) < 0,\ G''(H) > 0,$$

$$u^* \equiv G(0) > 0\text{，且 } \lim_{N \to \infty} G(H) = 0 \qquad (5.9)$$

上述讨论推导出平均工资变化率和方程式(5.2)说明的总量

超额需求之间的结构性关系，以及总失业率和方程式(5.9)说明的总量超额需求之间的结构性关系。给定总量超额需求的外生循环，这些结构性关系会一起导致工资膨胀和失业沿着图5.3描述的实线轨迹上下移动。

实线轨迹由下式给出：

$$u=G\left(\frac{1}{W}\frac{\mathrm{d}W}{\mathrm{d}t}/\lambda_W\right),$$

这一轨迹向右下方倾斜并凸向原点，在 u 轴上有正的截距并渐渐逼近 $\dot{W}/W$ 轴。实线轨迹对应的是人们熟悉的菲利普斯曲线的经验结构。图5.3的虚线箭头在本章第四节讨论。

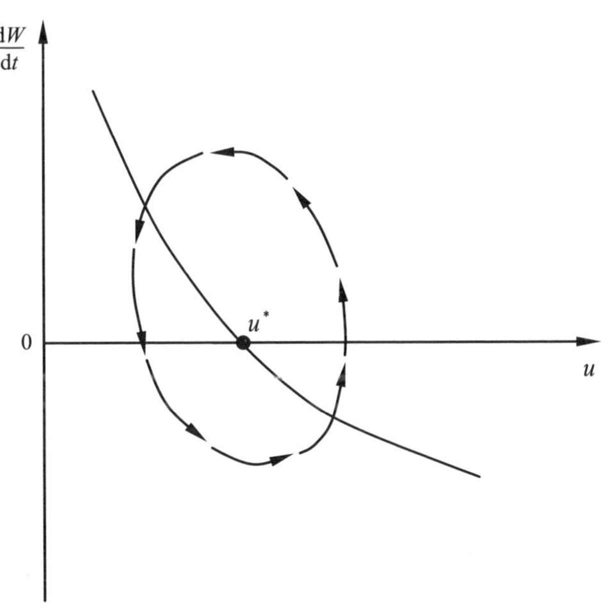

图5.3　有多种劳动的工资膨胀和失业

第三节　非对称的工资反应

上节的讨论假定工资变化对超额需求的反应是对称性关系。有些著作家曾经建议,相反的假设一非对称性的工资反应有助于解释失业与工资膨胀的同时变动。基本思路涉及用如下的公式表述替换方程式(5.1)与(5.2):

198 假设在替换方程式(5.1)时,有:

$$\left.\begin{aligned}\frac{1}{W_{\mathrm{i}}}\frac{\mathrm{d}W}{\mathrm{d}t}&=\lambda_1\frac{l_{\mathrm{i}}^{d'}-l_{\mathrm{i}}^{s'}}{l_{\mathrm{i}}^{s'}}\text{,当 } i\varepsilon N_1\text{ 时,式中 } l_{\mathrm{i}}^{d'}\geq l_{\mathrm{i}}^{s'}\\ \frac{1}{W_{\mathrm{i}}}\frac{\mathrm{d}W}{\mathrm{d}t}&=\lambda_2\frac{l_{\mathrm{i}}^{d'}-l_{\mathrm{i}}^{s'}}{l_{\mathrm{i}}^{s'}}\text{,当 } i\varepsilon N_2\text{ 时,式中 } l_{\mathrm{i}}^{d'}\geq l_{\mathrm{i}}^{s'}\end{aligned}\right\}\qquad(5.10)$$

式中 $\lambda_1>\lambda_2$。

方程组(5.10)说明,工资调整对正的超额需求反应快于对负的超额需求反应。

对失业与平均工资膨胀之间的关系,这种非对称性意味着什么呢?将方程组(5.10)加总得:

$$\frac{1}{W}\frac{\mathrm{d}W}{\mathrm{d}t}=\lambda_1\sum_{\mathrm{i}\varepsilon N_1}\frac{l_{\mathrm{i}}W_{\mathrm{i}}}{lW}\cdot\frac{l_{\mathrm{i}}^{d'}-l_{\mathrm{i}}^{s'}}{l_{\mathrm{i}}^{s'}}+\lambda_2\sum_{\mathrm{i}\varepsilon N_2}\frac{l_{\mathrm{i}}W_{\mathrm{i}}}{lW}\cdot\frac{l_{\mathrm{i}}^{d'}-l_{\mathrm{i}}^{s'}}{l_{\mathrm{i}}^{s'}}\qquad(5.11)$$

199 给定 λ_1 大于 λ_2,方程式(5.11)意味着除非对所有的 i 都有 $l_{\mathrm{i}}^{d'}=l_{\mathrm{i}}^{s'}$,否则 $(1/W)(\mathrm{d}W/\mathrm{d}t)$ 的值为零要求 H 有一个负值。换言之,在工资反应存在这种特定的非对称性情况下,平均货币工资的零增长率必然包含负的总量超额需求水平。而且,给定 u 与 H 之间的反比关系,这种非对称性会增加和平均工资零增长联系在一起的失业水平。

但是，正如方程式(5.9)揭示的，如果 u 与 H 之间的关系成反比且呈凸性，则引入非对称性工资反应不会改变 $(1/W)(\mathrm{d}W/\mathrm{d}t)$ 和 u 同时变动的性质。两者的关系依然是向下倾斜且凸向原点，u 轴正截距的增加是纯粹的数量调整。

相反，如果我们回到只有单一劳动的市场分析框架，不论工资反应是否对称，$(1/W)(\mathrm{d}W/\mathrm{d}t)$ 与 H 之间的关系都会穿过原点。因此，表示 $(1/W)(\mathrm{d}W/\mathrm{d}t)$ 与 u 之间关系的轨迹会穿过原点，零工资增长意味着零失业。概括起来，对导致图 5.3 所说明的失业与工资膨胀同时变动的现象而言，①非对称性工资反应的假设似乎既不是必要条件也不是充分条件。

第四节　已测定失业的逐渐调整

前面各节讨论的失业，其理论概念表示工时(工作小时)流量，

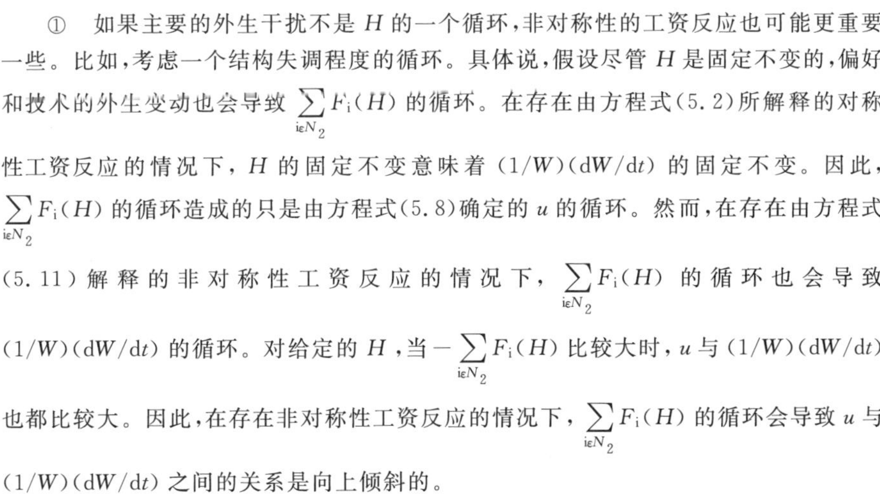

① 如果主要的外生干扰不是 H 的一个循环，非对称性的工资反应也可能更重要一些。比如，考虑一个结构失调程度的循环。具体说，假设尽管 H 是固定不变的，偏好和技术的外生变动也会导致 $\sum_{i\in N_2} F_i(H)$ 的循环。在存在由方程式(5.2)所解释的对称性工资反应的情况下，H 的固定不变意味着 $(1/W)(\mathrm{d}W/\mathrm{d}t)$ 的固定不变。因此，$\sum_{i\in N_2} F_i(H)$ 的循环造成的只是由方程式(5.8)确定的 u 的循环。然而，在存在由方程式(5.11)解释的非对称性工资反应的情况下，$\sum_{i\in N_2} F_i(H)$ 的循环也会导致 $(1/W)(\mathrm{d}W/\mathrm{d}t)$ 的循环。对给定的 H，当 $-\sum_{i\in N_2} F_i(H)$ 比较大时，u 与 $(1/W)(\mathrm{d}W/\mathrm{d}t)$ 也都比较大。因此，在存在非对称性工资反应的情况下，$\sum_{i\in N_2} F_i(H)$ 的循环会导致 u 与 $(1/W)(\mathrm{d}W/\mathrm{d}t)$ 之间的关系是向上倾斜的。

是劳动力供给的工时和劳动力实际工作的工时之间的差额。但是，正如上面已经解释的，已测定的失业统计数据涉及劳动力存
200 量，是供给正的劳动量的人数和实际出卖正的劳动量的人数之间的差额。特别的，一个人出卖的正的劳动量小于他供给的劳动量时，是不计入已测定的失业统计数据的。

设想工时就业量的变化首先表现为已受雇员工每周工作小时数的变化形式。但是，如果就业量始终维持在新的水平，已受雇员工开始恢复每周正常工作的小时数，那么已受雇员工的人数就在逐渐地改变。这种已受雇员工数量的逐渐调整，可能反映了调整已受雇员工的数量较之于调整已受雇员工工作的小时数有更高的短期成本。

这一假设意味着，如果我们想分析已测定的失业统计数据，我们就应该用如下形式的关系式替换方程式(5.4)：

$$\frac{dl_i}{dt}=\lambda_l[\min(l_i^{d'},l_i^{s'})-l_i],i\varepsilon N \tag{5.12}$$

式中 l_i 现在表示第 i 种劳动的员工已受雇的人数。方程式(5.12)说明，以劳动力存量计算的每一个市场的就业，逐渐向最小的需求量与供给量调整。这些量现在是每周的全部工时数除以一个人每周正常工作的工时数。

在方程式(5.3)给出的失业尺度 $U_i=l_i^{s'}-l_i$ 中，U_i 现在表示第 i 种劳动员工已失业的人数。假定 $l_i^{s'}$ 是常量，运用方程式(5.3)，可将方程式(5.12)改写成：

$$\frac{dU_i}{dt}-\lambda_l[\max(l_i^{s'}-l_i^{d'},0)-U_i],i\varepsilon N \tag{5.13}$$

将所有劳动市场的(5.13)方程式加总，保持 $l^{s'}$ 不变条件下使用定义 $u \equiv \sum_{i \in N} U_i / l^{s'}$，将第 i 种市场的超额需求和总量超额需求之间的关系方程式(5.6)代入上式，得：

$$\frac{\mathrm{d}u}{\mathrm{d}t} = \lambda_l \left[\sum_{i \in N} \max[-F_i(H), 0] - u \right] \tag{5.14}$$

(5.14)方程式可以改写为： 201

$$\frac{\mathrm{d}u}{\mathrm{d}t} = \lambda_l \left[-\sum_{i \in N_2} F_i(h) - u \right] \text{，式中 } n_2 = n_2(H) \tag{5.15}$$

最后，运用方程式(5.9)引入的连续逼近法，(5.15)方程式可以表示成：

$$\frac{\mathrm{d}u}{\mathrm{d}t} = \lambda_l [G(H) - u] \tag{5.16}$$

式中 $G(H)$ 跟方程式(5.9)说明的一样。

方程式(5.16)说明总失业率 u 始终是趋向 $G(H)$ 的。因此，给定 H 的外生循环，u 与 H 的平均关系等于 $G(H)$。而且，不论何时，u 在上升时都低于 $G(H)$，u 在下降时都高于 $G(H)$。

由方程式(5.16)给出的结构性关系，和由方程式(5.2)给出的 $(1/W)(\mathrm{d}W/\mathrm{d}t)$ 与 H 的结构性关系一起，加上 H 的外生循环，导致 u 与 $(1/W)(\mathrm{d}W/\mathrm{d}t)$ 之间的关系发生四个阶段的逆时针循环。① 图

---

① 按李普西(Lipsey, R. G.)1960 年 2 月刊载于《经济学刊》的“1862—1957 年英国失业和货币工资率变化率之间的关系：进一步的分析”一文提示的研究方向，对逆时针循环的另一种理论解释是，劳动市场的结构失调程度和 $\mathrm{d}H/\mathrm{d}t$ 的值是反方向变动的。具体说，人们可能认为对给定的 H 来说，$-\sum_{i \in N_2} F_i(H)$ 的值在 $\mathrm{d}H/\mathrm{d}t$ 为正时要大于在 $\mathrm{d}H/\mathrm{d}t$ 为负的时候。和上面提出的解释相比，这种解释提出的循环只有两个阶段，都有负的斜率，形状有似月牙。

5.3 的虚线箭头说明了这样一种逆时针循环。这种循环对应于菲利普斯的经验观察数据。

从 H 处在最低点开始，依次考察四个循环阶段。根据方程式(5.2)，H 的最低点也意味着 $(1/W)(\mathrm{d}W/\mathrm{d}t)$ 的最低点。同样，如果 u 最初小于 $G(H)$，根据方程式(5.16)，这意味着 $\mathrm{d}u/\mathrm{d}t$ 是正的。

(1)在第一阶段，H 开始增加。结果，$(1/W)(\mathrm{d}W/\mathrm{d}t)$ 也开始增加。但是，在 u 小于 $G(H)$ 情况下，$\mathrm{d}u/\mathrm{d}t$ 最初仍然是正的。因此，在 H 的最低点，工资膨胀的上升和失业的继续上升联系在一起。

(2)但是，随着 H 与 u 的增加，u 与 $G(H)$ 不断地趋近。终于，当工资膨胀与失业的实际路径越过菲利普斯曲线时，u 达到最大值。随着 H 的继续增加，u 超过 $G(H)$ 且 $\mathrm{d}u/\mathrm{d}t$ 变成负的。因此，继续上升的工资膨胀最终在第二阶段和下降的失业联系在一
202 起。这个第二阶段代表古典扩张。

(3)终于，H 也抵达最高点并开始在第三阶段下降。在这一点，$(1/W)(\mathrm{d}W/\mathrm{d}t)$ 也抵达最高点并开始下降。但是，因为 u 超过 $G(H)$，$\mathrm{d}u/\mathrm{d}t$ 最初仍然是为负的。因此，在最高点，工资膨胀的下降和继续下降的失业联系在一起。

(4)最后，随着 u 抵达最小值，工资膨胀与失业的实际路径再次越过菲利普斯曲线。然后，由于 H 继续下降，$G(H)$ 超过 u，$\mathrm{d}u/\mathrm{d}t$ 变成正的。因此，在第四个阶段，随着 H 与 $(1/W)(\mathrm{d}W/\mathrm{d}t)$ 向最低点的运动，下降的工资膨胀变得和上升的失业联系在一起。这第四阶段代表古典收缩。当抵达最低点时，H 恢复初始值，又进入上面描述的第一个阶段。

和古典第二阶段与第四阶段比较，这种循环周期的第一阶段与第三阶段持续的时间，和 H 的外生变化率和调整速度 λ_l 反方向变动。例如，如果 H 与 $(1/W)(\mathrm{d}W/\mathrm{d}t)$ 从最低点迅速上升，且 λ_l 大到足以使 u 与 $G(H)$ 迅速趋近，则第一阶段，即从失业上升向失业下降过度的时间将很短。同样，如果 H 从最高点下降很快，λ_l 很大，第三阶段将很短。

第五节　失业、工资膨胀和通货膨胀预期

到目前为止，本章的讨论一直忽略对市场出清工资变动率的预期的作用。方程式(5.1)假定每一种劳动的工资变动率仅仅由对这种劳动的超额需求量决定。但是，第四章我们已经证明，一种合乎情理的价格调整策略会考虑 P^* 的任何预期变化，而不会等预期进一步增大 P 与 P^* 之间的有限差额。工资调整是我们在本章要研究的，应该涉及类似的考察。因此，用下式代替方程式(5.1)似乎是恰当的：

$$\frac{1}{W_i}\frac{\mathrm{d}W_i}{\mathrm{d}t}=\lambda_W\frac{l_i^{d'}-l_i^{s'}}{l_i^{s'}}+\rho_i^*,\ i\varepsilon N \tag{5.17}$$

式中 ρ_i^* 是第 i 种劳动市场出清工资的预期成比例变化率。可以把这种预期视为两种因素的和：首先是产品价格的预期变化率，它揭示了保持实际工资稳定的名义工资变化率；其次是市场出 203
清实际工资的预期变化率，它可能反映了生产率的预期趋势。根据方程式(5.17)，工资调整是两种影响力构成合力的结果：第一种影响力是矫正当前工资和市场出清工资任何现存偏差的努力，第

二种影响力是预期并阻止实际工资和市场出清工资任何未来可能偏差的努力。

工资平均水平的定义是 $W \equiv \sum_{i\varepsilon N} W_i l_i / l$，工资平均水平变化率的定义是 $\frac{\mathrm{d}W}{\mathrm{d}t} = \sum_{i\varepsilon N} l_i \frac{\mathrm{d}W_i}{\mathrm{d}t} / l$，运用这两个定义加总方程式(5.17)，得：

$$\frac{1}{W}\frac{\mathrm{d}W}{\mathrm{d}t} = \lambda_W \sum_{i\varepsilon N} \frac{l_i W_i}{lW} \cdot \frac{l_i^{d'} - l_i^{s'}}{l_i^{s'}} + \sum_{i\varepsilon N} \frac{l_i W_i}{lW} \rho_i^*$$

$$\equiv \lambda_W H + \rho_W^* \tag{5.18}$$

方程式(5.18)说明了平均货币工资成比例变化率，等于 $\lambda_W H$ 加以 ρ_W^* 标记的市场出清货币工资的加权平均预期变化率。这里的权数跟 H 的权数一样，是每个市场的工资额占全部工资额的比重。换言之，单独的 H 水平决定的不是工资的实际膨胀率，而是工资的实际膨胀率和市场出清工资的加权平均预期变化率的差额。因此，平均货币工资的零变化率要求 H 的值和 ρ_W^* 反方向变动，而非 H 简单地等于零。方程式(5.18)是对方程式(5.2)的拓展。

将方程式(5.18)揭示的 $(1/W)(\mathrm{d}W/\mathrm{d}t)$、$\rho_W^*$ 与 H 之间的结构性关系和方程式(5.9)揭示的 $u = G(H)$ 结构性关系合并，意味着工资膨胀与失业的同时变动遵循关系式：

$$u = G\left(\frac{\frac{1}{W}\frac{\mathrm{d}W}{\mathrm{d}t} - \rho_W^*}{\lambda_W}\right)$$

因此，给定了 ρ_W^* 的值，像图 5.3 描绘的菲利普斯曲线一样，表示 $(1/W)(\mathrm{d}W/\mathrm{d}t)$ 与 u 之间关系的曲线是向下方倾斜且凸向原点的。不过，$(1/W)(\mathrm{d}W/\mathrm{d}t)$ 与 u 之间的菲利普斯曲线关系的位置

现在由 ρ_W^* 的值决定。图 5.4 中的实线轨迹描述了几种可能性。在 ρ_W^* 等于零的情况下，菲利普斯曲线穿过 u 等于 u^* 且 204
$(1/W)(\mathrm{d}W/\mathrm{d}t)$ 等于零的点。但是，ρ_W^* 的每一次增加都会使菲利普斯曲线向上移动，所以一般说来，u 等于 u^* 是和 $(1/W)(\mathrm{d}W/\mathrm{d}t)$ 等于 ρ_W^* 联系在一起的。

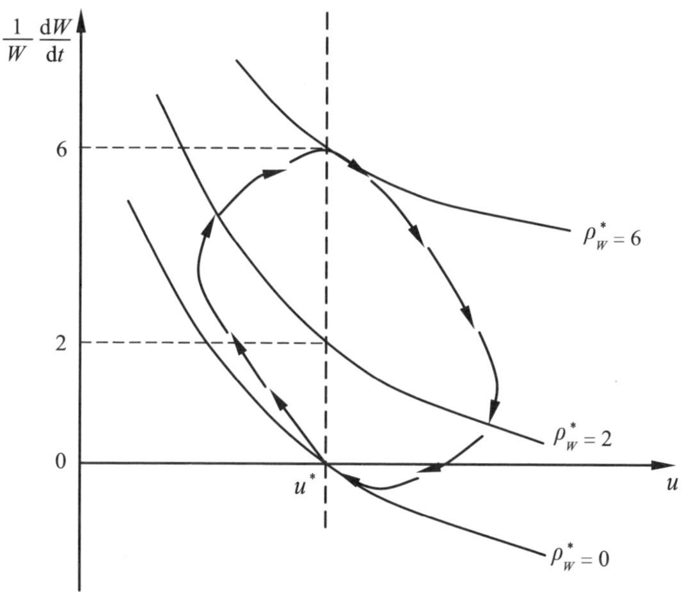

图 5.4　有通货膨胀预期的工资膨胀和失业

一、顺时针循环和加速的通货膨胀

为了分析 ρ_W^* 变量循环周期的意义，我们必须说明它赖以产生的过程。按照第四章的公式化表述，我们假定预期 ρ_W^* 是以 $(1/W)(\mathrm{d}W/\mathrm{d}t)$ 的过去经验为基础的，形式是线性适应机制，亦即： 205

$$\frac{\mathrm{d}\rho_i^*}{\mathrm{d}t}=\theta_\rho\left(\frac{1}{W_i}\frac{\mathrm{d}W_i}{\mathrm{d}t}-\rho_i^*\right),i\varepsilon N \tag{5.19}$$

式中 θ_ρ 是正的常数。忽略 l_iW_i/lW 权数随时间的变化，ρ_W^* 的定义意味着：

$$\frac{d\rho_W^*}{dt}=\sum_{i\varepsilon N}\frac{l_iW_i}{lW}\frac{d\rho_i^*}{dt}$$

将方程式(5.19)加总后得：

$$\frac{d\rho_W^*}{dt}=\theta_\rho\left(\frac{1}{W}\frac{dW}{dt}-\rho_W^*\right) \tag{5.20}$$

方程式(5.20)说明，市场出清工资的平均预期变化率以有限的速度向平均工资实际变化率调整。合并方程式(5.18)与(5.20)，消掉不可观察的预期变量得：

$$\frac{d\left(\frac{1}{W}\frac{dW}{dt}\right)}{dt}=\lambda_W\left(\theta_\rho H+\frac{dH}{dt}\right) \tag{5.21}$$

暂时抽象掉就业的逐渐调整，考察方程式(5.21)描述的结构性关系和方程式(5.9)给出的 $u=G(H)$ 结构性关系。给定 H 的外生循环，这一模型对 u 和 $(1/W)(dW/dt)$ 之间的关系也提供了一个四阶段循环的解释。不过，这种循环状如顺时针的箕形纹，是最近几年来人们一直观察到的现象。图 5.4 的虚线箭头说明了这种顺时针循环。

我们再次从 H 的最低点开始，依次考察这一循环的四个阶段。根据方程式(5.9)，H 的最低点意味着 u 的最大值。同样，假设开始时 $(1/W)(dW/dt)$ 小于 ρ_W^*，则根据方程式(5.18)，这意味着 H 是负的；而根据方程式(5.20)，这意味着 ρ_W^* 在下降。根据方程式（5.21），在 dH/dt 等于零且 H 为负的情况下，$(1/W)(dW/dt)$ 开始也是下降的。

(1)在第一阶段，H 开始增加，所以 u 开始下降。但是，除非 H 上升得非常快，否则继续下降的 ρ_W^* 会保持 $(1/W)(\mathrm{d}W/\mathrm{d}t)$ 下降。根据方程式（5.21），当 H 是负的时候，只要 $-(1/H)(\mathrm{d}H/\mathrm{d}t)$ 小于 θ_ρ，$(1/W)(\mathrm{d}W/\mathrm{d}t)$ 就在下降。因此，在 H 的最低点，失业的减少与继续下降的工资膨胀联系在一起。 206

(2)根据方程式(5.20)，随着 ρ_W^* 趋近 $(1/W)(\mathrm{d}W/\mathrm{d}t)$，$\rho_W^*$ 的下降速度放慢。同样，当 H 为负时，随着 H 的增加，$-(1/H)(\mathrm{d}H/\mathrm{d}t)$ 也在增加。根据方程式（5.21），当 $-(1/H)(\mathrm{d}H/\mathrm{d}t)$ 等于 θ_ρ 时，到达 $(1/W)(\mathrm{d}W/\mathrm{d}t)$ 的最低点。注意这一点出现在 H 等于零之前。随着 H 的继续增加，$-(1/H)(\mathrm{d}H/\mathrm{d}t)$ 超过 θ_ρ，$(1/W)(\mathrm{d}W/\mathrm{d}t)$ 开始上升。因此，在第二个阶段，继续下降的失业最终和稳定增加的工资膨胀联系在一起。同样，第二个阶段表示古典扩张。

在这一阶段，当 H 等于零时，$(1/W)(\mathrm{d}W/\mathrm{d}t)$ 暂时等于 ρ_W^* 且 ρ_W^* 暂时不变。在这一点，工资膨胀与失业的实际路径和菲利普斯曲线相切。但是，随着 H 的继续增加并变成正的，$(1/W)(\mathrm{d}W/\mathrm{d}t)$ 超过 ρ_W^*，导致 ρ_W^* 开始增加。ρ_W^* 的增加通过方程式(5.18)反作用于 $(1/W)(\mathrm{d}W/\mathrm{d}t)$，工资膨胀与失业的实际路径上升得更急遽了。如果 H 依然是正的，即使其值稳定不变，$(1/W)(\mathrm{d}W/\mathrm{d}t)$ 也会无限增加。[①]

① 关于预期诱导型工资加速上升的这种可能性，对后来有重大影响的讨论包括菲尔普斯(Phelps, E. S.)1967 年 8 月刊载于《经济学刊》的“菲利普斯曲线、通货膨胀预期和不同时间的最优失业”一文，和弗里德曼(Friedman, M.)1968 年 3 月刊载于《美国经济评论》的“货币政策的作用”一文。

(3)终于，H 到达最高点并在第三阶段开始下降，结果 u 到达最小值并开始增加。但是，在 H 为正的情况下，$(1/W)(\mathrm{d}W/\mathrm{d}t)$ 现在大于 ρ_W^* 且 ρ_W^* 在增加。除非 H 下降得非常快，否则 ρ_W^* 的继续增加会保持 $(1/W)(\mathrm{d}W/\mathrm{d}t)$ 的上升。根据方程式(5.21)，当 H 为正时，只要 $-(1/H)(\mathrm{d}H/\mathrm{d}t)$ 仍然小于 θ_ρ，$(1/W)(\mathrm{d}W/\mathrm{d}t)$ 就在上升。因此，在 H 的最高点，失业的增加不仅和工资膨胀的继续联系在一起，也和工资膨胀的继续上升联系在一起。这种不幸的巧合就是一直被称之为“滞涨”的现象。

(4)随着 ρ_W^* 趋近 $(1/W)(\mathrm{d}W/\mathrm{d}t)$，$\rho_W^*$ 的增长率下降。同样，随着 H 的下降，$-(1/H)(\mathrm{d}H/\mathrm{d}t)$ 增加。当 $-(1/H)(\mathrm{d}H/\mathrm{d}t)$ 等于 θ_ρ 时，$(1/W)(\mathrm{d}W/\mathrm{d}t)$ 到达最高点。因此，如果 $\mathrm{d}H/\mathrm{d}t$ 与 H 的符号是反向的，则从第三阶段向第四阶段的过渡条件和从第一阶段向第二阶段的过渡是一样的。还要注意的是，和 $(1/W)(\mathrm{d}W/\mathrm{d}t)$ 的最低点类似，工资膨胀的最高点出现在 H 等于零之前。随着 H 继续下降，$(1/W)(\mathrm{d}W/\mathrm{d}t)$ 开始下降。在第四阶
207 段，继续增加的失业和稳定下降的工资膨胀联系在一起。同样，第四个阶段表示古典收缩。

在这一阶段，当 H 等于零时，工资膨胀与失业的实际路径再次和菲利普斯曲线暂时相切，尽管相切的 ρ_W^* 水平比第二阶段更高。随着 H 的继续增加，ρ_W^* 开始下降。工资膨胀与失业的实际路径下降得更急遽了。如果 H 稳定在负值上，$(1/W)(\mathrm{d}W/\mathrm{d}t)$ 会无限下降。更重要的是，当 H 变成负的，并由此导致 ρ_W^* 大于 $(1/W)(\mathrm{d}W/\mathrm{d}t)$ 时，H 回到初始水平，复又开始上面描述的第一阶段。

总量超额需求 $(1/H)(\mathrm{d}H/\mathrm{d}t)$ 的成比例变化率的幅度越小，这种循环第一阶段与第三阶段相对于古典第二阶段与第四阶段持续的时间越长，预期调整速度 θ_ρ 越大。[①]例如，如果 H 从最低点迅速上升，以致 u 从最大值迅速下降，且如果 θ_ρ 很小，以致 ρ_W^* 只是慢慢地向 $(1/W)(\mathrm{d}W/\mathrm{d}t)$ 下降，则第一阶段——从下降的工资膨胀向上升的工资膨胀的过渡时期——将是很短的。而且，同样的条件，即相对于绝对的超额需求变化率来说，各种预期的调整更迅速——虽能延长这一令人愉悦阶段，也会导致循环的另一极出现长期的滞胀阶段。

这部分阐述的模型的另一个重要含义是，仅仅因为预期通货膨胀率滞后于随 H 波动的实际通胀率，失业和工资膨胀之间的反比关系才是明显的。正如我们已经看到的，如果 H 稳定在一个正值或者负值，则 $(1/W)(\mathrm{d}W/\mathrm{d}t)$ 会无限地上升或者下降。更一般地说，如果 H 的平均值在连续的循环中是正的或者是负的，则 $(1/W)(\mathrm{d}W/\mathrm{d}t)$ 的平均值将会从循环到循环上升或者下降。图
5.5 说明了 H 的平均值是正的情况。在长期，除非 H 的平均值为 208
零，否则工资膨胀要么上升，要么下降。H 的平均值等于零又意味失业的平均值是由 $u^* \equiv G(0)$ 给出的。因此，在长期，失业水平变得不受工资膨胀率的影响。

从经验的观点看，一个有趣的问题是，如果我们不得不接受这部分描述的模型，我们是否会仍然期望在每一个 H 的整个循环中发现 $(1/W)(\mathrm{d}W/\mathrm{d}t)$ 和 u 之间最合适的关系是成反比的？有两

① 要记住的是现在的分析将 H 作为外生变量处理。具体说，H 是不受 θ_ρ 影响的。

个条件合起来足以保证这种反比关系：

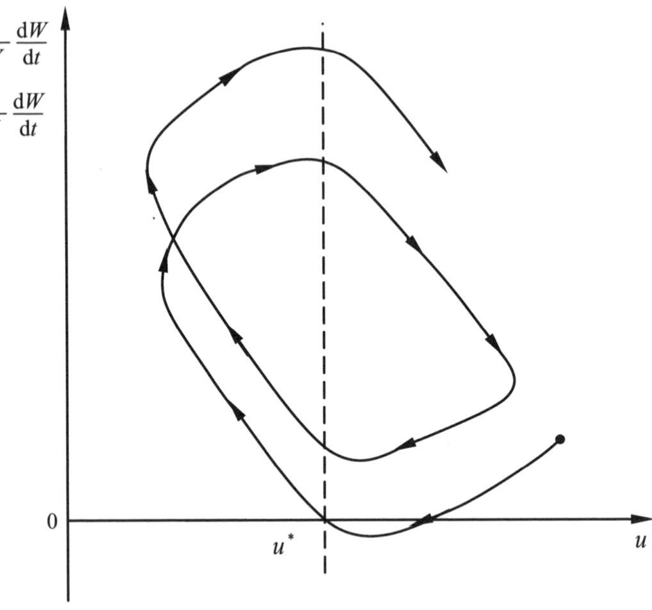

图 5.5　有上升通胀预期的工资膨胀和失业

第一个是，处在 $(1/W)(dW/dt)$ 最低点的 u 的水平应该大于处在 $(1/W)(dW/dt)$ 最高点的 u 的水平。如果 H 在 $(1/W)(dW/dt)$ 的最低点是负的且在 $(1/W)(dW/dt)$ 的最高点是正的，这一条件就得到满足。第二个是，处在 u 最小值（H 的最高点）的 $(1/W)(dW/dt)$ 的水平应该大于处在 u 最大值（H 的最低点）的 $(1/W)(dW/dt)$ 的水平。如果在整个循环中 θ_ρ 相对于 H 的绝对平均值是足够的小，第二个条件就是有效的。作为一种特例，如果在整个循环中 H 的平均值等于零，这一条件对 θ_ρ 的所有有限值都是有效的。概言之，即使 u 和 $(1/W)(dW/dt)$ 在长期是独立的，在每一个 H 的循环中，u 与 $(1/W)(dW/dt)$ 之间仍然很

有可能存在一般的反比关系。 209

二、支配型的循环模式

本章第二节提出了 u 和 $(1/W)(\mathrm{d}W/\mathrm{d}t)$ 之间存在一般反比关系的基本模型。方程式(5.2) $(1/W)(\mathrm{d}W/\mathrm{d}t)=\lambda_W H$ 和方程式(5.9) $u=G(H)$ 概括了这一模型。本章第四节将局部调整概念引入 u 与 H 之间的关系。这一修正产生了(5.16)方程式 $\mathrm{d}u/\mathrm{d}t=\lambda_l[G(H)-u]$，它对方程式(5.9)是一种拓展。在 λ_l 小于无穷大的情况下，由方程式(5.2)与(5.16)概括的这一模型，预示了一种逆时针的循环模式。本章第五节给 $(1/W)(\mathrm{d}W/\mathrm{d}t)$ 和 H 之间的关系引入适应性预期的概念，这一修正产生了方程式，

$$\frac{\mathrm{d}\left(\frac{1}{W}\frac{\mathrm{d}W}{\mathrm{d}t}\right)}{\mathrm{d}t}=\lambda_W\left(\theta_\rho H+\frac{\mathrm{d}H}{\mathrm{d}t}\right) \tag{5.21}$$

这是对方程式(5.2)的一种拓展。在 θ_ρ 大于零的情况下，由方程式(5.9)与(5.21)概括的这一模型，预示了一种顺时针的循环模式。

通过分析方程式(5.16)与(5.21)的失业和工资膨胀循环的一般模型，我们能够详细说明决定支配型循环趋势的各种条件。采用线性逼近法 $G(H)\approx u^{*}-g$，$g>0$，然后合并方程式(5.16)与(5.21)，消掉 H 得：

$$\frac{\mathrm{d}\left(\frac{1}{W}\frac{\mathrm{d}W}{\mathrm{d}t}\right)}{\mathrm{d}t}=\frac{\lambda_W}{g}\left[\theta_\rho\left(u^{*}-u-\frac{1}{\lambda_l}\frac{\mathrm{d}u}{\mathrm{d}t}\right)-\left(\frac{\mathrm{d}u}{\mathrm{d}t}+\frac{1}{\lambda_l}\frac{\mathrm{d}^2u}{\mathrm{d}t^2}\right)\right] \tag{5.22}$$

考虑循环中 $\frac{\mathrm{d}u}{\mathrm{d}t}=0$ 且 $\frac{\mathrm{d}\left(\frac{1}{W}\frac{\mathrm{d}W}{\mathrm{d}t}\right)}{\mathrm{d}t}>0$ 的点。这一点表示，和加速的工资膨胀同时发生的要么是失业的最大值，要么是失业的最小值。在一个逆时针的循环中，这一点将是 u 的最大值。因此，这一点的必要条件也将是 $\mathrm{d}^2u/\mathrm{d}t^2<0$ 且 $u^*-u<0$。相反，在顺时针循环，这一点将是 u 的最小值。在这种情况下，这一点的必要
210 条件将是 $\mathrm{d}^2u/\mathrm{d}t^2>0$ 且 $u^*-u>0$。将这些条件应用到方程式(5.22)得到如下结果：

逆时针循环要求 $\lambda_l\theta_\rho<\frac{\mathrm{d}^2u/\mathrm{d}t^2}{u^*-u}>0$，而

顺时针循环要求 $\lambda_l\theta_\rho>\frac{\mathrm{d}^2u/\mathrm{d}t^2}{u^*-u}>0$。

因此，(1) $\lambda_l\theta_\rho$ 的乘积越大，(2) $|u^*-u|$ 在 u 的最大值点与最小值点越大，和(3) $\mathrm{d}^2u/\mathrm{d}t^2$ 在 u 的最大值点与最小值点越小，顺时针循环的趋势将越强。$|u^*-u|$ 在 u 的最大值点与最小值点越大，u 循环的振幅就越大。$\mathrm{d}^2u/\mathrm{d}t^2$ 在 u 的最大值点与最小值点越小，u 从最大值衰减的速度和从最小值增加的速度就越慢，如果循环的振幅给定，则循环的时期就越长。总而言之，就业和预期的调整越快，循环的振幅越大，时间越长，循环越有可能是顺时针的。[①]

---

① 格罗斯曼 1974 年 11 月刊载于《经济学刊》的“失业与工资膨胀的循环模式”一文，包含对这一分析经验意义的一些更深入的讨论。

第六章　总需求的动态变化 211

本章探析产出、就业和收益率时间路径各种结构性滞后的可能结果。所考察的各种滞后性涉及实际需求对其直接决定因素的反应，对未来收入水平与收益率预期调整的反应，以及收益率对金融资产供求失衡的反应。分析集中讨论货币政策变化的影响。第一节考察第三章提出的研究总量超额供给条件下产出、就业与收益率决定的模型；第二节归纳逐渐调整现象的各种可能结果；第三节研究适应性预期的各种可能结果；第四节分析金融资产市场的逐渐出清。

第一节　货币余额的逐渐调整

作为当前讨论的开始，考虑上文第三章第四节阐述的模型，分析的是总量超额供给条件下产出、就业与收益率的决定。这一分析假设工资率与价格水平的给定值使得劳动市场与商品市场都存在超额供给。因此，各个市场的实际需求决定了产出与就业。这一分析还假设收益率的取值和金融资产市场的实际出清是一致的。给定了这些假设后，我们在第三章第四节确定了产出水平与

收益率遵循下述关系式：[①]

$$y=y^{d'}\underset{(+)}{(y},\underset{(-)}{r)} \tag{3.43}$$

212 $$\frac{f^{d'}}{P}\underset{(?)}{(y},\underset{(+)}{r)}=\frac{f^{s'}}{P}\underset{(+)}{(y},\underset{(-)}{r)} \tag{3.44}$$

$$\frac{m^{d'}}{P}\underset{(+)}{(y},\underset{(-)}{r)}=\frac{m^{s}}{P}=\frac{1}{P}\frac{\mathrm{d}M}{\mathrm{d}t} \tag{3.46}$$

这些关系值得特别一提的有三个具体方面。首先，给定各种外生的、预定的变量和生产函数，上述方程式隐含的 y 值唯一地决定了就业水平。[②] 因此，我们可以省略有关 l 决定的明确分析。其次，根据前文整个经济体预算约束方程式(3.45)，上面三个方程式只有两个是独立的。因此，在这三个方程式中，我们可以通过求解任意两个方程式来确定 y 与 r 。在接下来的讨论中，为方便起见我们集中研究 y 与 $y^{d'}$ 之间和 $m^{d'}/P$ 与 m/P 之间的同等关系。第三，货币余额的实际流量需求 $m^{d'}/P$ 是一个逐渐调整的关系。具体来说，$m^{d'}/P$ 函数更基础性的公式表述是：

$$\frac{m^{d'}}{P}=\lambda'_{m}\left[\left(\frac{M}{P}\right)'-\frac{M}{P}\right]$$ ，式中：

---

① 详细说明这些关系式需要忽略所有的外生变量和预定变量，包括货币存量 M/P 和债券存量 P_bB/P 。在下文的分析中，公开市场业务对货币存量和债券存量调整的数量相等，但反向相反。根据上文第三章第二节第三条的分析，这些等量调整改变了一生非工资财富 Ω_0 的现值，由此会影响 $y^{d'}$ 与 $f^{d'}/P$ 。在接下来的分析中，通过使用方程式(3.43)与(3.44)，我们抽象掉公开市场业务对 Ω_0 的累积性影响。根据第三章第二节第三条的分析，只是当居民户不把他们未来的纳税额资本化时，才会发生这种情况。不过，去掉这种简化的假设，不会改变我们在本章考察的结构性滞后主要的质的特征。

② 这一分析未引入任何会导致就业和产出之间滞后关系的结构性关系。在这方面，扩展的分析可以考虑资本存量(生产能力)的变动、工作时数的变动和新工人的培训费用。

$$\left(\frac{M}{P}\right)' = \left(\frac{M}{P}\right)'(\underset{(+)}{y}, \underset{(-)}{r}),$$

且 λ'_m 为正，为简单起见视为常数。读者也许能从第三章的分析记得，实际的最优实际货币余额 $(M/P)'$ 对应实际的最优交易次数 υ'。

为便于清晰明确地进行动态分析，对 $y^{d'}$ 与 $(M/P)'$ 函数使用线性逐次逼近法是有益的，亦即：

$$y^{d'}(\underset{(+)}{y}, \underset{(-)}{r}) = y_y y - y_r r \text{ 且：}$$

$$\left(\frac{M}{P}\right)'(\underset{(+)}{y}, \underset{(-)}{r}) = M_y y - M_r r$$

式中 y_y 、y_r 、M_y 与 M_r 都是正的系数且 y_y 小于 1。[①]而且，由 213
于在现在的分析背景中，价格水平是给定的并被当作常数，我们可以简化价格的标记，采用标准化的 $P=1$ 做法。因此，第三章阐述的研究总量超额供给条件下 y 与 r 决定的模型，现在可以表述为：

$$y = y_y y - y_r r \tag{6.1}$$

$$\frac{\mathrm{d}M}{\mathrm{d}t} = \lambda'_m (M_y y - M_r r - M) \tag{6.2}$$

现在分析的具体目标是查明外生干扰对产出、就业和收益率影响的时机。作为外生干扰的具体例子，我们考察货币政策的变化。我们假定财政政策不变化，所以政府对商品的需求和税收都不变化，改变货币存量增长的唯一方式是公开市场业务。不过，读者应该意识到同样的一般分析形式适用于任何外生干扰的情况。

① 为了方便，省略了这些线性逼近关系式常数项。包含这些常数项的关系式不会改变下文推导的任何结论。

为方便这样的分析，我们具体假设 M 是按下述简单的方式变化的：

$$M(t)=\begin{cases}M_0 & \text{当 } t\leq 0 \text{ 时}\\ M_0e^{\mu t} & \text{当 } 0<t\leq 0 \text{ 时}\\ M_0e^{\mu T} & \text{当 } t>T \text{ 时}\end{cases} \tag{6.3}$$

换言之，M 在零时以前是常量，处在 M_0 水平，从零时到 T 时，M 以固定不变的成比例比率 μ 增长，接着在 T 时后保持为常量。这种变化方式的重要特征是 M 增长的瞬时加速度。稳定的成比例增长率和正常的零增长率简化了这种分析所必需的各种假设。图 6.3 说明了方程式(6.3)说明的 M 的时间路径。

在第三章第四节阐述的模型背景中，第三章的末尾考察了转向扩张性货币政策变化的影响。我们解释说最初 y 会增加，r 会减少，随着时间的过去，这些初始的影响会被强化。现在，在同样
214 的模型背景中，我们想通过分析 y 与 r 时间路径的确切形式使这一分析更为精确，方程式(6.3)说明的 M 的变动隐含着 y 与 r 的时间路径。图 6.1 说明了方程式(6.1，6.2，6.3)必然包含的 M、y 与 r 的时间路径。

本节末尾的数学注释解释了图 6.1 与 6.2 的推导。应该注意到图 6.1 和前文图 3.5 是相似的，图 6.1 唯一的新的考察内容是
215 M 以不变的成比例比率增长，而非简单地以不变的比率增长；内生变量是 y 与 r，而非 P^* 与 r^*。

图 6.1 最鲜明的特征是 y 与 r 的时间路径形式和 M 的时间路径形式不一致。虽然 M 从零时的初始值增长到 T 时的最终值是连续的单调的，y 与 r 的时间路径显示的却是离散变化且超过

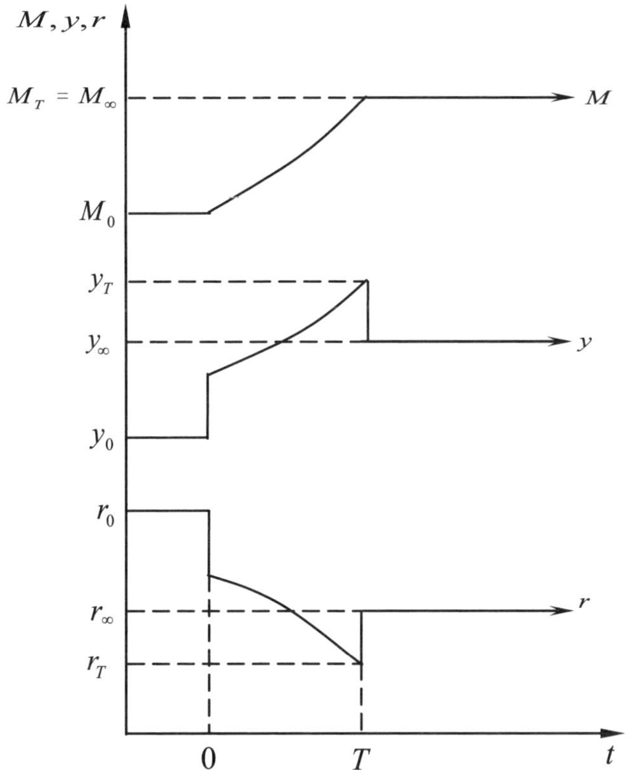

图 6.1　存在货币余额逐渐调整的 M、y 与 r 的路径：方程式(6.1,6.2,6.3)

其最终值。具体来说，y 与 r 在零时显示的都是离散变化，然后沿同一方向连续光滑地运动到 T 时，最后在 T 时又离散地回复最终值。

在当前的分析背景，这些时间路径形式和 M 时间路径形式之间缺乏一致性，基本原因是货币余额的逐渐调整。这种逐渐调整意味着 $m^{d'}$ 的变化对维持 $m^{d'}$ 等于 $\mathrm{d}M/\mathrm{d}t$ 是必要的，它要求货币余额最优水平 M' 相对于 M 发生变化。因此，$\mathrm{d}M/\mathrm{d}t$ 在零时和 T

时的离散变化必然使 M' 发生离散变化，这又意味着 r 的离散变化。r 的这些离散变化必然包含 y 的离散变化，以维持 $y^{d'}$ 等于 y 。

如果系数 λ'_m 很大，M 和 y 与 r 的时间路径的形式更趋于一致。在 λ'_m 变得无限大时，意味着货币余额的合意调整是瞬时的而非逐渐的，方程式(6.2)会被下式代替：

$$M = M_y y - M_r r \tag{6.4}$$

给定了方程式(6.1,6.3,6.4)，M 、y 与 r 的时间路径的形式恰好一致。图 6.2 说明了这种情况。

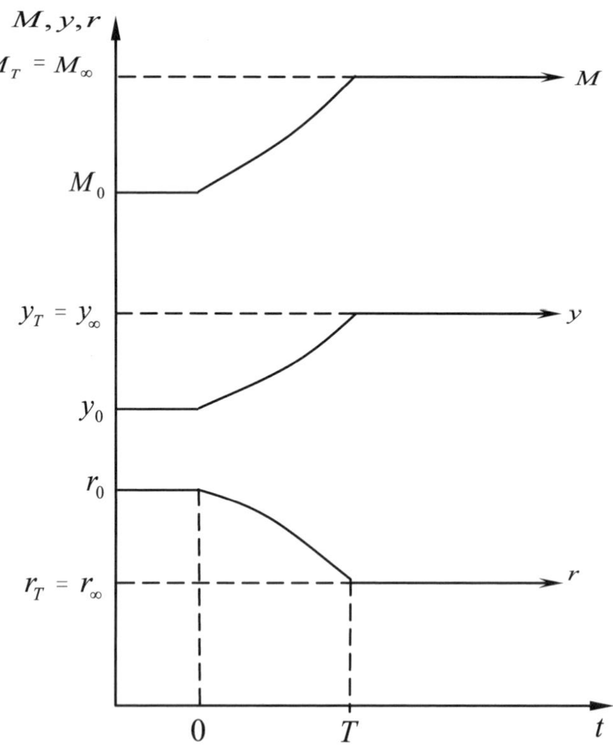

图 6.2　不存在结构性滞后的 M、y 与 r 的路径：方程式(6.1,6.2,6.3)

数学注释

图 6.1 与 6.2 描述的 y 与 r 的变动可推导如下。方程式(6.1)与(6.2)可以写成：

$$\begin{bmatrix} 1-y_y & y_r \\ \lambda'_m M_y & -\lambda'_m M_r \end{bmatrix} \begin{bmatrix} y \\ r \end{bmatrix} = \begin{bmatrix} 0 \\ (D+\lambda'_m)M \end{bmatrix}$$

式中 $\mathrm{D} \equiv \dfrac{d}{\mathrm{d}t}$。

求解这一方程组，将 y 与 r 写成 M 的函数，得：

$$y = \frac{B}{A}\left(1+\frac{D}{\lambda'_m}\right)M \text{ 和}$$

$$r = -\frac{1-y_y}{y_r}\frac{B}{A}\left(1+\frac{D}{\lambda'_m}\right)M$$ 216

式中 $A \equiv 1-y_y+M_y y_r/M_r$

且 $B \equiv y_r/M_r$。

注意只是因为我们在模拟实际需求函数时省略了常数项，r 才出现负值。给定方程式(6.3)说明的 M 的时间路径，y 与 r 的时间路径如下： 217

$$y(t) = \begin{cases} \dfrac{B}{A}M_0 & \text{当 } t \leq 0 \text{ 时} \\ \dfrac{B}{A}\left(1+\dfrac{\mu}{\lambda'_m}\right)M_0 e^{\mu t} & \text{当 } 0 < t \leq T \text{ 时} \\ \dfrac{B}{A}M_0 e^{\mu T} & \text{当 } t > T \text{ 时} \end{cases}$$

$$
r(t)=\begin{cases}-\dfrac{1-y_y}{y_r}\dfrac{B}{A}M_0 & \text{当 } t\leq 0 \text{ 时}\\ -\dfrac{1-y_y}{y_r}\dfrac{B}{A}\left(1+\dfrac{\mu}{\lambda'_m}\right)M_0e^{\mu t} & \text{当 } 0<t\leq T \text{ 时}\\ -\dfrac{1-y_y}{y_r}\dfrac{B}{A}M_0e^{\mu T} & \text{当 } t>T \text{ 时}\end{cases}
$$

只要 μ/λ'_m 项不为零，这两条时间路径都在零时和 T 时显示出离散变化。但是，随着 λ'_m 变得无限大，两条时间路径变成连续的。

第二节　实际商品需求的逐渐调整

上节考察的逐渐调整现象只和平均货币余额有关。不过，其
256 他结构性关系也可能服从逐渐调整规律。本节考察实际商品需求逐渐调整各种可能的结果。具体来说，这一分析对市场上实际表现的实际商品需求 $y^{d'}$ 和由 y' 表示的实际商品需求最终目标水平作了区分。假定第三章第四节第二条分析的居民户的选择运算决定了 y' 而非 $y^{d'}$，这样我们就有逐次逼近法：

$$y'=y_yy-y_rr$$

再假定代表性居民户根据下面的机制逐渐将 $y^{d'}$ 调整到 y'：

$$\frac{\mathrm{d}y^{d'}}{\mathrm{d}t}=\lambda'_y(y'-y^{d'})$$

式中 λ'_y 是正的，为简单起见视为常数。这种逐渐调整关系类似于 M 向 M' 的逐渐调整，$m^{d'}/P$ 的决定涉及 M'。相应地，对 $y^{d'}$ 向 y' 逐渐调整的理论解释需要比较 $y^{d'}$ 不等于 y' 必然包含的

损失和调整 $y^{d'}$ 所需要的费用。[①]

如果 $y^{d'}$ 向 y' 是逐渐调整的，总量超额供给背景隐含的现行产出 y 和实际需求 $y^{d'}$ 之间的相等现在要求：

$$\frac{\mathrm{d}y}{\mathrm{d}t}=\lambda'_{y}(y_{y}y-y_{r}r-y) \tag{6.5}$$

方程式(6.5)是方程式(6.1)的替代表达式。可以认为方程式(6.1)是随 λ'_{y} 变得无穷大时出现的一种极限情况。

图 6.3 说明了方程式(6.3，6.4，6.5)必然包含的 M、y 与 r 的时间路径。这一模型包含实际商品需求调整的滞后，但不包含货币余额调整的滞后。本节末尾的注释解释了图 6.3 与 6.4 的推导。图 6.3 的第一个重要特征是 y 的调整滞后于 M 的增长。这种滞后是有效商品需求逐渐调整的直接结果。正如方程式(6.4)说明的那样，在货币余额可瞬时调整的情况下，M 从零时到 T 时的增长引起 r 相应地下降。但是，$y^{d'}$ 向 y' 的逐渐调整意味着 $y^{d'}$ 与 y 的增长在 T 时还未完成，T 时后必然继续沿渐近路径增长。此外，在 M 不变的情况下，超过 T 时后，y 的继续增长意味着 r 在 T 时后必须增加，以保持货币余额最优水平不变。因此，r 的时间

① 一种替代的逐渐调整关系式可能包含实际产出 y 和 $y^{d'}$ 的差额。不过，在总量超额供给的背景里，产品不能贮存、劳动投入可瞬时调整而不发生调整成本、交换是自愿的且穷尽了所有互惠互利的贸易等假设意味着，y 必须始终等于 $y^{d'}$。为了涵盖 y 向 $y^{d'}$ 的逐渐调整，我们不得不放松至少其中一个假设。例如，如果在利尽所有互惠贸易的过程中，买方和卖方需要的协调费用不菲，因之是一个渐进性的过程，我们就有 $\frac{\mathrm{d}y}{\mathrm{d}t}=\lambda'_{y}(y^{d'}-y)$，该式服从 $y\leq y^{d'}$。不过，这种 y 向 $y^{d'}$ 逐渐调整的结论等同于本文正在考察的 $y^{d'}$ 向 y' 逐渐调整的结论。

219 路径低于其渐进线的值。

比较图 6.1 和 6.3 会产生一个有趣的对比。在图 6.1 中，货币余额的逐渐调整是结构性滞后的唯一形式，y 的时间路径超过其最终值。在图 6.3 中，实际商品需求的逐渐调整是结构性滞后的唯一形式，y 的时间路径滞后于 M 的时间路径。

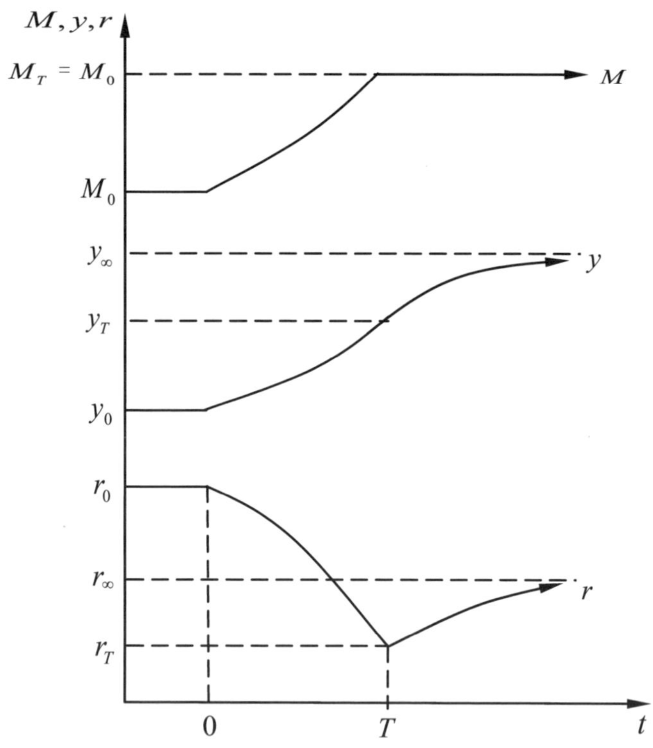

图 6.3　存在有效商品需求逐渐调整的 M、y 与 r 的时间路径：方程式(6.1,6.2,6.3)

这些观察资料正确揭示出，在一个更一般的模型中，这两种形式

220 式的结构性滞后对 y 时间路径的影响一般是互相抵消的。图 6.4

说明了方程式(6.2,6.3,6.5)必然包含的 M、y 与 r 的时间路径。[①]

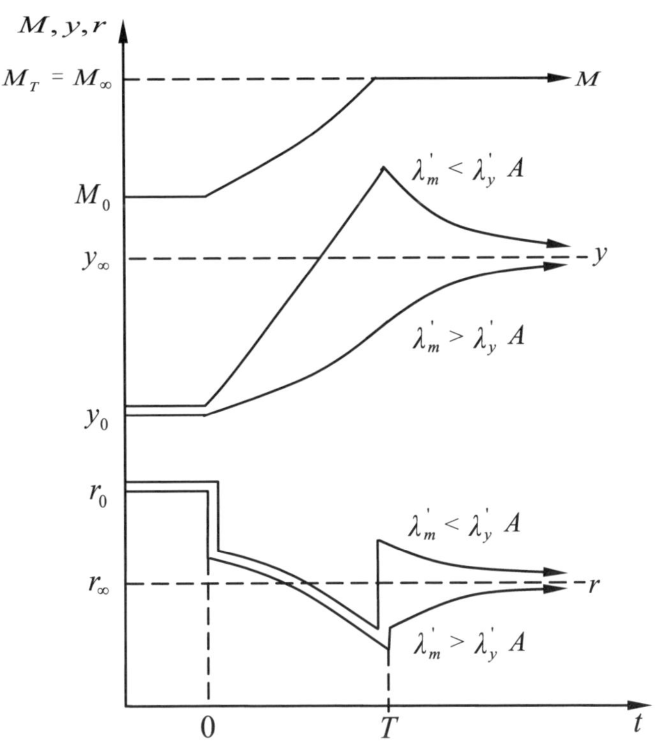

图 6.4　存在有效商品需求与货币余额逐渐调整的 M、y 与 r 的时间路径:方程式(6.2,6.3,6.5)

这两种形式的结构性滞后对 y 时间路径影响的净效果,取决 221
于货币余额调整速度值和经过系数 A 加权的实际商品需求调整

① 塔克(Tucker, D. P.)在 1966 年 6 月刊载于《美国经济评论》的"货币供给变化的动态收入调整"一文中,用公式阐述了这种离散时间模型。方程式(6.2,6.3,6.5)表述的模型是对这一模型的连续模拟,我们的结论也类似于塔克的结论。

速度的相对大小。系数 A 是静态结构参数的正组合。

$$A \equiv 1 - y_y + \frac{M_y y_r}{M_r}$$

具体来说，如果 λ'_m 大于 λ'_y 和 A 的乘积，y 滞后于 M 。相反，如果 λ'_m 小于 λ'_y 和 A 的乘积，y 超过其渐近线的值。最后，如果 λ'_m 恰好等于 λ'_y 与 A 的积，y 的时间路径形式恰好和 M 时间路径形式对应。

这些结论的重要含义是，结构性滞后的存在不必然意味着 y 对 M 的反应滞后。在当前的分析背景，货币余额的逐渐调整导致 r 对 M 变化的过度反应，这通常又会导致 y 的过度移动。同时，实际商品需求的逐渐调整倾向抑制 y 对任何给定 r 变化的反应。y 对 M 反应的净结果，或者是短期大于长期，或者是短期小于长期。

图 6.4 说明，r 的时间路径相当复杂。由于货币余额的逐渐调整，给定的 M 时间路径意味着 r 在零时离散下降，T 时前 r 进一步继续下降，在 T 时 r 离散上升。r 时间路径很多部分和图 6.1 中是一致的。T 时后，r 的继续移动和 y 的移动一致。如图 6.4 所示，如果 T 时后 y 滞后并继续增加，r 在 T 时后也会增加。相反，如果 T 时后 y 超过最大值然后下降，r 在 T 时后也会下降。

数学注释

图 6.3 与 6.4 描述的 y 与 r 变动可推导如下：方程式(6.5)与(6.2)可以写成：

$$\begin{bmatrix} D + \lambda'_y(1 - y_y) & \lambda'_y y_r \\ \lambda'_m M_y & -\lambda'_m M_r \end{bmatrix} \begin{bmatrix} y \\ r \end{bmatrix} = \begin{bmatrix} 0 \\ (D + \lambda'_m)M \end{bmatrix}$$

式中 $D \equiv \frac{d}{dt}$ 。

求解这一方程组,将 y 与 r 写成 M 的函数,得: 222

$$Dy + \lambda'_y Ay = \lambda'_y B\left(1 + \frac{D}{\lambda'_m}\right)M \text{ 和:}$$

$$Dr + \lambda'_y Ar = -\left(\frac{D}{y_r} + \lambda'_y \frac{1 - y_y}{y_r}\right)B\left(1 + \frac{D}{\lambda'_m}\right)M$$

式中 $A \equiv 1 - y_y + M_y y_r / M_r$

且 $B \equiv y_r / M_r$ 。

给定方程式(6.3)规定的 M 的时间路径,这两个微分方程变成如下形式:

$$Dy + A\lambda'_y y = \begin{cases} \lambda'_y BM_0 & \text{当 } t \leq 0 \text{ 时} \\ \lambda'_y B\left(1 + \frac{\mu}{\lambda'_m}\right)M_0 e^{\mu t} & \text{当 } 0 < t \leq T \text{ 时} \\ \lambda'_y BM_0 e^{\mu T} & \text{当 } t > T \text{ 时} \end{cases}$$

$$Dr + \lambda'_y Ar = \begin{cases} -\lambda'_y \frac{1 - y_y}{y_r} BM_0 & \text{当 } t \leq 0 \text{ 时} \\ -\left(\frac{\mu}{y_r} + \lambda'_y \frac{1 - y_y}{y_r}\right)B\left(1 + \frac{\mu}{\lambda'_m}\right)M_0 e^{\mu t} & \text{当 } 0 < t \leq T \text{ 时} \\ -\lambda'_y \frac{1 - y_y}{y_r} BM_0 e^{\mu T} & \text{当 } t > T \text{ 时} \end{cases}$$

假设均衡的初始位置和 y 的时间路径不存在中断。注意由于这一模型考虑到了 r 和 dy/dt 的离散变化对 dM/dt 离散变化的吸收,该模型容许 y 有一个连续的时间路径。给定了这些假设后,两个微分方程有下述解:

$$
y(t)=\begin{cases}
\frac{B}{A}M_0 & \text{当 } t\leq 0 \text{ 时}\\
\frac{B}{A}\frac{M_0}{\lambda'_m(\mu+\lambda'_yA)}[\lambda'_yA(\lambda'_m+\mu)e^{\mu t} \\
\quad +\mu(\lambda'_m-\lambda'_yA)\exp(-\lambda'_yAt)] & \\
 & \text{当 } 0<t\leq T \text{ 时}\\
\frac{B}{A}M_0\{e^{\mu T}+\frac{\mu(\lambda'_m-\lambda'_yA)}{\lambda'_m(\mu+\lambda'_yA)}[1-\exp\{(\mu+\lambda'_yA)T\}] \\
\quad \exp(-\lambda'_yAt)\} & \text{当 } t>T \text{ 时}
\end{cases}
$$

223

$$
r(t)=\begin{cases}
-\frac{1-y_y}{y_r}\frac{B}{A}M_0 & \text{当 } t\leq 0 \text{ 时}\\
-\frac{1-y_y}{y_r}\frac{B}{A}\frac{M_0}{(\mu+\lambda'_yA)}\left[\left(\frac{\mu A}{1-y_y}+\lambda'_yA\right)\right) & \\
\quad (\lambda'_m+\mu)e^{\mu t}-\frac{BM_y}{1-y_y}\mu(\lambda'_m-\lambda'_yA)\exp(-\lambda'_yAt)\Big] & \\
 & \text{当 } 0<t\leq T \text{ 时}\\
-\frac{1-y_y}{y_r}\frac{B}{A}M_0\{e^{\mu T}-\frac{BM_y}{1-y_y}\frac{\mu(\lambda'_m-\lambda'_yA)}{\lambda'_m(\mu+\lambda'_yA)} & \\
\quad [1-\exp\{(\mu+\lambda'_yA)T\}]\exp(-\lambda'_yAt) & \\
 & \text{当 } t>T \text{ 时}
\end{cases}
$$

从 $y_y<1$ 可推知 $A>0$。给定 $A>0$ 的情况下，这些解有如下含义：关于 y 的时间路径：

$$y(\infty)=\lim_{t\to\infty}y(t)=\frac{B}{A}M_0e^{\mu T}$$

$y(T)>y(0)$，且

$y(T)\gtreqless y(\infty)$ 当 $\lambda'_m\lesseqgtr\lambda'_yA$

关于 r 的时间路径：

$$r(\infty)=\lim_{t\to\infty}r(t)=-\frac{1-y_y}{y_r}\frac{B}{A}M_0\mathrm{e}^{\mu T}$$

$$r(0+\varepsilon)\leq r(0)\ 当\ \lambda'_m\leq\infty 时$$

$$y(0+\varepsilon)\gtreqless r(\infty)\quad 当\ \lambda'_m\lesseqgtr\mu A/(1-y_y)(e^{\mu T}-1)$$

$$r(T)<r(0+\varepsilon)$$

$$r(T)<r(\infty)$$

$$r(T+\varepsilon)\geq r(T)\ 当\ \lambda'_m\leq\infty，且$$

$$y(T+\varepsilon)\gtreqless r(\infty)\quad 当\ \lambda'_m\lesseqgtr\lambda'_yA$$

第三节　适应性预期

作为当前讨论的起点，第三章的分析假定有关产出、收入和收益率的预期都是静止的。具体来说，代表性居民户预期利润水平与可达到的就业量约束在 $\widehat{N}$ 时前继续维持在现期水平。此外，代 224
表性居民户和代表性厂商预期实际工资率与收益率不会随时间变化。本节考察放松有关预期的假设的一些可能结果。我们首先考察现期收入和预期“永久”收入之间的区别，然后考察现期收益率和预期“正常”收益率之间的区别。

一、永久收入

简要回顾一下第三章实际商品需求函数的推导。实际商品需求由实际投资需求加实际消费需求加金融服务需求再加政府需求构成。由方程式(3.29)给出的实际投资需求，取决于现有资本存量和实际目标资本存量之间的差额。实际目标资本存量又取决于预期的实际工资率水平、收益率、公用设施水平和销售的需求决定性约束。方程式(3.29)的推导假定代表性厂商预期这种销售约束在 $\widehat{N}$ 时前实际上一直维持当前水平，并预期其他相关变量不会随时间发生变化。

由方程式(3.36)给出的实际消费需求是由 Ω'_0、实际工资率和收益率决定的，其中 Ω'_0 度量的是终生非工资财富和 $\widehat{N}$ 时前工资收入的现值。方程式(3.36)的推导假定，代表性居民户预期工资收入与利润水平约束在 $\widehat{N}$ 时前仍然维持在当前水平，并预期其他相关变量不会随时间发生变化。

现在，我们要考察的是对销售与收入机会非静止预期的可能性。具体来说，让我们对当前销售额与收入和盈利性销售额与赚得收入的预期平均机会做出区分。对代表性厂商来说，预期销售机会涉及有关的销售约束和实际工资率的预期时间路径。对代表性居民户而言，预期赚得收入机会涉及有关的就业约束、利润收入和实际工资率的预期时间路径。按通常的用法，居民户的这些预期收入机会现值项的平均值被称为永久收入。为简单
225 起见，以 y^e 标记永久收入，也以 y^e 表示厂商预期销售机会的平均值。

y^e 不等于 y 的可能性直接意味着，应该把实际商品需求解释成由 y^e 决定，而不是由 y 决定。因此，如果忽略逐渐调整，决定 $y^{d'}$ 与 y 的线性逼近方程式变为：

$$y = y^{d'} = y_y y^e - y_r r \tag{6.6}$$

此外，我们必须说明 y^e 产生的过程。根据通常的做法，我们假定这种预期遵循线性调整关系，亦即：

$$\frac{\mathrm{d}y^e}{\mathrm{d}t} = \theta_y(y - y^e) \tag{6.7}$$

式中系数 θ_y 是正的，为简单起见，视为常数。①

如前所述，总量超额供给的存在意味着 $y^{d'}$ 决定 y。在方程式(6.6)与(6.7)中，一个重要的新含义是 y 变化对 $y^{d'}$ 的反作用产生需求乘数，现在涉及滞后问题。具体来说，只是随着 y^e 向 y 的逐渐调整，y 的变化才会影响 $y^{d'}$。因此，就 y 与 r 的时间路径来说，将永久收入引入实际商品需求函数的结果和实际商品需求逐渐调整的结果是相似的。

方程式(6.6)与(6.7)对 y 与 r 时间路径的确切含义，是由对货币余额实际需求所做的假设决定的。比如，如果把方程式(6.6)与(6.7)和方程式(6.4)合并，

$$M = M_y y - M_r r$$

模型中唯一的滞后性涉及 y^e 对 $y^{d'}$ 的影响。这一模型和其中唯一的滞后性涉及实际商品需求逐渐调整的模型极其相似，并且

① 对 y 与 y^e 之间的区别，"永久"与"不定"收入的有关术语，和产生 y^e 的线性适应性预期机制的基本分析，都归功于弗里德曼在 1957 年出版的《消费函数理论》一书的研究工作。弗里德曼扩展了简单的适应性预期机制，使其涵盖收入的长期预期趋势。在前文第六章第四节第一条，为得到预期价格变化率，我们已经使用过线性适应性预期机制。读者可以参考这一部分的讨论，也可以参阅其中注释的参考文献。

226 y 与 r 的时间路径和上面图 6.3 所说明的路径形式一样。[①]

另外一种可能性是，如果实际目标（最优）货币余额也是由永久收入决定，则方程式(6.4)可由下式代替：

$$M = M' = M_y y^e - M_r r$$

现在，模型和逐渐调整应用于实际商品需求与货币余额的模型极其相似。y^e 对 $y^{d'}$ 与 M' 影响涉及的滞后性一般是抵消性的，在用 θ_y 代替 λ'_m 与 λ'_y 的条件下，y 与 r 可能的时间路径将和图 6.4说明的一致。[②]

① 更确切地说，在用 θ_y 代替 λ'_m 与 λ'_y，用 $A' \equiv \dfrac{(1-y_y)M_r + M_y y_r}{M_r + M_y y_r}$ 代替 A，和用 $B' \equiv \dfrac{y_r}{M_r + M_y y_r}$ 代替 B 的条件下，y 的时间路径和第六章第二节数学注释推导的路径一致。在这种情况下，如果 $0 < A' < 1$，这可以从 $0 < y_y < 1$ 得出，y 必然滞后于 M。而且，在用 θ_y 代替 λ'_y，A' 代替 A 以及 B' 代替 B 且 $\lambda'_m = \infty$ 的情况下，r 的时间路径也和第六章第二节数学注释推导的路径一致。如果方程式(6.6)中的变量 r 替换为变量 r^e，此处 $\mathrm{d}r^e/\mathrm{d}t = \theta_y(r - r^e)$，则只是用 θ_y 代替 λ'_y 且 $\lambda'_m = \infty$ 的情况下，y 与 r 的时间路径都会和第六章第二节数学注释推导的路径一致。我们将这些结果的证明作为练习留给读者。

② 莱德勒(Laidler, D.)在 1968 年 1 月刊载于《牛津经济学论文》第 20 卷的“宏观经济模型中的永久收入概念”一文中，用公式证明了这个离散时间模型。本模型是对莱德勒离散时间模型的一种连续模拟。不过，如果货币余额向目标水平的调整是逐渐的，M' 取决于 y^e 似乎更为合理。如果那样的话，对货币余额的实际流量需求和流量供给之间相等的线性逼近就是 $\dfrac{\mathrm{d}M}{\mathrm{d}t} = \lambda'_m(M_y y^e - M_r r - M)$。在用 $(\lambda'_m + \mu + \theta_y)$ 代替 λ'_y 的情况下，将这一关系式和方程式(6.6)与(6.7)合并，得到 y 可能的时间路径和图 6.4 一致。在用 θ_y 代替 λ'_y 的情况下，r 可能的时间路径也和图 6.4 一致。我们再次把这一结果的证明作为练习留给读者。而且，将实际商品需求的逐渐调整引入涵盖永久收入的模型，会产生二阶微分方程系统，从而导致 y 与 r 的时间路径可能发生摆动。在 1973 年 2 月刊载于《货币、信贷与银行业杂志》第 5 卷的“预期、调整和收入对政策变化的动态反应”一文中，莱德勒已经分析过这样一种模型。

二、不定收入的安排

上一节我们在先前推导的实际需求函数内，考察了以永久收入 y^e 代替当期收入 y 的结果。不过，y^e 不总是等于 y 的可能性也说明货币余额的实际需求需要基本的重新系统阐述。通过假设商品的实际需求仅仅取决于 y^e 与 r，方程式(6.6)意味着表示 y 与 y^e 差额的所有不定收入(暂时收入)，一定是被储蓄下来了。[①] 像其他所有的储蓄一样，对应不定收入的储蓄或动用储蓄可以用于积累货币余额或者收益性资产。

在第三章展开的分析中，对代表性居民户货币余额需求的理论解释与推导涉及的基本假设是居民户承担买卖收益性资产的交易成本。这些成本诱导代表性居民户节省这类交易的次数，方法是最初将储蓄流量积累为货币，定期地用积攒的货币交换收益性资产。这些交易成本也说明需要适当的方式安排不定收入。用货币交换收益性资产需要交易成本，导致居民户把对应不定收入的储蓄最初积累为货币余额。不过，如果居民户买进或卖出收益性资产的频次已经是 υ，则在下一个 $1/\upsilon$ 交易间隔期末，居民户也可

① 不定收入(暂时收入)可以表示当期收入对永久收入预期的或未预期的偏离。假如预期收入是浮动的，在此情况下，永久收入表示收入的预期平均水平。只要这些浮动被预期到了，不定收入就是已预期的，不会增减居民户一生的收入额。如果代表性居民户当前得到正的已预期不定收入，它一定在过去曾收到或预期在将来收到等现值的负的已预期不定收入。由于这一原因，已预期不定收入的任何积累都应被储蓄起来，不应该影响代表性居民户的实际消费需求。相反，不定收入超过预期平均值的预期收入浮动是未预期的意外财富。这类未预期不定收入的任何积累都应该在 Ω'_0 中得到反映，而且一旦积累下来，就会影响到代表性居民户的实际消费需求。

能发现用自己的货币持有量交换收益性资产是值得的，而货币持有量就是已积累的不定收入。① 因此，一般说来，代表性居民户会
228 调整自己对货币余额的实际需求，为一些小额的不定收入流量提供调剂栖息地。

为了将不定收入的最优安排考虑在内，在形式上重新阐述货币余额需求是一个富有挑战性的难题，我们留给读者考虑。但是，货币余额的实际需求会为一些小额的不定收入流量提供调剂栖息地，这一假设普遍的定性的结论似乎是足够明晰的。具体说来，这种调剂栖息地增加了实际货币需求对收入变化的直接敏感度，因此缓冲了 y 与 r 对货币政策的短期反应。②

三、货币的投机性需求

这一部分考察对收益性资产收益率进行非静止预期的可能性。用 r^e 表示正常收益率，它是代表性居民户与代表性企业在长期中预计得到的收益率。同样按通常的做法，假定 r^e 和 y^e 产

① 居民户预期这种保持为储蓄的积累时间越长，这种动机就越强烈。不定收入浮动的周期相对于交易间隔期 $1/v$ 越短，居民户就越有可能让自己的货币余额吸纳这些储蓄。但是，不定收入（暂时收入）的积累也可能影响对金融资产市场光顾的最优次数。比如，如果表示已积累的不定收入的货币持有量变得足够大，临时光顾金融资产市场就是值得的。大致说来，已积累的意外不定收入发生这类临时光顾的可能性，要大于已积累的预期不定收入。而且，这类光顾的次数取决于收益率和交易成本水平。达拜（Darby，M. R.）1972 年 12 月刊载于《美国经济评论》的“不定收入在消费者资产中的分布”一文，对不定收入的安排做了更广泛的研究，对耐用消费品的作用给予了特别关注。

② 正如达拜在 1972 年 12 月“不定收入在消费者资产中的分布”一文中所说的，如果居民户购置耐用消费品为一部分不定收入流量提供了栖息地，那么就有一种抵消性的影响力增加 y 对货币政策的短期敏感度。

生的机制一样，是由适应性预期机制产生的。这种预期机制允许 r^e 偏离 r。这种偏离原则上有多种关于企业与居民户行为的可能结果。本节集中讨论其中的一种结果，即反映 r^e 与 r 之间的偏离对把储蓄积累成货币余额而非收益性资产的替代成本的 229
影响。

如果 r 不等于 r^e，持有货币余额的替代成本会涉及收益性资产的当前收益率和收益性资产价格的预期变化率。比如，假设 r 小于 r^e，果真如此，代表性居民户就会预期 r 将上升到正常水平。回忆在利润流与利息支付流给定的情况下，股票与债券的价格和 r 是成反比的。[①] 因此，代表性居民户也会预期这些价格，亦即他们持有的收益性资产的价值将下跌。如果代表性居民户是以货币形式持有其资产的，就可以避免这种预期的资本贬值。

投机性的考虑以这种方式成为决定货币余额实际需求的因素。具体来说，实际货币需求应该和 r 与 r^e 之差额成反比。同样，对货币余额实际需求形式上的重新阐述要涵盖这种影响，是一个富有挑战性的难题，我们留给读者考虑。但是，其中涉及的普遍的定性的结论似乎是清楚的。明确地说，投机性的货币需求增强了实际货币需求对 r 变化的直接敏感性，因此缓冲了 y 与 r 对货币

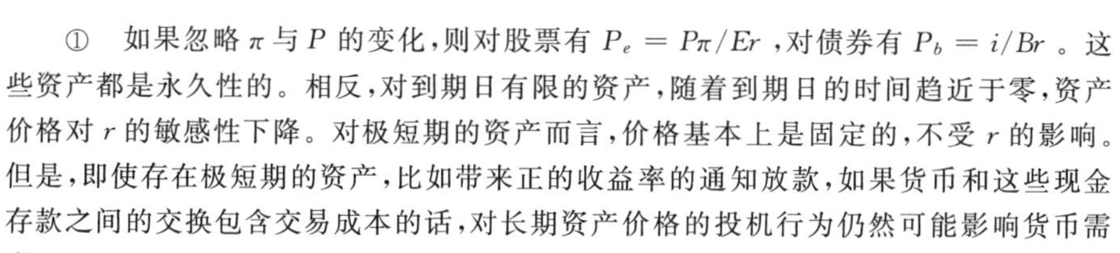

① 如果忽略 π 与 P 的变化，则对股票有 $P_e = P\pi/Er$，对债券有 $P_b = i/Br$。这些资产都是永久性的。相反，对到期日有限的资产，随着到期日的时间趋近于零，资产价格对 r 的敏感性下降。对极短期的资产而言，价格基本上是固定的，不受 r 的影响。但是，即使存在极短期的资产，比如带来正的收益率的通知放款，如果货币和这些现金存款之间的交换包含交易成本的话，对长期资产价格的投机行为仍然可能影响货币需求。

230 政策的短期反应。[1] 投机性的货币需求对资产价格的影响，和货币实际需求对不定收入调剂栖息地的影响有相似性，这一点值得注意。

第四节　金融资产市场的逐渐出清

第三章的分析依然是本节讨论的起点，它假设收益率的取值总是符合金融资产市场的实际出清。本节考察放松这一假设一些可能的结论。具体来说，我们现在假设，收益率对金融资产的实际流量需求和实际流量供给之间的任何差额的反应都是逐渐调整的，亦即：

$$\frac{\mathrm{d}r}{\mathrm{d}t}=-\lambda_r(f^{d'}-f^{s'}) \qquad (6.8)$$

式中 λ_r 为正，但其值有限，为简单起见，视为常数。根据方程式(6.8)，当 $f^{d'}$ 大于 $f^{s'}$ 时，r 是下降的；当 $f^{s'}$ 大于 $f^{d'}$ 时，r 是上

---

① 先前的著作者，特别是凯恩斯在 1936 年的《就业、利息和货币通论》中和弗里德曼在 1961 年 10 月刊载于《政治经济学杂志》的“货币政策效果的滞后性”中，都曾经强调过货币投机需求的这些影响。凯恩斯写道“经验表明，满足投机性动机的货币总需求通常表现出对利息率逐渐变化的连续反应……确实，如果不是这样的话，‘公开市场业务’就行不通了……在正常环境下，银行系统事实上总是能够通过在市场上以适中的量高报(或低报)债券价格，以现金购买(或出售)债券……”(p. 197)。在分析货币政策影响滞后的初始阶段时，弗里德曼写道，“设想货币当局通过公开市场购买的方式增加了货币存量……为获得货币出售一笔资产是因为价格条件是有利的；但是，卖方不一定要无限期地持有这部分货币。”(p. 462)。大致来说，对给定的收益性资产收益率的减少而言，愿意吸纳的货币短期多于长期反映了货币的投机性需求。

升的。①

如果 r 对 $f^{d'}$ 与 $f^{s'}$ 之间差额的调整只是渐进性的，金融资产市场的交换也可能发生在非市场出清条件下。在这种情况下，正如第二章讨论的那样，如果是自愿交换，实际交易水平将等于供给量与需求量中较小的一个，亦即：

$$f=\min(f^{d'},f^{s'})$$

从个人的立场看，实际交易量对供给量或需求量的任何偏离显得是一个约束。为简单起见，我们假定政府的需求或供给享有优先权。因此，如果 $f^{d'}$ 大于 $f^{s'}$，居民户将无法购买到他们需求数量的收益性资产；而如果 $f^{s'}$ 大于 $f^{d'}$，企业将无法售卖完他们 231
供给数量的收益性资产。

和劳动市场或商品市场出清失灵隐含的约束比较，金融资产市场出清失灵隐含的约束也将影响居民户与企业在其他市场的行为。现在讨论关注的焦点是向扩张性货币政策变化的影响。如果金融资产市场最初是出清的，这种变化会引起 $f^{d'}$ 超过 $f^{s'}$。因此，代表性居民户实际购买的收益性资产将是 $f=f^{s'}<f^{d'}$。给定这一约束，解决 $f^{d'}$ 超过 $f^{s'}$ 余额有两个可选择的办法，代表性居民户必须选择两个办法的某种组合。第一办法是，它可以继续

① 由于资产的价格和 r 是成反比的，这一说明意味着当 $f^{d'}$ 大于 $f^{s'}$ 时，资产价格在上升；而当 $f^{s'}$ 大于 $f^{d'}$ 时，资产价格在下降。现实中，λ_r 的大小在不同的金融资产市场似乎变化很大。在有组织的交易所，λ_r 似乎非常大。我们先前的假设 $f^{s'}$ 总是等于 $f^{d'}$ 似乎是很好的近似法，实际上这意味着 λ_r 是无限大的。但是，在其他资产市场，诸如抵押贷款与银行贷款市场，λ_r 似乎要小得多。

以 $m^{d'}$ 的速度增加其货币余额，将 $f^{d'}-f^{s'}$ 超额量增加到实际消费需求上。另一个办法是，它可以继续以 $c^{d'}$ 的速度消费，将 $f^{d'}-f^{s'}$ 超额量增加到货币余额的实际流量需求上。①为简要起见，我们只需假设代表性居民户会选择两个办法的某种组合。具体来说，假定：

$$y^{d''}=y^{d'}+\alpha(f^{d'}-f^{s'}) \tag{6.9}$$

$$m^{d''}=m^{d'}+(1-\alpha)(f^{d'}-f^{s'}) \tag{6.10}$$

式中 $y^{d''}$ 是已修正的实际商品需求，$m^{d''}$ 是已修正的货币余额的实际流量需求。溢出系数 α 的取值范围是 $0<\alpha<1$，为简单起见视为常数。②

方程式(6.9)与(6.10)是以实际商品需求、货币的实际流量需

232 求与收益性资产实际超额需求表达的。但是，第三章推导的整个经济的预算约束由下式给出：

$$(y^{d'}-y)+\frac{W}{P}(l^{d'}-l)+\frac{1}{P}(f^{d'}-f^{s'})+\frac{1}{P}(m^{d'}-\frac{\mathrm{d}M}{\mathrm{d}t})=0 \tag{3.45}$$

---

① 由于我们正在研究的是超额劳动供给的情形，所以就业量小于 l^s，实际劳动供给减少发挥的作用不会是消除 $f^{d'}$ 大于 $f^{s'}$ 超额量，除非实际劳动的减少量大于 l^s 与 l 的差额。为简单起见，我们忽略这种可能性。

② 如果和现实情况一样，厂商持有货币余额，则对收益性资产超额供给结果的分析和对超额需求结果的分析是对称的，至少在系数 α 的类似项的取值是在 1 之内的意义上如此。但是，如果正如我们为简单起见一直假设的那样，厂商不持有货币余额，则整个 $f^{d'}$ 大于 $f^{s'}$ 超额量必然会反映在实际投资需求的减少上。如果那样的话，系数 α 类似项的取值将恰好等于 1。

通过替换收益性资产的实际超额需求，这一约束条件式能够使我们简化(6.9)与(6.10)的表达式。如果 $l^{d'}=l$ 且 $P=1$，将方程式(3.45)的结果代入方程式(6.9)得：

$$y^{d''}=y^{d'}-\alpha\left(y^{d'}-y+m^{d'}-\frac{\mathrm{d}M}{\mathrm{d}t}\right)$$

因此，假定 $\alpha<1$，实际产出 y 和修正的实际需求 $y^{d''}$ 相等的条件要求：

$$y=y^{d'}-\frac{\alpha}{1-\alpha}\left(m^{d'}-\frac{\mathrm{d}M}{\mathrm{d}t}\right) \tag{6.11}$$

同样，假定 $0<\alpha<1$，将得自方程式(3.45)的 $f^{d'}-f^{s'}$ 和得自方程式(6.11)的 y 代入方程式(6.8)得，

$$\frac{\mathrm{d}r}{\mathrm{d}t}=\frac{\lambda_r}{1-\alpha}\left(m^{d'}-\frac{\mathrm{d}M}{\mathrm{d}t}\right)=\frac{\lambda_r}{\alpha}(y^{d'}-y) \tag{6.12}$$

给定了线性逼近 $y^{d'}=y_y y-y_r r$ 与 $m^{d'}=\lambda'_m(M_y y-M_r r-M)$，以及方程式(6.3)说明的 M 变动，方程式(6.11)与(6.12)必然包含 y 与 r 确切的时间路径。[①] 图 6.5 中的实线箭头说明了这些时间路径。为了比较，图 6.5 中的虚线箭头复制了图 6.1 中 y 与 r 的时间路径。y 与 r 在图 6.1 中的时间路径是在货币余额逐渐调整，但 r 连续向金融资产市场出清调整中发生的。节尾的数学注释解释了图 6.5 的推导。

---

① 塔克(Tucker, D. P.)在 1968 年 2 月刊载于《经济学季刊》的“信贷配额、利率滞后和货币政策速度”一文中分析了一个类似的模型，也涉及实际商品需求的逐渐调整。在 1971 年 9/10 月刊载于《政治经济学杂志》的“市场失衡中的货币、利息与价格” 233
一文中，格罗斯曼提出了另外一个类似但更通用的模型，其中 P 并不保持在必然包含商品超额供给的固定水平，也向商品市场的出清逐渐调整。

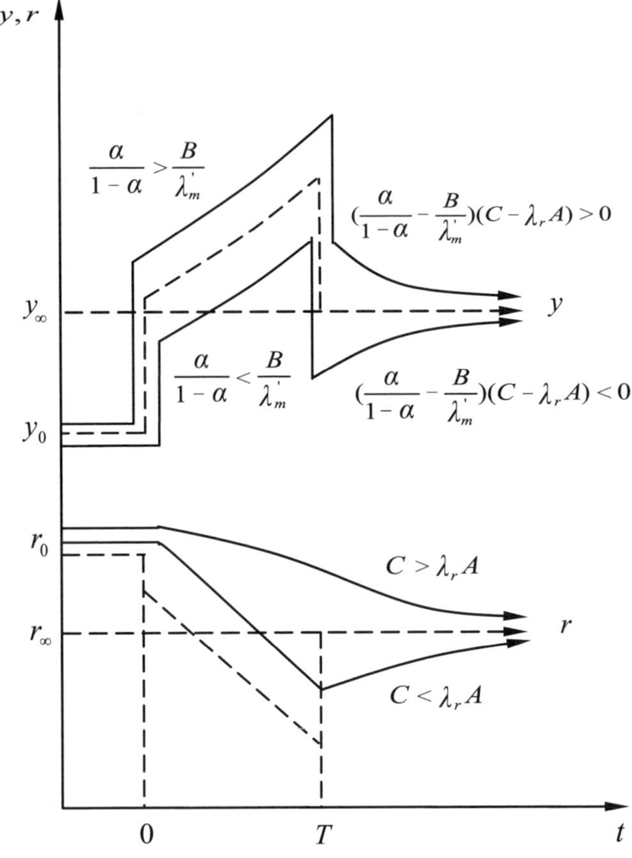

图 6.5　存在货币余额逐渐调整和金融资产市场逐渐出清情况的 y 与 r 的时间路径：方程式(6.3,6.11,6.12)

现在，r 与 M 时间路径之间的最终关系取决于货币余额逐渐调整和金融资产市场逐渐出清的相互抵消影响。这两种形式的结构性滞后对 r 时间路径的最终影响，取决于并入 C 系数的 λ'_m 的相对值和经过系数 A 加权的 λ_r 。系数 C 是 λ'_m 、溢出系数 α 与不同的静态结构参数合并的结果，

$$C \equiv (1-\alpha)(1-y_y)/M_r + \alpha\lambda'_m M_y/M_r$$

单独来看，金融资产市场逐渐出清的影响是减少了 r 对 M 增加的短期反应。因为 r 不再受约束，被限制在维持 $m^{d'}$ 等于 $\mathrm{d}M/\mathrm{d}t$ 的水平，$\mathrm{d}M/\mathrm{d}t$ 在零时与 T 时的离散变化不再必然包含 r 的离散变化。如果 λ_r 与 A 的积大于 C ，r 将仍然低于其渐近线的值。但是，如果 λ_r 与 A 的积小于 C ，r 将滞后于 M ，在 T 时后继续下降。最后，如果 λ_r 与 A 的积恰好等于 C ，r 的时间路径将和 M 时间路径形式恰好一致。

现在，y 与 M 时间路径间的最终关系也取决于货币余额逐渐调整和金融资产市场逐渐出清的共同影响。不过，金融资产市场逐渐出清对 y 的时间路径的影响是相当复杂的，本身涉及两种相互抵消的结果。第一个结果反映了 r 短期下降的减少，本身趋向减少 y 的短期增加。第二个结果反映了收益性资产超额需求通过溢出系数 α 对商品实际需求的影响。由于 $\mathrm{d}M/\mathrm{d}t$ 在零时与 T 时的离散变化意味着收益性资产超额需求的离散变化，溢出效应会在这些时间导致 y 的离散变化。而且，金融资产市场逐渐出清对 234
y 的短期最终影响取决于 α 相对于 B/λ'_m 比率的大小，此处 $B \equiv y_r/M_r$ 。具体来说，如果比率 $\alpha/(1-\alpha)$ 小于 B/λ'_m ，最终影响将是减少 y 的短期上升。但是，如果 $\alpha/(1-\alpha)$ 大于 B/λ'_m ，溢出效应将超过 r 下降减少的影响，最终影响将是增加 y 的短期上升。最后，如果 $\alpha/(1-\alpha)$ 正好等于 B/λ'_m ，金融资产市场逐渐出清对 y 没有影响，y 从零时到 T 时的时间路径将和图 6.1 描绘的时间

路径一致。

T 时后，y 的继续移动对应于 r 的继续移动，并和溢出效应的强度一致。比如，设想 λ_r 和 A 的积小于 C，以致 T 时后收益性资产的实际超额需求是正的，但却随 r 的继续下降递减。在此情况下，如果溢出效应强大，以致 $\alpha/(1-\alpha)$ 大于 B/λ'_m，y 在 T 时后也会减少。但是，如果 $\alpha/(1-\alpha)$ 小于 B/λ'_m，y 在 T 时后会增加。①

数学注释

图 6.5 描述的 y 与 r 行为可推导如下：方程式(6.11)与(6.12)
235 可以写成：

$$\begin{bmatrix} (1-y_y)+\dfrac{\alpha}{1-\alpha}\lambda'_m M_y & y_r-\dfrac{\alpha}{1-\alpha}\lambda'_m M_r \\ \dfrac{\lambda_r}{\alpha}(1-y_y) & D+\dfrac{\lambda_r}{\alpha}y_r \end{bmatrix} \begin{bmatrix} y \\ r \end{bmatrix} = \begin{bmatrix} \dfrac{\alpha}{1-\alpha}(D+\lambda'_m)M \\ 0 \end{bmatrix}$$

式中 $\mathrm{D}\equiv\dfrac{d}{\mathrm{d}t}$。

求解这一方程组，将 y 与 r 写成 M 的函数，得：

① 如果 $\lambda_r A$ 大于 C，那么 T 时后 $f^{d'}$ 将小于 $f^{s'}$。图 6.5 描述了这种收益性资产正的超额供给情形，和收益性资产正的超额需求情形对称。但是，正如上面解释的那样，这种对称性要求厂商与居民户行为之间有对称性。

$$Dy+\lambda_r\lambda'_m\frac{A}{C}y=\lambda_r\lambda'_m\frac{B}{C}\left(1+\frac{\alpha D}{\lambda_r y_r}\right)\left(1+\frac{D}{\lambda'_m}\right)M \text{ 和}$$

$$Dr+\lambda_r\lambda'_m\frac{A}{C}r=-\lambda_r\lambda'_m\frac{B}{C}\frac{1-y_y}{y_r}\left(1+\frac{D}{\lambda'_m}\right)M$$

式中 $A\equiv 1-y_y+M_y y_r/M_r$ ，$B\equiv y_r/M_r$ ，

且 $C\equiv(1-\alpha)(1-y_y)/M_r+\alpha\lambda'_m M_y/M_r$

给定方程式(6.3)规定的 M 的时间路径，这两个微分方程式变为：

$$Dy+\lambda_r\lambda'_m\frac{A}{C}y=\begin{cases}\lambda_r\lambda'_m\frac{B}{C}M_0 & \text{当 } t\leq 0 \text{ 时}\\ \lambda_r\lambda'_m\frac{B}{C}\left(1+\frac{\alpha\mu}{\lambda_r y_r}\right)\left(1+\frac{\mu}{\lambda'_m}\right)M_0 e^{\mu t} & \\ & \text{当 } 0<t\leq T \text{ 时}\\ \lambda_r\lambda'_m\frac{B}{C}M_0 e^{\mu t} & \text{当 } t>T \text{ 时}\end{cases}$$

$$Dr+\lambda_r\lambda'_m\frac{A}{C}r=\begin{cases}-\frac{1-y_y}{y_r}\lambda_r\lambda'_m\frac{B}{C}M_0 & \text{当 } t\leq 0 \text{ 时}\\ -\frac{1-y_y}{y_r}\lambda_r\lambda'_m\frac{B}{C}\left(1+\frac{\mu}{\lambda'_m}\right)M_0 e^{\mu t} & \\ & \text{当 } 0<t\leq T \text{ 时}\\ -\frac{1-y_y}{y_r}\lambda_r\lambda'_m\frac{B}{C}M_0 e^{\mu T} & \text{当 } t>T \text{ 时}\end{cases}$$

假设初始状态是均衡的，y 的时间路径不存在中断。注意由 236
于这一模型考虑到了 y 与 dr/dt 的离散变化吸收了 dM/dt 的离散变化，该模型容许 r 有一个连续的时间路径。给定了这些假设后，两个微分方程有下述解：

$$
y(t)=\begin{cases}
\dfrac{B}{A}M_0 & \text{当 } t\leq 0 \text{ 时}\\[2ex]
\dfrac{B}{A}\,\dfrac{1-y_y}{y_r}[(1-\alpha)B-\alpha\lambda'_m]\,\dfrac{\mu(C-\lambda_r A)}{C(\mu C+\lambda_r\lambda'_m A)} & \\[2ex]
\times M_0\exp\left(-\lambda_r\lambda'_m\dfrac{A}{C}t\right)+\dfrac{(\lambda_r y_r+\alpha\mu)(\lambda'_m+\mu)}{M_r(\mu C+\lambda_r\lambda'_m A)}M_0\,\mathrm{e}^{\mu t} & \\[2ex]
 & \text{当 } 0<t\leq T \text{ 时}\\[2ex]
\dfrac{B}{A}M_0\left\{\mathrm{e}^{\mu t}+\dfrac{1-y_y}{y_r}[(1-\alpha)B-\alpha\lambda'_m]\,\dfrac{\mu(C-\lambda_r A)}{C(\mu C+\lambda_r\lambda'_m A)}\right. & \\[2ex]
\left.\times\left[1-\exp\left\{\left(\mu+\lambda_r\lambda'_m\dfrac{A}{C}\right)T\right\}\right]\times\exp\left(-\lambda_r\lambda'_m\dfrac{A}{C}t\right)\right\} & \\[2ex]
 & \text{当 } t>T \text{ 时}
\end{cases}
$$

$$
r(t)=\begin{cases}
-\dfrac{1-y_y}{y_r}\,\dfrac{B}{A}M_0 & \text{当 } t\leq 0 \text{ 时}\\[2ex]
-\dfrac{1-y_y}{y_r}\,\dfrac{B}{A}\,\dfrac{M_0}{(\mu C+\lambda_r\lambda'_m A)} & \\[2ex]
\times\left[\mu(C-\lambda_r A)\exp\left(-\lambda_r\lambda'_m\dfrac{A}{C}t\right)+\lambda_r A(\lambda'_m+\mu)\mathrm{e}^{\mu t}\right] & \\[2ex]
 & \text{当 } 0<t\leq T \text{ 时}\\[2ex]
-\dfrac{1-y_y}{y_r}\,\dfrac{B}{A}M_0\left\{\mathrm{e}^{\mu t}+\dfrac{\mu(C-\lambda_r A)}{(\mu C+\lambda_r\lambda'_m A)}\right. & \\[2ex]
\left.\times\left[1-\exp\left\{\left(\mu+\lambda_r\lambda'_m\dfrac{A}{C}\right)T\right\}\right]\times\exp\left(-\lambda_r\lambda'_m\dfrac{A}{C}t\right)\right\} & \\[2ex]
 & \text{当 } t>T \text{ 时}
\end{cases}
$$

237

从 $y_y<1$ 可推知 $A>0$ 且 $C>0$，给定 $A>0$ 且 $C>0$，这些

解有如下含义：

关于 y 的时间路径：

$$y(\infty)=\lim_{t\to\infty}y(t)=\frac{B}{A}M_0\mathrm{e}^{\mu T}$$

$$y(0+\varepsilon)\geq y(0)\text{ 当 }\frac{\alpha}{\lambda'_m}\geq 0\text{ 时}$$

$$y(0+\varepsilon)\gtreqless y(\infty)\text{ 当 }\frac{\alpha\mu}{(1-\alpha)(1-y_y)+\alpha\lambda'_m M_y}\gtreqless\frac{B}{A}(\mathrm{e}^{\mu t}-1)$$

$$y(T)\quad > y(0+\varepsilon)$$

$y(T+\varepsilon)<y(T)$，且

$$y(T+\varepsilon)\gtreqless y(\infty)\quad\text{当}\left(\frac{\alpha}{(1-\alpha)}-\frac{B}{\lambda'_m}\right)(C-\lambda_r A)\gtreqless 0$$

关于 r 的时间路径：

$$r(\infty)=\lim_{t\to\infty}r(t)=-\frac{1-y_y}{y_r}\frac{B}{A}M_0\mathrm{e}^{\mu T}$$

$r(T)<r(0)$ 且

$r(T)\gtreqless r(\infty)$ 当 $C\gtreqless\lambda_r A$

238 第七章　存在工资与价格投机的产出和就业

本章考察经济单位对工资与价格的空间分布只有不完全信息的可能性。第一节勾勒产生这种空间分布的分析框架；第二节分析有关这种分布的不完全信息如何导致居民户劳动供给和消费需求决定的投机行为；第三节分析这类投机性的居民户行为如何影响产出和就业的决定；第四节考察企业的投机行为。

第一节　工资与价格投机的分析框架

在第一章基本模型中，比如说，由名义货币存量导致的总需求变化既不会影响产出、就业与实际工资率，也不会影响其他内生变量的实际值。这一结论需要两个重要的假设。其中一个假设是交换仅仅发生在一般市场出清条件下。第二章的分析揭示了如果交换发生在工资或价格不等于其一般市场出清值的时候，总需求是如何决定产出与就业的。到现在为止，我们一直保持基本模型的第二个重要假设，即所有的经济单位都能正确地认识、支付与收取同样的工资率与产品价格。本章的目标是考察放松第二个假设的可能结论。具体来说，现在我们假设经济单位对他们面临的可供选择的对象，亦即工资与价格——拥有不完全的信息。

为了对这一假设做出理论解释，本章通过引入分散化的劳动与商品市场推广基本模型的分析框架。考虑这样一个分析框架，其中劳动市场和商品市场都包括大量的空间隔离的集市场所，需求者与供给者随机地分布在这些集市场所。为了集中探讨这种空间分布的具体结果，像第一章一样，继续假设劳动与商品都是均质的，交换只发生在一般市场出清条件下。后一个假设意味着每个集市场所的工资率或商品价格和本市场供求量之间的相等是一致的。但是，任何时候，不同集市场所的工资率或价格水平产生差 239
异，都是由当时需求者与供给者自己的空间分布状况决定的。[①]

对居民户与厂商来说，劳动与商品这种空间分布的必然结果是，单个经济单位对工资与价格的空间分布状况的掌握是不确定的。关于这些分布状况，居民户与厂商都只能从有限数量的样本获知不完全的信息。这种不确定性和增加的恰当假设合在一起，产生了决定供给与需求的投机行为。本章分析这种投机行为的形式及其可能的结果。讨论先集中探究居民户的投机行为，然后考察厂商的投机行为。

① 莫腾森（Mortensen，D. T.）在“不完全信息下的职业匹配”（1974 年 5 月宣读于“‘社会项目对劳动市场的影响’学术会议”）一文中，对这样一种市场结构展开了正式的分析。假设交换只发生在一般市场出清条件下意味着，我们的注意力被限制在理论需求与理论供给范畴。还需注意的是，本章保留居民户与厂商都是价格的接受者与工资的接受者这一假设。格罗斯曼在 1973 年 9/10 月刊载于《政治经济学杂志》的论文“总需求、职业搜寻与就业”中构建了一个相关的模型，其中厂商决定工资与价格。

第二节 居民户的工资与价格投机

在第一章的基本模型中，理论劳动供给和理论消费需求只是由非工资财富 Ω 与实际工资率 W/P 决定的，函数形式为：

$$c^{d}=c^{d}\ (\underset{(+)}{\Omega},\underset{(+)}{W/P}) \tag{1.9}$$

$$l^{s}=l^{s}\ (\underset{(-)}{\Omega},\underset{(+)}{W/P}) \tag{1.10}$$

式中 $\Omega\equiv\dfrac{M}{P}+N(\pi-\tau)$ 。

在这一公式化的表述中，集中的劳动市场确定了统一的工资率，集中的商品市场确定了统一的商品价格。而且，代表性居民户预期工资、价格、利润与税收水平不随时间推移变化。

当前的分析背景从这一基本框架出发，原因是工资与价格的空间分布可能是不同的，居民户对其分布状况只有不完全信息。
240 这种不确定性给居民户就业接受的决定，亦即供给劳动——和消费的决定引入了投机性考虑。

一、就业接受决定

假设居民户对不同地区工资与价格的情况处于局部无知的状态意味着，接受就业的决定满足两个重要的特征。首先，作为劳动的供给者，居民户对名义工资的空间分布会形成确切的主观估计，这些估计对现实样本名义工资率是缺乏弹性的。得到的工资待遇不等于居民户估计的平均工资，会导致居民户的平均工资主观估计值低于等比例的变化。其次，给定了居民户名义工资率分布的主观估计值，居民户的劳动供给决定对得到的实际工资待遇很敏感。具体说来，居民们将接受比其主观估计的平均工资率高的实际工资待遇，而将拒绝比其主观估计的平均工资率低的实际工资待遇。

在当前的分析框架里，通过集中研究有关获悉其他工资待遇信息的成本，我们能够对这种就业接受行为作出理论解释。① 这里，关键的假设是如果搜寻者当前没有得到雇佣，就可以更容易更快地获悉更多更准确的信息。一个显而易见的例子是，当职业搜寻者在正常的工作时间必须旅行以便询问其他劳动集市场所可能 241
的雇主时，就会发生这种职业搜寻成本差别。在这种搜寻成本差别给定的条件下，当面临的工资待遇比其估计的货币工资分配足够低时，潜在劳动供给者将拒绝就业，而是继续致力于职业搜寻。

① 多数有关就业接受决定的现存文献利用了这一假设。参见菲尔普斯(Phelps, E. S.)1969 年 5 月刊载于《美国经济评论》的论文“通货膨胀和失业理论的新微观经济学”，阿尔钦(Alchian, A. A.)1970 年辑录于《就业与通货膨胀理论的微观经济学基础》论文集的“信息成本、定价与资源闲置”一文，莫腾森(Mortensen, D. T.)1970 年辑录于《就业与通货膨胀理论的微观经济学基础》论文集的“工资与就业动力学理论”一文，和麦克考(McCall, J. J.)1970 年 2 月刊载于《经济学季刊》的论文“信息经济学和职业搜寻”。对就业接受行为上述假设的另一种理论解释是，居民户认为在不同的时间工资是不统一的，会强调闲暇的跨期替代性。当他们感觉可获得的货币工资相对较高时，劳动供给者会选择密集地工作；当他们感觉可获得的货币工资相对较低时，会选择密集享受闲暇。在这一分析背景，给定了劳动者主观估计的工资待遇的时间分布，当前工资待遇的任何变化都会促使每一个劳动供给者改变他对当前劳动与闲暇之间的时间分配。对这一模型更深入的阐述，参见卢卡斯(Lucas, R. E.)与拉平(L. A. Rapping)1970 辑录于《就业与通货膨胀理论的微观经济学基础》论文集的“实际工资、就业与通货膨胀”一文和 1972 年 1/2 月刊载于《政治经济学杂志》的论文“大萧条中的失业：是否有完美的解释?”。和上岗或停职或工作时间调整联系的相关成本的存在，会劝阻这种跨期类型的投机行为。

不管这种低工资待遇是来自当前的雇主，还是来自如果他当前未受雇佣的潜在雇主。[1] 这一确切阐述隐含的假设是居民户不相信不同地区的工资是统一的。最优策略是继续搜寻，直到获得的实际工资待遇高于某个临界值为止，此处临界工资或保留工资取决于由主观估计的工资率分布。因此，给定了不同居民户的主观估计分布，工资率的实际分布向左移动增加了搜寻的平均持续时间，由此降低了接受的就业水平。

这种就业接受理论的结论可以表达成如下形式。令 W 现在表示名义工资率实际空间分布的平均值。同样，令 P 表示商品价格实际空间分布的平均值。令 $\widetilde{W}_i$ 表示第 i 个居民户估计分布的名义工资率平均值，并令 $\widetilde{W}$ 表示 $\widetilde{W}_i$ 在居民户间分布的平均值。同样，令 $\widetilde{P}_i$ 表示第 i 个居民户估计分布的商品价格平均值，并令 $\widetilde{P}$ 表示 $\widetilde{P}_i$ 在居民户间分布的平均值。对所有这些分布，假定所有其它参数和平均值的关系仍旧是常数，以致平均值界定了整个分布。作为一种方便的标记法，记 $\widetilde{W}$ 为正常货币工资率，$\widetilde{P}$ 为正常价格水平。

运用这些概念，我们能够推广方程式(1.10)的劳动供给函数，允许 W 与 P 分别偏离 $\widetilde{W}$ 与 $\widetilde{P}$ 。这种劳动供给函数仍然涉及非工资财富 Ω 的度量。为了集中研究新的涉及工资与价格投机的因素，假设有关非工资财富度量现在采取的形式是：

[1] 在不存在搜寻成本差别的情况下，一个已经受雇的劳动供给者在找到更高工资的工作前，不会停止低工资的工作。但是，即使不存在搜寻成本差别，如果上岗或停职存在相关成本，一个目前受雇的劳动供给者也可能拒绝低工资待遇，在继续搜寻更高工资待遇时依然处于失业状态。

$$\Omega = \frac{M}{\widetilde{P}} + N(\tilde{\pi} - \tau)$$

式中 $\tilde{\pi}$ 表示正常的利润水平。在这一公式表述中，Ω 只包含 242
正常的价格与利润水平。隐含地，代表性居民户认为 P 与 π 偏离 $\widetilde{P}$ 与 $\tilde{\pi}$ 是暂时现象，对其终生资产耗尽条件的影响是微不足道的。我们继续假设代表性居民户预期 τ 保持为常量，不随时间变化。

给定了 Ω 的这种说明和上述有关就业接受决定的讨论，我们现在能够像方程式(1.10)表示的那样，详细地说明劳动供给取决于 Ω 与 W/P，以及新的投机因素 $W/\widetilde{W}$ 与 $P/\widetilde{P}$，亦即：

$$l^s = l^s(\underset{(-)}{\Omega}, \underset{(+)}{W/P}, \underset{(+)}{W/\widetilde{W}}, \underset{(+)}{P/\widetilde{P}}) \tag{7.1}$$

我们对方程式(7.1)的形式解释如下。就非工资财富而言，在 W/P、$W/\widetilde{W}$ 与 $P/\widetilde{P}$ 给定的情况下，正如方程式(1.10)表明的，Ω 的增加会抑制 l^s 的增加。其次考察名义工资率现行空间分布平均值的实际价值。给定 Ω、$W/\widetilde{W}$ 与 $P/\widetilde{P}$，W/P 的上升意味着 W 同时相对于 P 与 $\widetilde{P}$ 增加。而且，给定 Ω、W/P 与 $W/\widetilde{W}$，$P/\widetilde{P}$ 的上升也意味着 W 相对于 $\widetilde{P}$ 增加，但 W 相对于 P 没有变化。在 Ω、$\widetilde{W}$、$\widetilde{P}$ 与 W 保持固定，单独 P 的下降意味着 W 相对于 P 增加，但 W 相对于 $\widetilde{P}$ 没有变化，注意到这一点也是有益的。所有这些现行工资实际价值变化的必然结果是相互抵消的替代效应和收入效应。像方程式(1.10)一样，我们假设在相关范围替代效应超过收入效应，所以 W/P 的上升、$P/\widetilde{P}$ 的上升、和单独 P 的下降都趋向增加 l^s。最后，考察现行平均货币工资率和正常货币工资率之间的关系。给定 Ω、W/P 与 $P/\widetilde{P}$，$W/\widetilde{W}$ 的上升会刺激投机性的就业接收量增加。

对我们的目标来说，方程式(7.1)的最重要的特性是，给定 Ω 、$\widetilde{W}$ 与 $\widetilde{P}$ ，W 与 P 的等比例减少意味着 l^s 减少。在 $\widetilde{W}$ 、$\widetilde{P}$ 与 W/P 固定不变的情况下，W 的减少使得当前就业机会相对于正常就业机会与正常商品价格来说，吸引力减弱了。就这两个方面来说，投机行为导致当前劳动供给减少。①

243 二、消费需求

上面关于就业接收决定的分析对消费需求的决定有类似意义。总量消费需求函数因考虑了居民户的工资与价格投机，和方程式(7.1)的劳动供给函数是一致的：

$$c^d = c^d\ (\underset{(+)}{\Omega}, \underset{(+)}{W/P}, \underset{(-)}{W/\widetilde{W}}, \underset{(-)}{P/\widetilde{P}}) \qquad (7.2)$$

我们对方程式(7.2)的形式解释如下。就非工资财富而言，在 W/P 、$W/\widetilde{W}$ 与 $P/\widetilde{P}$ 给定的情况下，正如方程式(1.9)表明的那样，Ω 的增加会增加 c^d 。其次考察以放弃的闲暇计算的消费价格。给定 Ω 、$W/\widetilde{W}$ 与 $P/\widetilde{P}$ ，W/P 的上升意味 P 同时相对于 W 与 $\widetilde{W}$ 下降。而且，给定 Ω 、W/P 与 $P/\widetilde{P}$ ，$W/\widetilde{W}$ 的下降也意味着 P 相对于 $\widetilde{W}$ 下降，但 P 相对于 W 没有变化。在 Ω 、$\widetilde{W}$ 、$\widetilde{P}$ 与 P 保持固定，W 的单独增加意味着 P 相对于 W 下降，但 W 相对于 $\widetilde{P}$ 没有变化，注意到这一点也是有益的。所有这些消费真实成本

---

① 上述关于就业接受决定的讨论强调 W 对 $\widetilde{W}$ 的关系。不过，有些著作者曾强调 W 对 $\widetilde{P}$ 的关系，方程式(7.1)也考虑到了这一点。参见弗里德曼1968年3月刊载于《美国经济评论》的论文“货币政策的作用”、阿尔莫纳西德(Almonacid，R. D.)1971年的博士学位论文“短期中的名义收入、产出与价格”、卢卡斯1973年6月刊载于《美国经济评论》的论文“关于产出—通胀权衡的一些国际证据”，和萨金特(Sargent，T.)1973年辑录于《布鲁金斯经济活动报告》的论文“理性预期和恶性通货膨胀的动力学”。

的变化都涉及替代效应和收入效应，而这又意味着 c^d 增加。最后，考察商品实际平均价格和商品正常价格之间的关系。给定 Ω、W/P 与 $W/\widetilde{W}$，$P/\widetilde{P}$ 的增加会促使想要购买商品的投机减少。

为了在当前的分析框架内对这种投机结果做出理论解释，我们假设其他商品集市场所价格信息的搜集成本和现期消费的密度呈反方向变动。① 换言之，像工作与职业搜寻一样，消费与价格搜寻可能是时间的替代用法。因此，如果居民户面临的价格相对于其估计的价格分布足够高，居民户就会推迟消费，同时搜寻更低的价格。

对我们的目标来说，方程式(7.2)的最重要的特性是，给定 Ω、$\widetilde{W}$ 与 $\widetilde{P}$，W 与 P 的等比例减少意味 c^d 增加。在 $\widetilde{W}$、$\widetilde{P}$ 与 244
W/P 固定不变的情况下，相对于正常时机购买商品与正常名义工资率来说，P 的下降增强了当前购买商品的吸引力。就这两个方面来说，投机行为导致当前消费需求增加。

方程式(7.1)与(7.2)的理论劳动供给和理论消费需求函数也必然包含总量储蓄函数。如果储蓄的说明式是：

$$\frac{m^d}{P}=\frac{W}{P}l^s+\pi-\tau-c^d\ ,$$

则储蓄函数有如下形式：

---

① 另一种理论解释假设居民户不相信工资在不同的时间是统一的，并强调消费的跨期替代性。如果明显可以替代，居民户会在当期价格被认为相对较低时奢侈地消费，在当期价格被认为相对较高时节衣缩食。如果商品是可贮存的，也会发生另一种可能性。在此情况下，即使跨期替代性受到限制，居民户会在价格相对较低的时候积攒存货，在价格相对较高的时候消费存货。

$$\frac{m^d}{P}=\frac{m^d}{P}\,(\underset{(-)}{\Omega},\underset{(+)}{W/P},\underset{(+)}{W/\widetilde{W}},\underset{(+)}{P/\widetilde{P}},\underset{(+)}{\pi}-\tau) \tag{7.3}$$

根据方程式(7.3),给定了 Ω 、$\widetilde{W}$ 与 $\widetilde{P}$,W 与 P 等比例减少不仅会减少 l^s 并增加 c^d ,也会导致 m^d/P 减少。换言之,储蓄起了缓冲器的作用,吸收了劳动供给和消费需求的投机性变化。

第三节　产出与就业的决定

这一节研究模型的外生变量和满足市场出清条件的内生变量之间的短期关系,这些内生变量包括工资、价格、产出与就业。本节短期分析集中研究的时期足够短,以致居民户只能极小地改变 $\widetilde{W}$ 、$\widetilde{P}$ 与 $\tilde{\pi}$ 表示的主观估计值。为简单起见,接下来的讨论将 $\widetilde{W}$ 、$\widetilde{P}$ 与 $\tilde{\pi}$ 视为固定不变的。相反,在长期,我们预期居民户会调整 $\widetilde{W}$ 、$\widetilde{P}$ 与 $\tilde{\pi}$,使其等于 W 、P 与 π 。因此,随着时间的推移,投机性行为变得越来越不重要,而在长期,第一章的基本模型又会变得重要起来。

本节的主要结论是居民户的工资与价格投机增加了产出与就业对外生干扰的反应。比如,给定了投机性居民户行为,货币流量或名义货币存量变化对内生变量实际价值的影响不是中立的,即使交易仅仅发生在一般市场出清条件下。具体来说,在短期,货币
245 流量或名义货币存量的减少很可能降低产出与就业的一般市场出清水平。

本节的第二个论点是在决定产出与就业的实际循环变动中,投机性的居民户行为发挥的作用相对较小。这一论点的基础是人

们观察到，投机性居民户行为的一些定性结论很难和实际经验协调一致。在下文我们将看到，这些可疑的结论关系到真实工资率和消费的变动。

一、市场出清条件

市场出清条件要求企业、居民户与政府行为的和谐一致。上一节分析了居民户的行为，至于企业的行为，将对工资与价格投机的分析延至后面第四节要方便一些。因此，像第一章的基本模型一样，暂时假设投机性考虑与企业无关，劳动需求和商品供给唯一地取决于当前的实际工资率和公共服务水平。将这一假设和居民户的投机行为合起来，得到劳动市场与商品市场的出清条件如下：

$$l^d\underset{(-)}{\left(\frac{W}{P}\right)}=l^s\left(\underset{(-)}{\Omega},\underset{(+)}{\frac{W}{P}},\underset{(+)}{\frac{W}{\widetilde{W}}},\underset{(+)}{\frac{P}{\widetilde{P}}}\right)=l \tag{7.4}$$

$$y^s\left(\underset{(-)}{\frac{W}{P}},\underset{(+)}{g^d}\right)=c^d\left(\underset{(+)}{\Omega},\underset{(+)}{\frac{W}{P}},\underset{(-)}{\frac{W}{\widetilde{W}}},\underset{(-)}{\frac{P}{\widetilde{P}}}\right)+g^d=y \tag{7.5}$$

式中 $\Omega=\dfrac{M}{P}+N(\tilde{\pi}-\tau)$，$\widetilde{W}$、$\widetilde{P}$ 与 $\tilde{\pi}$ 是固定不变的。

图 7.1 提供了这些市场出清条件在 $(P,W/P)$ 平面空间的图形表述。实线描述的是对给定值的 Ω、$\widetilde{W}$ 与 $\widetilde{P}$ 来说，满足市场出清条件的 P 与 W/P 的各种组合。劳动市场出清轨迹向下方倾斜。对给定值的 W/P 来说，P 的下降意味着 W 的等比例下降，会 246
减少 l^s。所以，为保持劳动市场出清条件，W/P 必须上升，引起 l^s 增加和 l^d 减少。因此，沿着劳动市场出清轨迹，P 的下降是和 W 的增加或小于等比例的减少联系在一起的。相反，商品市场出

图 7.1　存在投机性居民户行为的货币紧缩效应

清轨迹向上倾斜。

对给定值的 W/P 来说，P 的下降会增加 c^d。所以，为保持商品市场出清条件，W/P 也必须下降，引起 c^d 减少和 y^s 增加。[①] 因此，沿着商品市场出清轨迹，P 的下降是和 W 大于等比例的减少联系在一起的。这些市场出清轨迹的交点表明，一般市场出清的价格水平是 P_1^*，而一般市场出清的实际工资率是 $(W/P)_1^*$。

二、货币紧缩效应

为了强调居民户工资与价格投机新的可能影响，考虑政府行

① 显然，W/P 的下降会抑制 c^d 的增加，因为给定 Ω、$\widetilde{W}$、$\widetilde{P}$ 与 P，W 的减少一定会减少 c^d。

为的外生变化，其形式是减少 m^s/P 对应地增加 τ 。这种干扰凸 247
显了方程式(7.4)与(7.5)描述的模型和第一章方程式(1.13)与(1.14)描述的基本模型之间的主要区别。回顾第一章分析的结论，m^s/P 的变化及其对货币存量累积性的影响会引起 W^* 与 P^* 等比例变化，但不会影响 $(W/P)^*$ 、l^* 或者 y^* 。

在当前的分析背景下，给定 $\widetilde{W}$ 与 $\widetilde{P}$ ，W 与 P 的变化通过投机项 $W/\widetilde{W}$ 与 $P/\widetilde{P}$ 影响 l^s 与 c^d 。这些影响意味 m^s/P 的变化一般会改变 $(W/P)^*$ 、l^* 与 y^* 。图 7.1 中的虚线描述了 m^s/P 的减少和 τ 的增加对市场出清轨迹的影响。τ 的增加意味着 Ω 的减少，故有 l^s 的增加和 c^d 的减少。因此，最初满足市场出清条件的 P 与 W/P 值的组合现在意味着劳动与商品两者的超额供给。两条市场出清轨迹都向左边移动，在市场出清轨迹新的交点，P_2^* 明显低于 P_1^* 。此外，图 7.1 描绘的 $(W/P)_2^*$ 高于 $(W/P)_1^*$ ，尽管这一结果并非明白无误。一般来说，$(W/P)^*$ 的变化是由两条市场出清轨迹的相对移动幅度及其斜率的相对大小决定的。特别的，如果 Ω 对 l^s 的影响相对较小，结果就是 $(W/P)^*$ 上升。

其次，考察这些工资与价格的调整对产出与就业水平的可能影响。如果 $(W/P)^*$ 确实上升了，企业的劳动需求和商品供给函数意味着 l^d 、l^* 、y^s 和 y^* 都在减少。因此，给定 $\widetilde{W}$ 与 $\widetilde{P}$ ，在投机性居民户行为的背景下，m^s/P 减少可能导致一般市场出清水平的产出与就业下降。新的一般市场出清情形性质如下。在劳动市场，因为 W/P 较高，l^d 减少。给定 $\widetilde{W}$ 与 $\widetilde{P}$ ，W 与 P 的下降对 l^s 的投机影响是抑制性的，其程度超过 Ω 最初减少和 W/P 上升产

生的刺激作用。[①] 在商品市场，W/P 上升意味着 y^s 减少。Ω 的最初减少对 c^d 的影响是抑制性的。给定 $\widetilde{W}$ 与 $\widetilde{P}$ ，这种抑制影响超过 W/P 上升和 W 与 P 的下降产生的刺激作用。

248 三、辞职与临时解雇

上面的分析已经证明，在一般市场出清的背景下，居民户的工资与价格投机能导致货币供给变化和产出与就业变化之间的直接因果关系。在这方面，上述结论和研究劳动与商品市场超额供给情况的第二章第二节得出的结论类似。下文的目标是弄清楚居民户投机模型和总量超额供给模型之间的一些重要区别。

在目前的居民户投机模型中，交换只发生在一般市场出清条件下。这种规定性的一个结果是，劳动供给者接受的就业量实际上限制了就业水平。因为反映了主观估计工资率分布的缓慢调整，就业接受对实际工资率变化的反应意味着，需求萎缩的结果是短期内现行名义工资率和就业下降。就业的减少很可能导致辞职率的上升和未受雇人们——包括劳动市场新进入者——平均职业搜寻时间的延长。而且，分析就业接受行为意味着要区分两种情况，一方面，正常辞职率与职业搜寻时间和平均正确的主观估计的工资率分布联系在一起；另一方面，异常高的辞职率与职业搜寻时间和下降的总需求、过度乐观的主观估计的工资率分布联系在一起。具体来说，辞职率和职业搜寻时间应该是反周期变化的。但

① 显然，W 减少，因为给定 Ω 、$\widetilde{W}$ 、$\widetilde{P}$ 与 W ，P 单独下降的结果一定是 l^s 的增加。

是，当就业受到抑制时，证据表明辞职率相对较低而不是相对较高。[①]

描述就业总是由就业接收支配的一个甚至更麻烦的方面是它 249
和临时解雇现象的明显矛盾。在实现了工业化的西方国家，厂商很少减少工资，劝导工人自愿离职。相反，就业的显著下降一般都是通过解雇实现的，也不会伴随名义工资率的任何变化。[②] 正在减少的就业弥漫着这种隐含的非工资配给职位法，就业接收行为分析对此显然没有明确的考虑。

一些分析过就业接收摩擦的著作者，显然已经认识到事实和理论结果之间这种明显的矛盾，在此基础上曾强调就业接收摩擦对总需求和就业之间的关系没有提供一个完整的解释。[③] 但是，

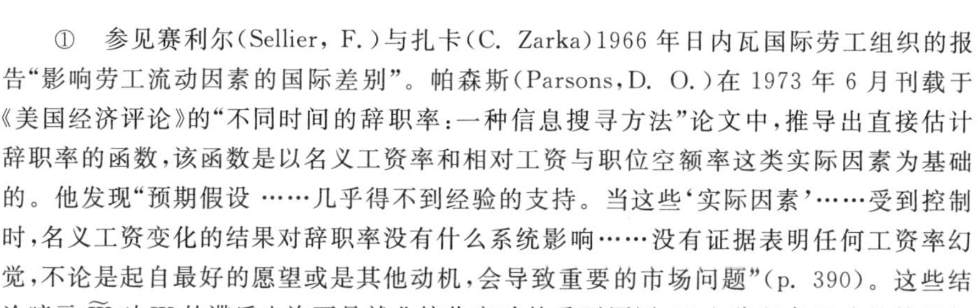

① 参见赛利尔(Sellier, F.)与扎卡(C. Zarka)1966 年日内瓦国际劳工组织的报告“影响劳工流动因素的国际差别”。帕森斯(Parsons, D. O.)在 1973 年 6 月刊载于《美国经济评论》的“不同时间的辞职率：一种信息搜寻方法”论文中，推导出直接估计辞职率的函数，该函数是以名义工资率和相对工资与职位空额率这类实际因素为基础的。他发现“预期假设 ……几乎得不到经验的支持。当这些‘实际因素’……受到控制时，名义工资变化的结果对辞职率没有什么系统影响……没有证据表明任何工资率幻觉，不论是起自最好的愿望或是其他动机，会导致重要的市场问题”(p. 390)。这些结论暗示 $\widetilde{W}$ 对 W 的滞后也许不是就业接收变动的重要原因，至少辞职率反映的情况如此。

② 在工业化的西方国家，解雇在全部离职中占据了大约三分之二。参见赛利尔(Sellier, F.)与扎卡(C. Zarka)1966 年日内瓦国际劳工组织的报告“影响劳工流动因素的国际差别”。

③ 例如，莫腾森(Mortensen, D. T.)在 1970 辑录于《就业与通货膨胀理论的微观经济学基础》的“工资与就业动态演进理论”论文中说：“本论文提出的模型旨在解释新的雇佣人员流动、辞职搜寻新工作者流动和已受雇参与者的市场内流动率以及工资决定的动态变化。”论文忽略重新雇用和解雇现象，虽然涉及的规模不小且这些流动的社会意义巨大，但对作者来说，对这些现象的充分解释似乎要求对本论文提出的假设给予额外增补。

另外一些著作者辩解说，解雇是一幅掩盖本质现象的行政面纱，由于这一点，和就业接收支配就业的观念并不矛盾。[①] 这些作者暗示，不论表面现象如何，为了分析的目的，我们也许总要装得厂商曾经含蓄地向已被解雇工人提供过工作机会，而已被解雇的工人委婉地拒绝了降低工资继续工作的选择权。

但是，这些理论解释不足以使解雇与非工资职位配给法和投机性居民户行为的分析协调一致。首先，在这一分析框架，企业没有强制实施非工资配给职位的动机。如果企业认识到劳动供给曲线向上倾斜，解雇一部分劳动力而不降低工资意味着，对留下的工人来说，企业支付的工资高于明显必要的工资水平。非工资配给职位法必须有另外的理论解释。但是，这种理论解释必然要超出

250 对就业接收决定的分析。[②]

其次，无论厂商实施解雇而不削减工资出于什么原因，这样一种政策影响不能套用为研究就业接收行为提出的分析框架。已解雇工人宁愿在现行工资水平上受雇，但需求不足迫使他们离开就业接收计划。这种非工资配给职位法对居民户的选择问题构成约束。如果就业接收决定就业，这种约束不会发生；如果劳动市场未能出清，这种约束就变成研究的中心议题。就这一点来说，对非市

① 例如，参见阿尔钦和卢卡斯与拉平（Lucas R. E.，L. A. Raping）（Alchian，A. A）1970 辑录于《就业与通货膨胀理论的微观经济学基础》的论文“信息成本、定价与资源闲置”和“实际工资、就业与通货膨胀”。阿尔钦争辩说，厂商从经验获知，工人不会在削减的工资率上继续工作，所以他们干脆实施解雇而不自寻麻烦地进行工资谈判。

② 埃热瑞阿迪斯（Azariadis，C）1974 的未出版手稿《隐含合同和就业不足》和贝利（Baily，M. N）1974 年 1 月刊载于《经济研究评论》的论文“不确定需求下的工资与就业”，代表着在这一方向上的尝试，这些尝试强调隐含的长期劳动合约的作用。

场出清条件下交换的分析似乎比投机性居民户行为模型更令人满意。[①]

四、实际工资率的循环模式

在本章第三节第一条分析中，l^d 和 W/P 是成反比关系的，而且由于交换只发生在一般市场出清条件下，l 总是等于 l^d 。因此，就业水平 l 和实际工资率 W/P 成反比关系。在 $(l,W/P)$ 平面空间，就业的变化包含 l^s 轨迹的移动和 l^d 轨迹上的移动。因此，上文的分析预计 W/P 是反周期循环移动的。

不幸的是，不存在任何 W/P 连续一致的循环移动似乎是一个确凿的经验观察结论。[②] 因此，一个以投机性居民户行为与一般市场出清为基础的模型能够为分析就业的实际循环行为提供基本理论框架，似乎是可疑的。相反，在第二章展开的分析中，交换发生在非市场出清条件下，甚至当 W/P 保持不变时，这一分析也 251
能够解释就业的变动。具体来说，在第二章第二节总量超额供给

① 人们也许会注意到一些对投机性居民户行为结果的量化评价资料。阿尔钦1970辑录于《就业与通货膨胀理论的微观经济学基础》的“信息成本、定价与资源闲置”论文指出，给人留下相当深刻印象的是，就业接受行为不能解释1932年经济低谷之后复苏的缓慢速度。卢卡斯与拉平卢卡斯1972年1/2月刊载于《政治经济学杂志》的论文“大萧条中的失业：是否有完美的解释?”，对二十世纪三十年代的经验提出了一些计量经济证据，并从这些证据得出其结论：“我们的理论假设对价格－工资预期调整的滞后是失业‘刚性’或持续存在的**唯一**原因。事实上，导致刚性的其他重要根源不仅在大萧条中存在，而且很可能在第二次世界大战后的衰退中存在。”

② 要考查这一证据，参见库赫(Kuh, E.)1966年6月刊载于《政治经济学杂志》的论文“失业、生产函数与实际需求”和鲍德金(Bodkin, R. G.)1969年8月刊载于《加拿大经济学杂志》的论文“实际工资和就业的周期性变动”。

的情况下，实际劳动需求函数随着实际商品需求的变化而变化，且这些变化并不要求实际工资率反方向变动。①

五、消费的周期变动和需求乘数

在本章第三节第二条分析举例中，增加 τ 最初导致 c^d 减少，但其后 P 的下降会抵消 c^d 的最初收缩。结果，c 的总变化等于 y 的总变化，且小于 c^d 的最初减少。不像在第二章第二节总量超额供给情形下提出的需求乘数情况，在当前的居民户投机模型中，内生变量移动意味着对初始干扰是一种抵消效应。和收入乘数不同，居民户的工资与价格投机会产生价格诱发型收入抑制作用。②

在上述例子中，增加 τ 涉及对 Ω 与 c^d 最初的直接影响。另外一种情况是考虑对总商品需求的一次收缩性干扰，这不直接涉及 Ω 与 c^d 。这样一种干扰的例子是，减少 g^d ，相应地减少 m^s/P 。③

---

① 不考虑商品的超额供给而避免 l 与 W/P 之间有稳定关系的尝试，包括凯恩斯 1939 年 3 月刊载于《经济学杂志》的论文“实际工资和产出的相对变动”提出的需求弹性的周期性变动，和库赫（Kuh，E.）1966 年 6 月刊载于《政治经济学杂志》的论文“失业、生产函数与实际需求”提出的固定比例的短期生产函数。

② 应该注意的是，抑制作用的确切存在要求假设 Ω 在短期是固定不变的。事实上，有可能 π 或 P 的变化会影响 Ω 。首先，在上述例子中，W/P 的增加意味着 π 的减少。当 Ω 主要由现期利润决定时，无论是直接地或是通过 π 的诱导性修正，π 的减少都会抑制 Ω 与 c^d 的增加并产生需求乘数效应。不过，这一乘数只涉及利润收入，比第二章第二节涉及全部收入的需求乘数小。其次，在上述例子中，P 的下降意味着 M/P 上升。在 Ω 主要由实际货币存量的本期值决定时，M/P 的上升会刺激 Ω 与 c^d 的增加并趋向增强收入抑制作用。

③ 由于 g^d 也进入了生产函数，减少 g^d 就会抑制现期利润的增加。因此，断言减少 g^d 不直接影响 Ω 要求的条件是，或者 Ω 不取决于现期利润，或者 τ 减少得足够多，抵消了 π 的变化。在扩展的模型中，另一个对总商品需求可能的干扰是厂商投资需求的减少。

在居民户工资与价格投机的背景下，减少 g^d 的基本效应和增加 τ 252
的效应相同。具体来说，P 与 W 的内生反应意味着 l^d 、l 与 y 的减少。[①] 不过，P 与 W 的内生反应也意味着 c^d 增加。而且，由于不存在 c^d 的最初减少，这种内生反应就是 g^d 减少对 c^d 的总效应。因此，由总商品需求中非消费部分减少引发的周期性收缩会导致消费需求的增加。在这种情况下，不像第二章第二节的总量超额供给情形，居民户工资与价格投机产生了消费反周期循环模式的可能性。

六、货币扩张效应

上述讨论集中在总需求的外生减少，比如货币紧缩所产生的各种影响上。讨论将投机性居民户行为的可能结果和第二章第二节阐述的总量超额供给情况下的结果做了对比分析。我们看到，尽管某些总量超额供给的结论似乎和实际经验更为一致，但两个模型都预计到货币紧缩会抑制产出与就业。实际上，总需求的外生减少对产出与就业的总影响，很可能涉及两个模型分析的因素的联合影响。

在谨记这一结论的情况下，考察总需求外生增加产生的各种影响——比如货币扩张效应——也是有趣的。在本例中，我们想将投机性居民户行为的可能结果和第二章第三节阐述的总量超额需求情况下的结果作对比分析。在这一点上，这部分分析的重要方面是居民户的工资与价格投机造成货币供给变化和产出与就业

① 在本例中，只有图 7.1 的商品市场出清轨迹发生移动。因此，W/P 肯定上升。

变化之间的连续关系。正如货币收缩在短期会抑制 W 与 P 相对于 $\widetilde{W}$ 与 $\widetilde{P}$ 的上升，减少 l 与 y 的市场出清水平一样，货币扩张在短期会
253 提高 W 与 P 相对于 $\widetilde{W}$ 与 $\widetilde{P}$ 的水平，并增加 l 与 y 的市场出清水平。

后一个结论和第二章第三节的结论形成强烈的对比。在此背景下，如果工资一价格向量最初是符合市场出清的，货币扩张就会产生总量超额需求。在这种情形下，代表性居民户不能购买到其理论需求的商品量，致使他将实际劳动供给减少至理论劳动供给以下。由于在这种情形下，实际劳动供给约束就业，就业又约束产出，居民户的这种行为会引起就业与产出的收缩。因此，居民户工资与价格投机模型和总量超额需求模型意味着产出与就业对货币扩张反应是反方向的。只要货币扩张引起的价格与工资上升能诱发投机性居民户行为，产出与就业就趋向上升。但是，如果价格与工资的这些诱发性上升不足以满足一般市场出清条件，就会产生超额需求，产出与就业趋向下降。超额需求持续的时间越长，这后一种影响就越重要。不论怎样，总需求的外生增加对产出与就业的净效应都是这两种现象平衡的结果。

第四节　厂商的工资与价格投机

前述各节分析假设厂商的行为没有投机性考虑，所以，l^d 与 y^s 只取决于 W/P 与 g 。这种公式化表述符合基本模型的分析框架。在基本模型中，集中的劳动市场确立了统一的工资，集中的商品市场确立了统一的商品价格。但是，本章的分析框架摆脱这一基本框架，原因是现在工资与价格在不同的空间可能是不同的，而

厂商对工资与价格的分布只拥有不完全信息。本节的目标是扩展这一分析框架，以涵盖厂商的工资与价格投机行为。

一、劳动需求与产出供给

假设厂商对不同地区工资与价格的分布处于部分无知的状态意味着雇佣决定满足两个重要的性质。首先，像居民户一样，厂商 254
对名义工资率的空间分布会形成主观估计，这些估计对遇到的现行名义工资率是缺乏弹性的。其次，给定了厂商工资率分布的主观估计值，厂商雇佣工人的决定对必须支付的现行工资很敏感。具体说来，对给定的实际工资率，企业必须支付的名义工资相对于主观估计的平均名义工资率越低，雇佣的工人就越多。

在当前的分析框架里，通过集中研究和劳工移动率的有关成本，我们能够对这种雇佣行为作出理论解释。① 这些成本的一个关键因素是，每一个厂商必须培训新工人，使其融入企业特有的生产程序。提供这种培训的成本会劝阻厂商在高于它认为正常水平的工资上暂时补满缺额。②③ 最优策略是继续搜寻，直到以低于某

① 不同的搜寻成本是我们用以解释投机性居民户行为合理化的根据，但作为投机性厂商行为的合理化根据时似乎并不切题，因为厂商不像工人，并非不可分割。特别的，我们不会预期典型的厂商在某些时间点会通过专业化的搜寻活动而获益。但是，厂商工资与价格投机合理化证明的另一种可能方式，是将企业家的劳动视为生产过程的一个单独投入。企业家的劳动供给者的行为就类似上面本章第二节分析的居民户行为。阿尔莫纳西德（Almonacid, R. D.）1971 年的博士学位论文“短期中的名义收入、产出与价格”提出了关于这种投机性企业家行为的分析。

② 空职（空缺职位）可以定义为这样一种职位，增加一个工人的边际产量超过厂商必须为他支付的实际工资率。

③ 劳工移动率成本的另一个重要的因素是，为找到更高报酬的工作，工人必须承担搜寻成本。这些成本意味着厂商一定程度上确信其雇佣的工人不可能马上离开。

个临界值的工资率找到工人，这里的临界工资或保留工资是由主观估计的工资率分布决定的；或者推迟补满现有的空职，直到找出这样一种工资率。这一阐述隐含的假设是厂商不认为不同地区的工资报价是统一的。给定不同厂商主观估计的工资与价格分布，厂商最优雇佣政策的结果是，名义工资率的实际分布左移减少厂商搜寻的平均持续时间，从而增加企业愿意雇佣的工人数量。

像方程式(1.3)一样，通过说明劳动需求是由 W/P 决定的，
255 并取决于投机性因素 $W/\widetilde{W}$ 和 $P/\widetilde{P}$ ，这种厂商行为理论的含义可以表达成如下形式，亦即，

$$l^d = l^d\,(\underset{(-)}{W/P}, \underset{(-)}{W/\widetilde{W}}, \underset{(-)}{P/\widetilde{P}}) \tag{7.6}$$

对方程式(7.6)的形式可以解释如下。首先考察增雇工人的盈利性。给定 $W/\widetilde{W}$ 与 $P/\widetilde{P}$ ，W/P 上升意味着 W 相对于 P 与 $\widetilde{P}$ 增加。而且，给定 W/P 与 $W/\widetilde{W}$ ，$P/\widetilde{P}$ 上升意味着 W 相对于 $\widetilde{P}$ 增加，但 W 相对于 P 没有变化。在 W 、$\widetilde{W}$ 与 $\widetilde{P}$ 保持不变的情况下，单独减少 P 意味着 W 相对于 P 增加，但 W 相对于 $\widetilde{P}$ 没有变化，注意这一点也是有用的。所有这些结果都是工资率相对于实际价格或正常价格的增加，并意味着当期劳动需求的减少。其次，考察实际平均货币工资率和正常货币工资率之间的关系。给定 W/P 与 $P/\widetilde{P}$ ，$W/\widetilde{W}$ 上升激发当期劳动需求的投机减少。

对我们的目标而言，方程式(7.6)的关键性质是，给定 $\widetilde{W}$ 与 $\widetilde{P}$ ，W 与 P 等比例减少意味着 l^d 的增加。在 $\widetilde{W}$ 、$\widetilde{P}$ 与 W/P 保持不变的情况下，W 的减少使得当期就业相对于正常商品价格和正常工资率更能盈利。就这两点来说，投机行为的结果是当期劳动需求增加。最后，给定生产函数 $y=\Phi(l,g)$ ，方程式(7.6)的劳动

需求函数意味着产出供给函数的形式是：

$$y^s = y^s\,(\underset{(-)}{W/P}, \underset{(-)}{W/\widetilde{W}}, \underset{(-)}{P/\widetilde{P}}, \underset{(+)}{g})\ ①\tag{7.7}$$

二、产出与就业

考虑厂商投机行为对模型外生变量和内生变量值之间短期关系的意义，这些内生变量的取值满足市场出清条件。为凸显分析的短期性质，我们再次将 $\widetilde{W}$ 、$\widetilde{P}$ 与 $\tilde{\pi}$ 视为固定不变的。方程式(7.1)与(7.2)的劳动供给函数与商品需求函数，和方程式(7.6)与(7.7) 256
的劳动需求函数与商品供给函数合在一起，必然包含下述市场出清条件：

$$l^d\left(\underset{(-)}{\frac{W}{P}}, \underset{(-)}{\frac{W}{\widetilde{W}}}, \underset{(-)}{\frac{P}{\widetilde{P}}}\right) = l^s\left(\underset{(-)}{\Omega}, \underset{(+)}{\frac{W}{P}}, \underset{(+)}{\frac{W}{\widetilde{W}}}, \underset{(+)}{\frac{P}{\widetilde{P}}}\right) = l \tag{7.8}$$

$$y^s\left(\underset{(-)}{\frac{W}{P}}, \underset{(-)}{\frac{W}{\widetilde{W}}}, \underset{(-)}{\frac{P}{\widetilde{P}}}, \underset{(+)}{g^d}\right) = c^d\left(\underset{(+)}{\Omega}, \underset{(+)}{\frac{W}{P}}, \underset{(-)}{\frac{W}{\widetilde{W}}}, \underset{(-)}{\frac{P}{\widetilde{P}}}\right) + g^d = y \tag{7.9}$$

式中 $\Omega = \dfrac{M}{P} + N(\tilde{\pi} - \tau)$ ，且 $\widetilde{W}$ 、$\widetilde{P}$ 与 $\tilde{\pi}$ 是固定不变的。

图 7.2 在 $(P, W/P)$ 平面空间说明了这些市场出清条件，可以将其和上面的 7.1 图进行比照。对给定的 Ω 、$\widetilde{W}$ 与 $\widetilde{P}$ 值，实线 257
描述的是满足市场出清条件 P 与 W/P 的组合。同样，劳动市场出清轨迹向下方倾斜。l^d 函数存在的投机项使得这一轨迹比以前

① 如果产品是可贮存的，投机性厂商行为还有可能发生。产出的可贮存性允许本期生产不等于本期销售。随着时间的过去，决定生产与销售关系的存货水平的最优选择，主要取决于 P 与 $\widetilde{P}$ 之间的关系。特别的，给定 W/P 与 $W/\widetilde{W}$ ，$P/\widetilde{P}$ 的上升会刺激存货处理，销售因之可能上升，尽管劳动需求与生产减少。为简单起见，像在基本模型中一样，目前的讨论假定产品是不能贮存的。

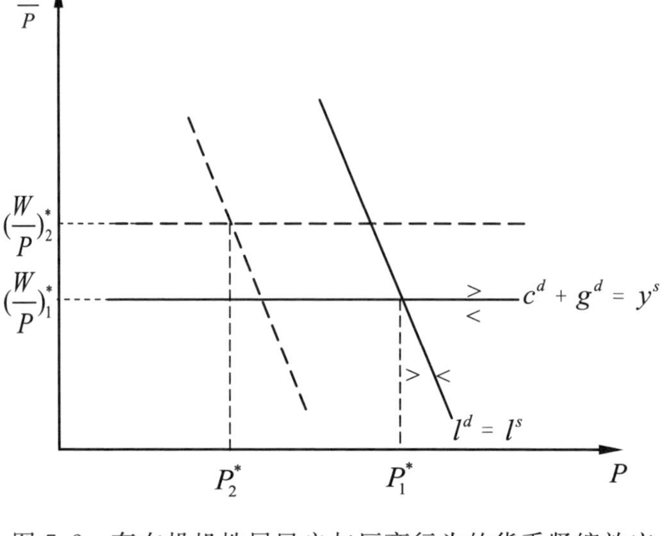

图 7.2　存在投机性居民户与厂商行为的货币紧缩效应

更陡峭。不过，商品市场出清轨迹斜率的符号现在是模糊的，因为 y^s 函数的投机项和 c^d 函数的投机项作用相反。如果厂商与居民户投机行为的结果大致抵消，这一轨迹就像图 7.2 表示的，呈水平状。①

重新考察本章第三节第二条中货币紧缩例子，其中要求减少 m^s/P 并增加 τ 。图 7.2 中的虚线描述了这种干扰对市场出清轨迹的影响。这种干扰会导致 P^* 的下降和 $(W/P)^*$ 的上升。② 因

① 在这一分析背景，厂商的存货投机会强化函数的投机因素。因此，如果存货投机是一股重要的力量，图 7.2 中的商品市场出清轨迹很可能向上方倾斜。但是，对模型的这一修改不改变我们下面得出的关于货币紧缩对实际工资率、产出与就业影响的结论，主要的新观点是销售有可能和产出变动的方向相反。

② 由于图 7.2 中商品市场出清轨迹斜率的相对变化，即使 Ω 对 l^s 的影响比较大，$(W/P)^*$ 也可能上升。

此，引入厂商工资与价格投机不会改变总需求变化和工资与价格调整之间的数量关系。在本例中，总需求变化和工资与价格调整都是由货币紧缩引起的。

确实由引入厂商工资与价格投机而造成的差异，涉及工资与价格调整对就业与产出的各种影响。为了集中分析这些新的影响，暂时假定投机性考虑对居民户不重要，所以劳动供给和商品需求唯一地由非工资财富和现行的实际工资率决定。在本例中，货币紧缩明显有自相矛盾的影响。具体来说，减少 m^s/P 并增加 τ 毫无疑问会提高市场出清水平的就业与产出。新的劳动市场出清
情形的性质如下：W/P 增加和 Ω 减少的联合影响保证了 l^s 的增 258
加，其中 Ω 的减少是由 τ 增加引起的。[①] 就 l^d 来说，给定 $\widetilde{W}$ 与 $\widetilde{P}$，W 与 P 的下降会产生投机刺激，刺激超过抵消 W/P 增加的抑制影响。[②] 在 g 水平给定条件下，l 的增加通过生产函数必然引起产出增加。

这些结果能够使我们对比居民户投机行为和厂商投机行为的影响。在这两种情况下，货币紧缩都会造成 W 与 P 的下降，并很可能引起 W/P 上升。如果居民户与厂商都进行工资与价格投机，这些影响就会被强化。不过，重要的结论是，按照对就业与产出的影响来说，厂商投机行为的结果和居民户投机的结果是相反的。在只有居民户投机行为的情况下，W 的减少会引起 l^s 曲线沿 l^d 曲线向左平行移动，l^d 曲线对 W/P 保持固定。这样就业随着

① 相反，如果 $(W/P)^*$ 下降，则 W/P 与 W 减少的联合影响是保证了 l^d 的增加。因此，不论哪一种情况，就业都会增加。

② 在本例中，W 显然减少，因为给定 $\widetilde{W}$、$\widetilde{P}$ 与 W，P 单独下降结果是减少 l^d。

W/P 的增加而下降。在只有厂商投机行为的情况下，W 的减少会引起 l^d 曲线沿 l^s 曲线向右平行移动，l^s 曲线对 W/P 保持不变。这样 l 和 W/P 都会增加。

由于对就业的这些相反影响，如果居民户和厂商都进行工资与价格投机，仅仅当劳动的供给者——居民户的投机是更重要的影响力时，货币紧缩才会导致就业与产出的下降。然而，甚至在这样的情况下，分析得出的结论仍然很难符合经验，本章第三节讨论过这些结论。这些难题涉及解雇现象和辞职、实际工资率与消费的循环模式。相反，如果劳动的需求者——厂商的投机是更重要的影响力时，和经验矛盾的是，总需求的外生变化和就业水平的诱导性变化构成反比关系。[①] 根据这些结论，似乎可能的是，投机性的厂商行为像投机性的居民户行为一样，在决定产出与就业的实际循环周期中发挥的作用较小。

① 注意在这种情况下就业水平和真实工资率不构成反比关系。

参考文献

Alchian, A. A., 'Information Costs, Pricing, and Resource Unemployment', in E. S. Phelps, *et. al.*, *Microeconomic Foundations of Employment and Inflration Theory*(New York: Norton, 1970).

Allais, M., 'A Restatement of the Quantity Theory of Money', *American Economic Review*, 56, December, 1966, 1123 – 1157.

Almonacid, R. D., 'Nominal Income, Output, and Prices in the Short Run', Ph.D. Dissertation, University of Chicago, 1971.

Azariadis, C., 'Implicit Contracts and Underemployment', unpublished manuscript, June, 1974.

Bailey, M. J., *National Income and the Price Level*, 2nd edition (New York: McGraw-Hill, 1971).

Baily, M. N., 'Wages and Employment under Uncertain Demand', *Review of Economic Studies*, 41, January, 1974, 37 – 50.

Barro, R. J., 'A Theory of Monopolistic Price Adjustment', *Review of Economic Studies*, 39, January, 1972, 17 – 26.

Barro, R. J., 'The Control of Politicians: An Economic Model', *Public Choice*, 14, Spring, 1973, 19 – 42.

Barro, R. J., 'Are Government Bonds Net Wealth?', *Journal of Political Economy*, 82, November/December, 1974.

Barro, R. J. and H. I. Grossman, 'A General Disequilibrium Model of Income and Employment', *American Econonic Review*, 61, March, 1971, 82 – 93.

Barro, R. J. and H. I. Grossrman, 'Suppressed Inflation and the Supply Multiplier', *Review of Economic Studies*, 41, January, 1974*a*, 87 – 104.

Barro, R. J. and H. I. Grossman, 'Consumption, Income and Liquidity', read at Conference on 'Equilibrium and Disequilibrium in Economic The-

ory',Institute for Advanced Studies,Vienna,July,1974*b*.

Barro,R. J. and A. Santomero,'Transaction Costs,Payments Periods,and Employment',in H.G. Johnson and A. R. Nobay,eds. ,*Issues in Monetary Economics*(New York:Oxford,1974).

Bodkin,R.G.'Real Wages and Cyclical Variations in Employment',*Canadian Journal of Economics*,2,August,1969,353－374.

Buchanan,J. M. and G. Tullock, *The Calculus of Consent* (Ann Arbor: University of Michigan Press,1962).

Burmeister,E. and A.R. Dobell,*Mathematical Theories of Economic Growth* (New York:Macmillan, 1970).

Cagan,P.,'The Monetary Dynamics of Hyperinflation',in M. Friedman, *Studies in the Quantity Theory of Money*(Chicago: University of Chicago Press,1956).

Carr, J. and L. B. Smith, 'Money Supply, Interest Rates, and the Yield Curve',*Journal of Money, Credit, and Banking*,4,August, 1972, 582－594.

Clower,R. W.,'The Keynesian Counterrevolution:A Theoretical Appraisal',in F. Hahn and F. Brechling,eds.,*The Theory of Interest Rates*(London: Macmillan,1965).

Darby,M. R.,'The Allocation of Transitory Income Among Consumers' Assets',*American Economic Review*,62,December, 1972,928－941.

Edgeworth,F. Y.,*Mathematical Psychics*(London: Kegan Paul,1881).

Fand,D., 'High Interest Rates and Inflation in the U. S.: Cause or Effect?',*Banca Nazionale del Lavoro-Quarterly Review*, 25,March,1972, 3－44.

Feige,E.L. and M. Parkin,'The Optimal Quantity of Money,Bonds,Commodity Inventories,and Capital',*American Economic Review*, 61, June, 1971,335－349.

Ferguson,J. M.,ed.,*Public Debt and Future Generations*(Chapel Hill:University of North Carolina Press,1964).

Fischer,S.,'Money, Income, Wealth, and Welfare',*Journal of Economic Theory*,4,April, 1972,289－311.

Flemming,J. S.,'The Consumption Function when Capital Markets Are Imperfect: The Permanent Income Hypothesis Reconsidered', *Oxford Economic Papers*,25,July,1973,160－172.

Friedman, M., *A Theory of the Consumption Function* (Princeton: Princeton University Press, 1957).

Friedman, M., 'The Lag in the Effect of Monetary Policy', *Journal of Political Economy*, 69, October, 1961, 447 - 466.

Friedman, M., 'The Role of Monetary Policy', *American Economic Review*, 58, March, 1968, 1 - 17.

Friedman, M., 'Factors Affecting the Level of Interest Rates', in *Savings and Residential Financing*, 1968 *Conference Proceedings* (Chicago: US Savings and Loan League, 1968).

Gogerty, D. C., and G. C. Winston, 'Patinkin, Perfect Competition, and Unemployment Disequilibria', *Review of Economic Studies*, 31, April, 1964, 121 - 126.

Grossman, H. I., 'Reserve Base, Reserve Requirements, and the Equilibrium Rate of Interest', *Quarterly Journal of Economics*, 81, May, 1967, 312 - 320.

Grossman, H. I., 'Theories of Markets Without Recontracting', *Journal of Economic Theory*, 4, December, 1969, 476 - 479.

Grossman, H. I., 'Money, Interest, and Prices in Market Disequilibrium', *Journal of Political Economy*, 79, Septernber/October, 1971, 943 - 961.

Grossman, H. I., 'Was Keynes a "Keynesian"?', *Journal of Economic Literature*, 10, March, 1972*a*, 26 - 30.

Grossman, H. I., 'A Choice-Theoretic Model of an Income-Investment Accelerator', *American Economic Review*, 62, September, 1972*b*, 630 - 641.

Grossman, H. I., 'Aggregate Demand, Job Search, and Employment', *Journal of Political Economy*, 81, November/December, 1973, 1353 - 1369.

Grossman, H. I., 'The Nature of Quantities in Market Disequilibrium', *American Economic Review*, 64, June, 1974*a*, 509 - 514.

Grossman, H. I., 'The Cyclical Pattern of Unemployment and Wage Inflation', *Economica*, 41, November, 1974*b*, 403 - 413.

Grrossman, H. I. and R. F. Lucas, 'The Macroeconomic Effects of Productive Public Expenditures', *The Manchester School*, 42, June, 1974, 162 - 170.

Hansen, B., *A Study in the Theory of Inflation* (New York: Rinehart, 1951).

Hansen, B., 'Excess Demand, Unemployment, Vacancies, and Wages',

Quarterly Journal of Economics, 84, February, 1970, 1－23.

Intriligator, M. D., *Mathematical Optimization and Economic Theory* (Englewood Cliffs, NJ: Prentice-Hall, 1971).

Karni, E., 'Inflation and Real Interest Rate: A Long-Term Analysis', *Journal of Political Economy*, 80, March/April, 1972, 365－374.

Keynes, J. M., *The General Theory of Employment, Interest, and Money* (New York: Macmillan, 1936).

Keynes, J. M., 'Relative Movements of Real Wages and Output', *Economic Journal*, 49, March, 1939, 34－51.

Kuh, E., 'Unemployment, Production Functions, and Effective Demand', *Journal of Political Economy*, 74, June, 1966, 238－249.

Laidler, D., 'The Permanent Income Concept in a Macro-Economic Model', *Oxford Economic Papers*, 20, January, 1968, 11－23.

Laidler, D., *The Demand for Money: Theories and Evidence* (Scranton: International, 1969).

Laidler, D., 'Expectations, Adjustment, and the Dynamic Response of Income to Policy Changes', *Journal of Money, Credit, and Banking*, 5, *February*, 1973, 157－172.

Leijonhufvud, A., *On Keynesian Economics and the Economics of Keynes* (New York: Oxford, 1968).

Lipsey, R. G., 'The Relationship between Unemployment and the Rate of Change of Money Wage Rates in the U. K., 1862－1957: A Further Analysis', *Economica*, 27, February, 1960, 1－41.

Lucas, R. E., 'Optimal Investment Policy and the Flexible Accelerator', *International Economic Review*, 8, February, 1967, 78－85.

Lucas, R. E., 'Expectations and the Neutrality of Money', *Journal of Economic Theory*, 4, April, 1972, 103－124.

Lucas, R. E., 'Some International Evidence on Output-Inflation Tradeoffs', *American Economic Review*, 63, June, 1973, 326－334.

Lucas, R. E., and L. A. Rapping, 'Real Wages, Employment, and Inflation' in E. S. Phelps, *et al.*, *Microeconomic Foundations of Employment and Inflation Theory* (New York: Norton, 1970).

Lucas, R. E., and L. A. Rapping, 'Unemployment in the Great Depression: Is There a Full Explanation?', *Journal of Political Economy*, 80, January/February, 1972, 186－191.

Marshall, A., *Principles of Economics*, 1890; 8th edition (London: Macmillan, 1930).

McCall, J. J., 'Economics of Information and Job Search', *Quarterly Journal of Economics*, 84, February, 1970, 113 – 126.

Metzler, L. A., 'Wealth, Saving, and the Rate of Interest', *Journal of Political Economy*, 59, 1951, 93 – 116.

Mortensen, D. T., 'A Theory of Wage and Employment Dynamics', in E. S. Phelps, *et al.*, *Microeconomic Foundations of Employment and Inflation Theory* (New York: Norton, 1970).

Mortensen, D. T., 'Job Matching Under Imperfect Information', read at conference on 'Evaluating the Labor Market Effects of Social Programs', Princeton, May, 1974.

Mundell, R. A., 'A Fallacy in the Interpretation of Macroeconomic Equilibrium', *Journal of Political Economy*, 73, February, 1965, 61 – 66.

Muth, J. F., 'Rational Expectations and the Theory of Price Movements', *Econometrica*, 29, July, 1961, 315 – 335.

Niskanen, W. A., *Bureaucracy and Representative Government* (Chicago: University of Chicago Press, 1971).

Oi, W. Y., 'Labor as a Quasi-Fixed Factor', *Journal of Political Economy*, 70, December, 1962, 538 – 555.

Parsons, D. O., 'Specific Human Capital: An Application to Quit Rates and Layoff Rates', *Journal of Political Economy*, 80, November/December, 1972, 1120 – 1143.

Parsons, D. O., 'Quit Rates Over Time: A Search and Information Approach', *American Economic Review*, 63, June, 1973, 390 – 401.

Patinkin, D., *Money, Interest, and Prices*, 1956; 2nd edition (New York: Harper and Row, 1965).

Perry, G. L., 'Changing Labor Markets and Inflation', *Brookings Papers on Economic Activity*, 1970, no. 3, 411 – 441.

Phelps, E. S., 'Phillips Curves, Expectations of Inflation, and Optimal Unemployment Over Time', *Economica*, 34, August, 1967, 254 – 281.

Phelps, E. S., 'The New Microeconomics in Inflation and Employment Theory', *American Economic Review*, 59, May, 1969, 147 – 160.

Phillips, A. W., 'The Relationship between Unemployment and the Rate of Change of Money Wage Rates in the U. K., 1862 – 1957', *Economica*, 25,

November,1958,283－299.

Robertson,D. H.,*Banking Policy and the Price Level*(London:King,1926).

Samuelson,P. A.,*Foundations of Economic Analysis*(Cambridge: Harvard University Press,1947).

Santomero,A.M.,'A Model of the Demand for Money by Households', *Journal of Finance*,29,March,1974,89－102.

Sargent,T.,'Rational Expectations,the Real Rate of Interest,and the Natural Rate of Unemployment', *Brookings Papers on Economic Activity*, 1973,no. 2,429－472.

Sargent,T. and N. Wallace,'Rational Expectations and the Dynamics of Hyperinflation', *International Economic Review*, 14, June, 1973, 328－350.

Schultze,C.L.,*Recent Inflation in the United States*(Government Printing Office: Washington,1959).

Sellier, F. and C. Zarka, *International Differences in Factors Affecting Laber Mobility*(Geneva: International Labor Organization, 1966).

Stein, J., *Money and Capacity Growth* (New York: Columbia University Press,1971).

Sweezy,P. M.,'Demand Under Conditions of Oligopoly',*Journal of Political Economy*,47,August, 1939,568－573.

Tobin,J.,'The Burden of the Public Debt:A Review Article',*Journal of Finance*,20,December,1965,679－682.

Tobin,J.,'Inflation and Unemployment',*American Economic Review*,62, March,1972,1－18.

Tucker,D. P.,'Dynamic Income Adjustments to Money Supply Changes', *American Economic Review*,56,June,1966,433－449.

Tucker,D. P.,'Credit Rationing,Interest Rate Lags,and Monetary Policy Speed',*Quarterly Journal of Economics*,82,February,1968,54－84.

Walras,L., *Elements of Pure Economics*, 1874; translation by W. Jaffe (London: Allen & Unwin,1954).

Yeager,L.,'The Keynesian Diversion', *Western Economic Journal*, 11, June,1973,150－163.

人 名 索 引

人名译名对照表

重要术语汉英对照检索表

一般市场出清条件	general market-clearing conditions
在工作居民户	working household
已退休居民户	retired household
生命周期计划	life-cycle plan
适应性预期机制	adaptive expectations mechanism
动态变化机制(分析)	dynamics
选择理论分析	choice-theoretic analysis
跨期背景/跨期环境	intertemporal context
瓦尔拉斯一般均衡	Walrasian general equilibrium
公共服务/公共设施	public service
总量超额需求/供给	general excess demand/ supply
隐含契约/默认契约	implicit contract
广义的需求或供给函数	general demand & supply function
理论的/实际的函数	notional/effective functions
生命计划周期	planning horizon/ planned horizon
瞬时效用函数	momentary utility function
非工资财富	nonwage wealth
理论货币供求流量	flow notional demand and supply of money
整个计划时间路径	the entire planned time paths
计划的实际资产持有量	planned real asset holdings
独立的交换比率	independent exchange ratios
外生干扰	exogenous disturbance
最优跨期计划	optimal intertemporal plan

耗尽资产持有量	exhaustion of asset holdings
终生资产耗尽条件	lifetime asset-exhaustion condition
整个经济体的预算约束	an economy-wide budget constraint
货币幻觉缺失	lack of money illusion
正好抵消组合	just offsetting combination
重新签约机制	recontracting mechanism
瓦尔拉斯摸索过程	Walras' *tâtonnement* (groping) process
价格确定机构	price-setting agent
尝试法	trial-and-error process
理想均衡值	notional equilibrium values
重新签约权利	Privilege of recontracting
拍卖商-重新签约模型	auctioneer-recontracting model
马歇尔范式	Marshallian paradigm
市场之间的关系	inter-markets relations
需求决定性约束	demand-determined constraint
需求强制性约束	demand-imposed constraint
供给决定性约束	supply-determined constraint
供给强制性约束	supply-imposed constraint
价格制定机构	Price-setting agents
实际增量货币余额需求	effective demand for additions to money balance
资源参数	resource parameter
理论目标资本存量	notional target capital stock
置换成本	penalty cost
年工时	man-hours per year
美国劳工统计局	US Bereau of Labor Statistics
溢出系数	spill-over coefficient
价格诱发型收入抑制作用	price-induced income dampener
就业接受决定	employment-acceptance decision
合意调整	desired adjustments

合意总量调整	desired aggregate adjustments
已计划的就业	planned employment
已计划的消费	planned consumption
总效应(总影响)	net effect
预期资本利得率	expected rate of capital gain
合意变化率	the desired rates of change
非零变化率	nonzero rates of change
已测定的失业统计数据	measured unemployment statistic
美国劳动统计局	US Bureau of Labor Statistics
加权平均劳动超额需求率	weighted average measure of excess demand of labor
加权平均失业率	weighted average of the unemployment rate
总量超额需求	aggregate excess demand
已测定失业	measured unemployment
工时就业量	the quantity of employment in man hours
预期成比例变化率	proportionate anticipated rate of change
成比例变化率	proportionate rate of change
加权平均预期变化率	weighted average expected rate of change
预期诱导型工资加速	expectations-induced acceleration of wages
不定收入	transitory income
预期盈利性销售额的平均机会	expected average opportunities to make profitable sales
预期赚得收入的平均机会	expected average opportunities to earn in-come
整个经济的预算约束	economy-wide budget constraint
净(最终)关系	net relation
净(最终)影响	net effect
溢出效应	spill-over effect
就业接受行为	employment acceptance behavior
就业接受决定	employment-acceptancedecision

非工资配给职位法	nonwage rationing of jobs
就业接收摩擦	employment-acceptance friction

译者后记

本书是美国当代著名经济学家哈佛大学教授罗伯特·巴罗1976年出版的宏观经济学教科书，被理论界赞誉为“建立了完整的商品市场和劳动力市场配给均衡的宏观经济模型，奠定了非瓦尔拉斯均衡理论的基础”。通篇按照非市场出清条件下的交换理论重新编排了宏观经济分析，强调宏观经济学的微观分析基础。全书严丝合缝的布局由严密的数学推理与精巧的模型演绎连缀而成，字里行间不仅闪耀着作者非凡的文字与数学驾驭才能，也流露出他尽可能深入浅出地阐述宏观经济理论的努力，是学习、运用经济学，从事经济学教学或研究的人士不可多得的参考书！

本书的章节布局及其逻辑结构作者在导论中有详细的介绍，译者毋须赘述。这里需要交待的是，罗伯特·巴罗是当今世界最具影响力的经济学家之一，他在宏观经济学、经济增长、货币理论与政策等领域所做出的卓越贡献为世界所公认。翻译这样一位大师的著作，应该是经济学界同仁梦寐以求的幸事。毕竟，翻译不仅可以将当代西方经济学的思想、成果乃至授课方法与思路介绍给中国的学界，而且译者自己也能从中汲取不少的学术营养。本人蒙商务印书馆朱泱先生之邀翻译此书，遂有摆在读者面前的这本《货币、就业和通货膨胀》简体中文版。此次15辑本，也多承金晔

女士鼎力相助，校改润色了初版的个别错误及缺憾，甚为感荷。

本书根据剑桥大学出版社（英国剑桥 CB2 8RU，爱丁堡大楼）1976 年第一次出版、2008 年数字印刷版译出。书末附录原书的错误或遗漏，源自译者翻译过程的察觉或推断，未必悉尽原作瑕疵，期待同仁协于臻境。由于译者水平有限，纰漏差误处难免，敬祈读者不吝指正。

张辑　2016 年 5 月于上海

图书在版编目(CIP)数据

货币、就业和通货膨胀/(美)罗伯特·巴罗,(美)赫歇尔·格罗斯曼著;张辑译.—北京:商务印书馆,2017
(汉译世界学术名著丛书:120年纪念版:珍藏本)
ISBN 978-7-100-14342-4

Ⅰ.①货… Ⅱ.①罗… ②赫… ③张… Ⅲ.①就业率—关系—通货膨胀率—研究 Ⅳ.①F241.4②F820.5

中国版本图书馆CIP数据核字(2017)第153421号

汉译世界学术名著丛书
(120年纪念版·珍藏本)
货币、就业和通货膨胀
〔美〕罗伯特·巴罗 赫歇尔·格罗斯曼 著
张 辑 译

商 务 印 书 馆 出 版
(北京王府井大街36号 邮政编码100710)
商 务 印 书 馆 发 行
南京爱德印刷有限公司印刷
ISBN 978-7-100-14342-4

2017年12月第1版 开本710×1000 1/16
2017年12月第1次印刷 印张21
定价:98.00元